oekom

Was kostet die Welt?

Payments for Ecosystem Services in der Praxis. Erfolgreiche PES-Beispiele aus Deutschland, Großbritannien und den USA

AutorInnen: Bettina Matzdorf, Carolin Biedermann, Claas Meyer, Kristin Nicolaus, Claudia Sattler, Sarah Schomers

Das Vorhaben wurde mit Mitteln des Bundesministeriums für Bildung und Forschung im Rahmen des Förderschwerpunkts Sozial-ökologische Forschung finanziert.
(FKZ 01UU0911)

GEFÖRDERT VOM
Bundesministerium für Bildung und Forschung
FONA
zalf Agrarlandschaftsforschung
CIVILand

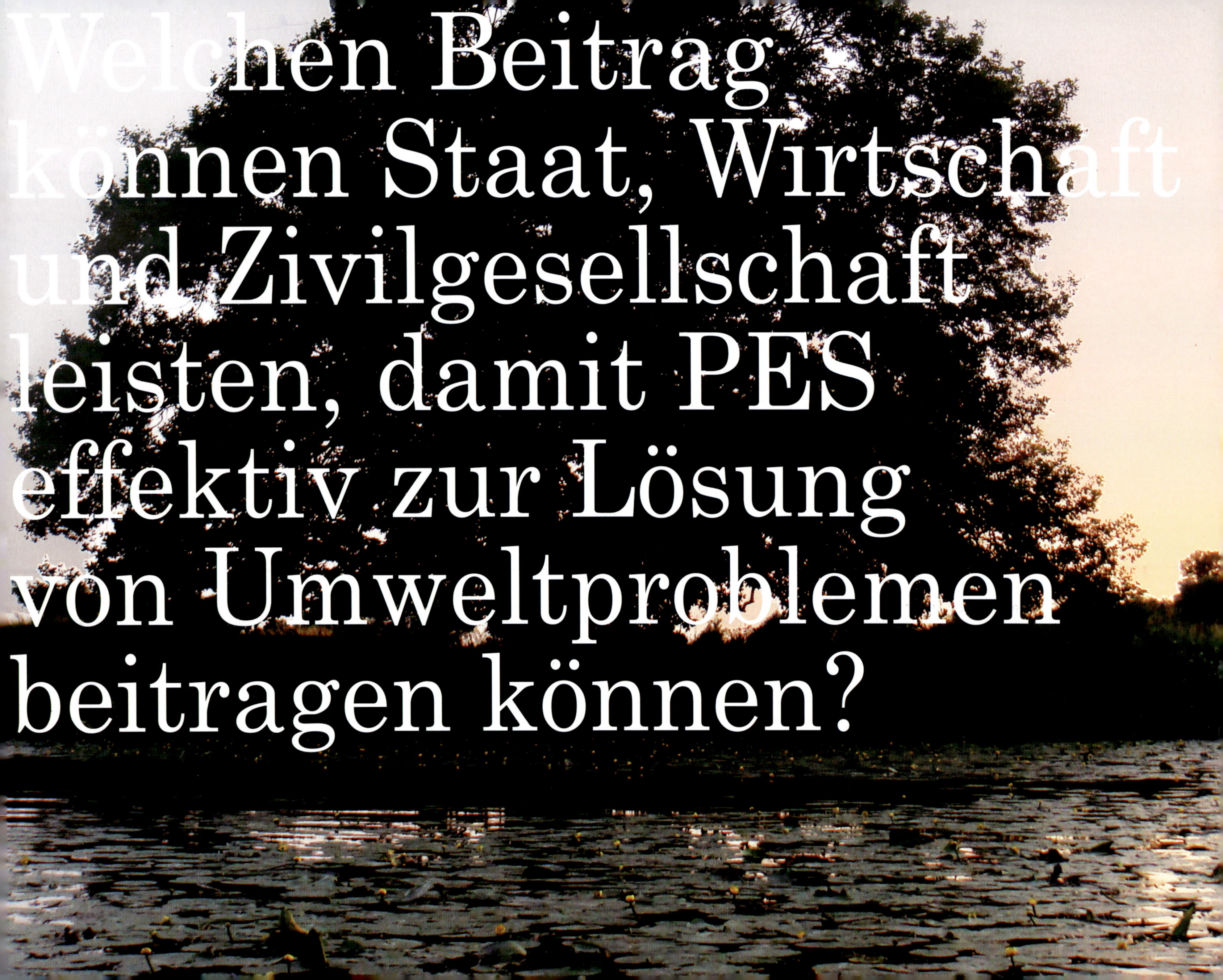
Welchen Beitrag können Staat, Wirtschaft und Zivilgesellschaft leisten, damit PES effektiv zur Lösung von Umweltproblemen beitragen können?

Inhalt

● Biodiversität
● Wasserqualität und Wasserversorgung
● CO_2-Reduzierung
● Kulturelle Ökosystemleistungen
● Kombination von Ökosystemleistungen und Biodiversität

Vorwort

Uns ist es mit diesem Buch ein Anliegen, die PES-Diskussion mit gelungenen Beispielen aus der Praxis zu bereichern. Wir wenden uns insbesondere an die Praktiker im Naturschutz, die wir zu einer intensiven Beschäftigung mit PES anregen und bestenfalls zu eigenen Ideen inspirieren wollen.

Bettina Matzdorf, Claudia Sattler, Claas Meyer, Kristin Nicolaus, Sarah Schomers, Carolin Biedermann

Positive Anreizinstrumente im Sinne von Zahlungen für Ökosystemleistungen, international als „Payments for Ecosystem Services", kurz PES, bezeichnet, sind ein aktuell in Wissenschaft und Praxis vieldiskutierter Ansatz zur Bewältigung von Umweltproblemen. Der anfänglichen Euphorie folgt nun eine Phase, in der Ernüchterung bezüglich des Potenzials einsetzt und kritische Stimmen laut werden. Uns ist es mit diesem Buch ein Anliegen, die PES-Diskussion mit gelungenen Beispielen aus der Praxis zu bereichern. Dabei geht es uns insbesondere um das Potenzial des Ansatzes und um die notwendigen Voraussetzungen für die Entwicklung und die Anwendung von PES.

Wir wenden uns daher insbesondere an die Praktiker im Naturschutz, also an Menschen in Umweltverbänden oder den Naturschutz- und Landwirtschaftsbehörden, die sich mit der Lösung von Umweltproblemen vor Ort beschäftigen. Genau diese wollen wir anregen, sich intensiv mit dem PES-Instrument auseinanderzusetzen und sie bestenfalls zu eigenen Ideen inspirieren. Daher liegt der Fokus dieses Buches auch auf praktischen Umsetzungsbeispielen und weniger auf der wissenschaftlichen Diskussion von PES.

Unsere interdisziplinäre Forschergruppe CIVILand hat sich über fünf Jahre der Forschung zu PES verschrieben. Unser Fokus lag darauf, die institutionelle Vielfalt der PES-Ansätze zu erfassen sowie die Rolle, die Stärken und Motive der beteiligten Akteure, insbesondere auch derer aus dem Bereich der Zivilgesellschaft, zu verstehen. Einige unserer wichtigsten Fragen waren: Für welche Art von Umweltproblemen werden PES eingesetzt? Wie funktioniert die Zahlung und wie wird ihre Höhe festgelegt? Welche Akteure sind mit welchem Interesse und welchen Motiven beteiligt? Was ist ihre Rolle? Wie funktioniert das Zusammenspiel von ordnungsrechtlichen Anforderungen und freiwilligen Zahlungen? Unsere konkreten Analysen zur Beantwortung dieser Fragen haben wir in den drei Industrieländern Deutschland, Großbritannien und den USA durchgeführt, wohlwissend, dass PES auch einen bedeutsamen Ansatz in Entwicklungsländern darstellen. Wir wählten diese drei Länder aus, weil sich der PES-Ansatz hier in eine bereits seit vielen Jahrzehnten existierende Umweltpolitik integrieren muss. Spannend für den Vergleich zwischen diesen Ländern waren für uns vor allem das unterschiedliche Verständnis der Rolle von Staat und Zivilgesellschaft, von Eigentumsrechten, aber auch die sozio-kulturellen Unterschiede.

Basis für die Beantwortung unserer Forschungsfragen war ein vertiefender Blick in konkrete PES-Projekte und Programme. Im Rahmen vielfältiger Interviews, Workshops, Tagungen und Diskussionsrunden konnten wir ein starkes Interesse an einem gegenseitigen Austausch über bestehende PES feststellen. Vor allem die Praktiker waren neugierig, wie anderswo PES entwickelt werden und ob es neue, innovative Konzepte gibt. Dabei muss man beachten, dass „Praktiker" im Zusammenhang mit der PES-Entwicklung oftmals nicht klar von „Forschern" abzugrenzen sind, sondern enge Beziehungen zwischen Wissenschaft und Praxis bestehen. Deutlich zu spüren war insbesondere ein Interesse am Austausch zwischen den verschiedenen Ländern und die Frage, was die Projekte unter verschiedenen Rahmenbedingungen erfolgreich macht.

Dieses große Interesse an einem überregionalen und internationalen Austausch haben wir zum Anlass genommen, neben typischen wissenschaftlichen Veröffentlichungen, dieses Buch zum Thema der Zahlungen für Ökosystemleistungen zu gestalten. Dessen Kernstück bildet eine Auswahl an erfolgreichen PES-Beispielen aus unseren drei Untersuchungsländern. Geleitet ist die Auswahl der erfolgreichen PES von der Einschätzung der Anwender, derer also, die selbst solche Ansätze entwickeln oder sich für ihre Umsetzung und Weiterentwicklung stark machen.

Genau jenen Engagierten möchten wir an dieser Stelle herzlich danken: Vor allen Dingen den Experten von zwei Workshops, einem in Deutschland und einem in den USA, die für die Entstehung dieses Buches eine wesentliche Grundlage geschaffen haben. Im Rahmen dieser Workshops wurden erfolgreiche Beispiele identifiziert und intensiv diskutiert, was den Erfolg von PES ausmacht. Gleichermaßen möchten wir uns bei den Verantwortlichen der ausgewählten Beispiele bedanken, die sich die Zeit genommen haben, um mit uns kompakte Beschreibungen ihrer PES zu erarbeiten. In ausführlichen Interviews gewährten sie nicht nur detaillierte Einblicke in die Mechanismen der Programme und Projekte, sondern ließen uns auch an ihren persönlichen Beweggründen und Visionen teilhaben. Dabei zeigen diese Interviews deutlich, was ein wesentlicher Motor für erfolgreiche PES ist: Hochmotivierte, engagierte Leute, die die Fähigkeit haben, vielfältige Akteure zusammen zu bringen und langfristige Netzwerke zu bilden. Nicht zuletzt gilt unser Dank an dieser Stelle auch den vielen interessierten Kollegen und Experten, denen wir im Rahmen des CIVILand-Projektes im Zuge von Interviews, Umfragen und Konferenzen begegnet sind. Dazu gehören insbesondere die vielen CIVILand-Partner aus Wissenschaft und Praxis, die uns im Rahmen des Projektbeirates unterstützt haben. Ohne den Erfahrungs- und Wissensschatz all jener Genannten wäre dieses Buch nicht entstanden.

Es liegt in der Natur der Sache, dass wir mit einem „Buch der guten Beispiele“ das Potenzial der Ansätze im Fokus haben. Sie halten also ein Buch in den Händen, das die Stärken von PES betont. Das Buch ist jedoch in keiner Weise ein Plädoyer für deren unkritischen Einsatz. Es hängt wesentlich von den konkreten Umweltproblemen, den ordnungsrechtlichen Regeln sowie den Akteuren mit ihren verschiedenen Interessen und Motiven ab, ob PES erfolgreich entwickelt und eingesetzt werden können. Wie unsere Beispiele außerdem zeigen, ist das Ordnungsrecht in vielen Fällen nicht nur Rahmenbedingung, sondern essentieller Bestandteil der PES.

Um gerade diesen Aspekt zu verdeutlichen, beginnt unser Buch mit einer Charakterisierung von PES. Denn bei dieser Frage gibt es sowohl auf Seiten der Wissenschaft als auch in der Praxis unterschiedliche Vorstellungen. Nach der theoretischen Einführung in das Thema wird anhand unserer 19 Beispiele deutlich, wie das PES-Konzept in die Praxis umgesetzt werden kann. Die Beschreibungen informieren über die jeweiligen Hintergründe und Zielstellungen, die Zahlungsmechanismen, Finanzierungskonzepte und beteiligten Akteure, aber auch über bestehende Probleme und Zukunftsaussichten. Im Zuge einer Zusammenfassung der wesentlichen Merkmale dieser Beispiele bemühen wir uns um die Identifizierung von Kriterien und Rahmenbedingungen, die für ein erfolgreiches PES wichtig erscheinen. Und schließlich widmen wir uns im Schlusskapitel noch einmal grundlegend den Möglichkeiten und Grenzen von PES. Dabei stehen für uns wiederum die Akteure im Mittelpunkt und damit auch die Frage:

Welchen Beitrag können Staat, Wirtschaft und Zivilgesellschaft leisten, damit PES effektiv zur Lösung von Umweltproblemen beitragen können?

Konzept. Wer zahlt wofür und warum?

Ökonomische Instrumente als Lösung

Vielfältige Studien zeigen, dass sowohl der aktuelle Zustand unserer natürlichen Ressourcen als auch die Entwicklung der Biodiversität und des Klimawandels trotz vielfältiger Bemühungen weiterhin besorgniserregend sind. Dies gilt auf globaler Ebene genauso wie auf der Ebene der einzelnen Länder und Regionen. Insbesondere in den Industrieländern versucht man seit vielen Jahrzehnten Umweltprobleme mit ordnungsrechtlichen Maßnahmen zu lösen. Trotzdem werden die Probleme zunehmend größer. Deshalb verwundert es nicht, dass immer wieder nach anderen und ergänzenden Möglichkeiten der Einflussnahme gesucht wird. Vor diesem Hintergrund ist in den letzten Jahren die Aufmerksamkeit für ökonomische Instrumente zur Lösung von Umweltproblemen weltweit gestiegen. Im Sog großer internationaler Studien wie dem „Millenium Ecosystem Assessment“ der UN und den internationalen wie auch nationalen TEEB-Studien zum ökonomischen Wert von Ökosystemleistungen und Biodiversität wächst insbesondere das Interesse an Payments for Ecosystem Services, kurz PES. Im Deutschen sind PES auch als „positive ökonomische Anreizinstrumente“ bekannt. Womit lässt sich dieses Interesse begründen und was ist das Charakteristische an PES?

Die erhöhte Aufmerksamkeit für PES steht in engem Zusammenhang mit der Etablierung des Ökosystemleistungsansatzes, durch den der Natur ein sozialer und ökonomischer Wert beigemessen wird. Dies ist die Basis der PES-Argumentation: Wenn man einer Ökosystemleistung solch einen Wert zuspricht, dann lässt sich diese Leistung in dem Moment, in dem sie knapp wird, auch konkret in Wert setzen. Für eine knappe Ökosystemleistung sollte jemand bereit sein, Geld zu bezahlen. Ausgangspunkt des Diskurses sind demnach die Nutzer von Ökosystemleistungen. Wer nutzt das saubere Trinkwasser? Wer erfreut sich an der schönen Landschaft? Wem kommt es zugute, dass unsere Flüsse und Seen weniger nährstoffbelastet sind? Weitergedacht lässt sich schlussfolgern, dass diese Nutzer im Falle des Nutzenrückgangs („Wir haben ein Umweltproblem!“) aus eigenem Interesse heraus dafür bezahlen würden, dass der Nutzen wieder oder weiterhin bereitgestellt wird.

Ökosystemleistungen und Biodiversität

Abiotische und biotische Elemente, Strukturen und Prozesse eines Ökosystems, die einen direkten oder indirekten Beitrag zum menschlichen Wohlergehen leisten, werden als **Ökosystemleistungen** bezeichnet. Unterschieden wird aktuell in (i) versorgende (als Basis für Nahrungsmittel, Rohstoffe, Energie), (ii) regulierende und erhaltende (u. a. die Regulierung von Klima, Wasserhaushalt, Bodenbildung) sowie (iii) kulturelle (u. a. Erholung in der Natur, Freizeitaktivitäten, Bildung, Spiritualität) Leistungen und Güter. Für verschiedene finale „ökosystemare“ Strukturen ist auch menschlicher Input notwendig, z. B. für artenreiches Grünland. Die biologische Vielfalt oder **Biodiversität** ist die Basis für die mannigfachen Leistungen der Ökosysteme und besitzt für viele Menschen einen nutzenunabhängigen Wert. Der Begriff umfasst nicht nur die Vielfalt der Tier- und Pflanzenarten, sondern auch die genetische Vielfalt innerhalb einzelner Arten und die Vielfalt an Ökosystemen und deren Funktionen.

Private Verhandlungslösungen

Dies wäre der Idealfall, der in der Ökonomie als theoretisches Konstrukt seit langem beschrieben ist: Neben staatlicher Einflussnahme über das Ordnungsrecht oder die Besteuerung von schädlichem Verhalten, also dem Setzen negativer Anreize, stehen auch private Verhandlungen als Lösungsoption bereit. Im Rahmen solcher Verhandlungen wird die Bereitstellung einer Ökosystemleistung vereinbart.

Der feine Unterschied zwischen wertvoll und knapp

Es gibt viele Ökosystemleistungen, die für uns Menschen essentiell sind. Ohne Wasser können wir nicht leben, Wasser ist also sehr **wertvoll**. Wenn jemand bereit ist, für eine Leistung oder ein Gut zu zahlen, zeigt seine Zahlungsbereitschaft, dass er bereit ist, auf etwas anderes zu verzichten, das er sich sonst für diesen Geldbetrag gekauft hätte. Und das tut er genau dann, wenn die wertvolle Leistung oder das Gut im ökonomischen Sinne **knapp** sind. Die Unterscheidung zwischen wertvoll und knapp ist wichtig, weil es Ökosystemleistungen gibt, die zwar sehr wertvoll sind, für die aber (aktuell) nur eine geringe Zahlungsbereitschaft besteht. Sie sind ökonomisch betrachtet also nicht knapp. Darüber hinaus ist zwischen Zahlungsbereitschaft und Preis zu unterscheiden: Der Preis entwickelt sich auf Grundlage von Verhandlungen, zwischen Nachfragern und Anbietern und kann deutlich unterhalb der Zahlungsbereitschaft liegen.

Nehmen wir ein Beispiel: Ein Wasserunternehmen nutzt eine natürliche Trinkwasserquelle und möchte sauberes Trinkwasser gewinnen. Es wendet sich an Landwirte im Einzugsbereich dieser Quelle und einigt sich mit ihnen darauf, dass diese freiwillig weniger düngen, um die Nitrateinträge ins Trinkwasser zu reduzieren. Für diese verminderte Düngung bezahlt das Unternehmen die Landwirte.

Solche dezentralen Lösungen, ohne staatliches Eingreifen, werden vor allem von den Anhängern eines liberalen Wirtschaftssystems befürwortet und nach Ronald Coase, welcher sie als erster beschrieb, als „Coase-Lösungen" bezeichnet. Natürlich kommt diese Lösung für unser Beispiel nur dann in Frage, wenn die Landwirte auch das grundsätzliche Recht zur Verschmutzung haben, also Einträge ins Trinkwasser verursachen dürfen. Ist dies nicht der Fall, muss der Staat gewährleisten, dass der Nutzer der Trinkwasserquelle sein Recht auf sauberes Wasser auch ohne Zahlung durchsetzen kann. Wer über die Etablierung von PES nachdenkt, muss sich also mit den eigentumsrechtlichen Bedingungen befassen.

Es liegt im wahrsten Sinne des Wortes in der Natur der Sache, dass es in der Praxis privat verhandelte, rein nutzerfinanzierte Zahlungen für Ökosystemleistungen und Biodiversität nur selten gibt. Denn was theoretisch vielversprechend klingt, scheitert in vielen Fällen an der Komplexität sozial-ökologischer Systeme. Lassen Sie uns die Gründe dafür etwas genauer anschauen.

Alternativen zu technischen Lösungen

Die im obigen Beispiel beschriebenen privaten, vom Nutzer ausgehenden Verhandlungslösungen sind immer dann eine Option, wenn jemand privat oder kommerziell eine Ökosystemleistung nutzt und bereit ist, für diesen Nutzen zu zahlen. Es muss also ein marktfähiges Gut vorliegen. Auf unser Beispiel bezogen heißt das, dass das Wasserunternehmen nitratarmes Trinkwasser verkaufen möchte und daher ein ökonomisches Interesse an sauberem Trinkwasser hat.

Wenn erhöhte Nitratkonzentrationen auftreten, hat das Wasserunternehmen zwei Möglichkeiten: Entweder werden die Nitratgehalte im Trinkwasser nach dessen Förderung mit Hilfe von Filtern reduziert oder es werden Maßnahmen eingeleitet, um die Ursachen der Nitrateinträge zu identifizieren und diese Eintragsquellen zu reduzieren. Für die zweite Variante wird sich das Wasserunternehmen vor allem dann entscheiden, wenn dies kostengünstiger ist und die Reduzierung der Eintragsquellen zeitnah und relativ sicher zum Erfolg führt.

Wofür sich das Wasserunternehmen entscheidet, hängt nicht zuletzt von seinem Informationsstand, der unternehmerischen Risikobereitschaft und seinem Umweltbewusstsein ab. Die Risikobereitschaft ist insofern ein Thema, weil die zweite Variante, bei der der Nitratgehalt des Trinkwassers durch eine Redu-

eilung

zierung der Einträge minimiert werden soll, vom Ergebnis her unsicherer ist als ingenieurtechnische Lösungen. Das Umweltbewusstsein ist deshalb entscheidend, weil jedem umweltinteressierten Wasserunternehmer bewusst ist, dass eine Reduzierung der Einträge nicht nur gut für die eigene Trinkwasserqualität ist, sondern auch auf verschiedene andere Ökosystemleistungen und die Biodiversität positiv wirkt. Idealerweise könnte das Unternehmen diese anderen Ökosystemleistungen gleich mit vermarkten und durch sein Umweltengagement auch seine Marktstellung verbessern. Das Umweltbewusstsein des Unternehmens ist außerdem wichtig, weil technische Lösungen nicht nur besser kontrollierbar, sondern auch kalkulierbar sind und es ökonomische Akteure gibt – die Filteranlagenverkäufer – die das Wasserunternehmen im eigenen Interesse genau über die Kosten und Wirkungen dieser technischen Lösungen informieren können.

Aber wer liefert mit welchem Interesse detaillierte Informationen über die Nitratreduzierung durch eine Verminderung der landwirtschaftlichen Einträge? An dieser Stelle werden sogenannte Intermediäre relevant. Dazu zählen wir alle Akteure, die über ökologischen Sachverstand und notwendige Umweltdaten verfügen, die Informationen und Kontakte zu den potenziellen Anbietern von Ökosystemleistungen haben und denen die künftigen Vertragspartner vertrauen. Intermediäre werden uns im Rahmen dieses Buches noch an vielen Stellen begegnen.

Externe Effekte

Die Handlungen eines Unternehmens oder einer Privatperson haben nicht selten positive oder negative Effekte auf andere Marktteilnehmer, die nicht belohnt werden (im Fall positiver Effekte) bzw. für die der Handelnde nicht zur Rechenschaft gezogen wird (im Fall negativer Effekte). Diese Effekte werden daher meist nicht berücksichtigt, wenn das Unternehmen oder die Privatperson ökonomische Entscheidungen trifft.

Intermediäre

Als Intermediäre bezeichnen wir Akteure, die das Zustandekommen von PES unterstützen, die also zwischen Leistungserbringern und Nutzern auf irgendeine Weise vermitteln und dafür sorgen, dass der Zahlungsaustausch im Zuge der Umsetzung gut funktioniert. Sie nehmen dabei sehr verschiedene Rollen ein: Teils sind sie die eigentlichen Initiatoren der PES, entwickeln und implementieren sie. Teils identifizieren sie Leistungserbringer und Nutzer, bringen diese zusammen und entwickeln Lösungen für den konkreten Transfer bzw. die Ausgestaltung des PES.

Bedeutung von Eigentumsrechten

Wie oben schon erwähnt, hängt es entscheidend von den Eigentumsrechten ab, wer im Rahmen von privaten Verhandlungslösungen von wem bezahlt wird. In unserem Beispiel wird für die Verminderung eines negativen Einflusses auf das Trinkwasser gezahlt, ökonomisch gesprochen also für die Verminderung von negativen externen Effekten. Bezahlt wird derjenige, der die Leistung bereitstellt, in unserem Beispiel die Landwirte. Dies entspricht dem sogenannten Provider-Gets-Prinzip. Sind hingegen die Eigentumsrechte am Trinkwasser in dem Sinne klar definiert, dass es von niemandem negativ beeinflusst werden darf, könnte das Wasserunternehmen auch privatrechtlich Schadensersatz für die Filterkosten von den Landwirten einfordern. In diesem Fall wird also der Verschmutzer zur Verantwortung gezogen, es greift das Verursacherprin-

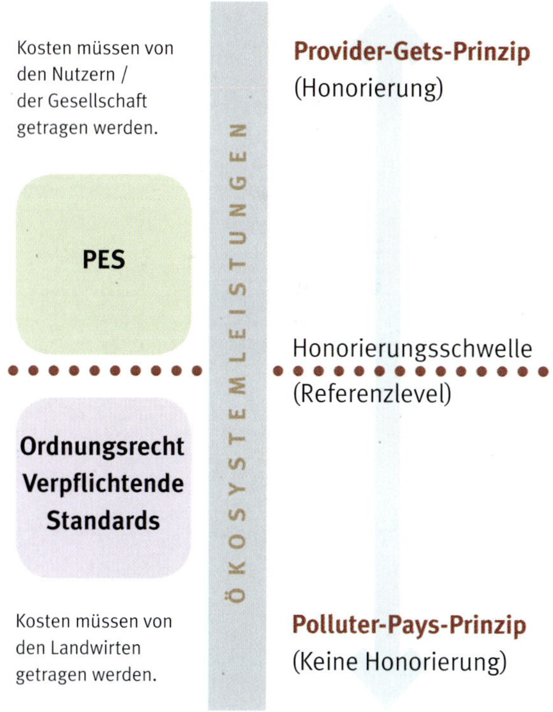

zip, auch Polluter-Pays-Prinzip genannt. Nun haben die Landwirte zwei Möglichkeiten: Entweder sie zahlen oder sie machen Vorschläge, wie die Minderung der Einträge erreicht werden kann. Zudem könnte bei dieser Rechtslage auch der Staat mittels ordnungsrechtlicher Auflagen entsprechende Maßnahmen von den Landwirten einfordern. So oder so tragen die Landwirte die Kosten.

Ob diese Verantwortungsübernahme privatrechtlich eingefordert werden muss oder staatlich eingegriffen wird, hängt von der Ausgestaltung der rechtlichen Rahmenbedingungen beziehungsweise dem jeweiligen Rechtssystem ab. Während in Deutschland bei entsprechender Eigentumsrechtsverteilung eher der Staat die Nutzungen ordnungsrechtlich regelt, sind in den USA private Schadensersatzklagen durchaus verbreitet. In beiden Fällen spielen PES keine Rolle. Ob PES in Frage kommen, hängt also von der Verteilung der Eigentumsrechte ab und ist damit eine gesellschaftliche Entscheidung.

Die Diskussion zeigt, PES sind keine Alternative zum Ordnungsrecht. Sie können dieses ergänzen. Das Setzen negativer Anreize wie Umweltsteuern wäre die ökonomische Alternative zu ordnungsrechtlichen Vorgaben. Es können also nicht einfach PES anstelle von Ordnungsrecht eingefordert werden; das käme einer Veränderung von Eigentumsrechten gleich und bedarf einer gesellschaftlichen Entscheidung vor dem Hintergrund der Frage von Verteilungsgerechtigkeit. In Deutschland wird von Eigentümern und Landwirten ein relativ hohes Maß an Sozialpflichtigkeit erwartet. Daher ist es hier durchaus üblich, landwirtschaftliche Nutzung etwa in Naturschutzgebieten einzuschränken, ohne dass dafür honoriert werden muss.

PES bieten im Rahmen des bestehenden, oben beschriebenen Rechtssystems die Option, gezielt für die Bereitstellung von Ökosystemleistungen und Biodiversität zu bezahlen, und eröffnen damit verschiedene neue Ansätze, wie unsere dringenden Umweltprobleme gelöst werden können. Die Einführung von PES muss allerdings das vorhandene sensible Gefüge aus Rechten, Pflichten und sozialen Normen berücksichtigen.

Unser Verständnis von PES

Gehen wir der Frage intensiver nach, wofür konkret gezahlt wird: In unserem Trinkwasserbeispiel fließt das Geld nicht für die eigentliche Ökosystemleistung. Dafür bezahlen streng genommen die Trinkwassernutzer, indem sie ihre Wasserrechnung begleichen. Gezahlt wird vielmehr für die Verminderung von negativen Effekten auf das Trinkwasser. Dieser negative Effekt tritt nicht dadurch auf, dass die Landwirte das Wasser selbst nutzen, sondern dass ihre Tätigkeit sich negativ auf die Ökosystemleistungen des Wassers auswirkt. Anders ausgedrückt: Den Landwirten wird das Recht zur Verschmutzung abgekauft. Die Landwirte ihrerseits haben mehrere Möglichkeiten. Sie könnten weniger düngen oder eine andere Art von Dünger einsetzen. Sie könnten aber auch ökologische Prozesse nutzen, um die Einträge insgesamt zu minimieren.

In vielen Fällen, in denen von PES gesprochen wird, handelt es sich um eben solche Konstellationen: Gezahlt wird für die Verminderung von zulässigen negativen externen Effekten. Es kann im Rahmen von PES aber auch für die tatsächliche Bereitstellung von Ökosystemleistungen und Biodiversität gezahlt werden. So können beispielsweise die Eigentümer von Flächen im Bereich einer Flussaue dafür bezahlt werden, dass sie die Aue erhalten und damit einen natürlichen Nährstofffilter und -speicher bewahren sowie die Leistungen der Aue hinsichtlich des Hochwasserschutzes sichern. Auch Maßnahmen, die darauf abzielen, bestimmte

Teile einer Landschaft zu renaturieren, um damit nachgefragte Ökosystemleistungen wiederherzustellen, sind eine Form von PES. Und schließlich ist es insbesondere in der Kulturlandschaft Europas notwendig, Teile der Landschaft extensiv zu nutzen und zu pflegen, um Biodiversität und den Erholungswert der Landschaft zu erhalten oder zu steigern.

Im Rahmen von PES werden Landnutzer also dafür bezahlt, dass sie erlaubte negative externe Effekte auf Ökosystemleistungen vermindern oder durch ihr Handeln Ökosystemleistungen und Biodiversität erhalten oder wiederherstellen. Damit vertreten wir ein recht breites Verständnis von PES, das die gezielte Bereitstellung von Ökosystemleistungen und Biodiversität durch verschiedene Maßnahmen berücksichtigt.

Ermittlung der Zahlungshöhe

Definiert man PES auf diese Weise, steht also die menschliche Leistung im Mittelpunkt, die für die Bereitstellung der Ökosystemleistung notwendig ist, ist auch klar, dass der Preis für die Leistung im Rahmen eines PES kaum dem Wert des Nutzens aus der Ökosystemleistung entspricht beziehungsweise dem, was Menschen bereit wären, für die Ökosystemleistung oder die Biodiversität zu zahlen. Angesichts des beschriebenen sensiblen eigentumsrechtlichen Gefüges sind hohe Preise beziehungsweise Gewinne auf Seiten der Leistungserbringer sogar stark zu hinterfragen: Warum sollten die Landwirte in unserem Beispiel für die Verminderung ihrer Verschmutzung des zur Trinkwasserversorgung genutzten Wassers mit dem vollen Wert dieser Versorgungsleistung honoriert werden? Andererseits sollte es in den Fällen, bei denen Ökosystemleistungen und Biodiversität erst durch menschliches Handeln (wieder) bereitgestellt und gesichert werden, möglich sein, dass die „Produzenten" auch einen unternehmerischen Gewinn erzielen können. Dies gilt insbesondere dann, wenn sich in diesem Bereich eine Art Social Entrepreneurship entwickeln soll.

Die Preise beziehungsweise Zahlungen im Rahmen von PES orientieren sich in ihrer Höhe überwiegend an den Opportunitätskosten und/oder den Produktionskosten. Aus diesem Grund bedarf es nicht unbedingt einer ökonomischen Bewertung der betroffenen Ökosystemleistung, zumal sich diese Monetarisierung oftmals als sehr schwierig erweist und vielen Menschen widerstrebt. Allerdings müssen die Kosten für die Bezahlung der Leistungserbringer wie auch der finanzielle und zeitliche Aufwand für die Etablierung und Umsetzung des PES, also die Transaktionskosten, insgesamt niedriger sein, als der ökonomische und/oder soziale Wert der Ökosystemleistung. Die grobe Schätzung dieses Wertes kann daher eine wichtige Entscheidungsgrundlage dafür sein, ob sich ein PES ökonomisch lohnt. Darüber hinaus besteht die Hoffnung, dass die Verdeutlichung des monetären Wertes der Ökosystemleistung, der wie in unserem Beispiel durch negative externe Effekte vermindert wird, dazu beiträgt, dass Menschen bereit sind, für den Erhalt dieser Leistung zu bezahlen.

Transaktionskosten

Ein PES muss entwickelt werden, die Ökosystemleistungen müssen definiert und nach Möglichkeit quantifiziert werden, die Anbieter und Nachfrager müssen zueinanderkommen, Informationen müssen ausgetauscht, ein gemeinsames Verständnis geschaffen werden, Verträge müssen erarbeitet, die Einhaltung von Verträgen geprüft und die Ergebnisse der Zahlung durch ein Monitoring beobachtet werden. Das ist nur eine Auswahl der zum Teil sehr aufwändigen Arbeitsschritte, die im Rahmen eines PES notwendig sind. Dieser Aufwand verursacht Kosten, die in der Ökonomie unter dem Begriff „Transaktionskosten" beschrieben werden.

Effektivität und Effizienz

Unter **Effektivität** wird diskutiert, inwieweit das Instrument die angestrebten Ziele vollständig und präzise erreicht und zwar unabhängig vom Aufwand. **Effizienz** hingegen betrachtet die Mittel, die zur Zielerreichung eingesetzt werden. Hier zählt das Verhältnis von Aufwand zu Nutzen. Effizienz bedeutet dabei, dass entweder ein gegebenes Ziel mit einem Minimum an Kosten erreicht oder ein bestimmtes Budget für einen maximalen Nutzen eingesetzt wurde. Ein PES wird also dann als effektiv bezeichnet, wenn das Ziel, also der Erhalt oder die Bereitstellung der Ökosystemleistung, erreicht wurde.
Als effizient gilt es, wenn dies zu den niedrigsten Kosten realisiert worden ist.

PES und Ordnungsrecht

Wir wollen uns nun genauer anschauen, was aus ökonomischer Sicht die Vorzüge von PES sind: Zum einen ermöglichen sie eine gezielte Einflussnahme auf die Landnutzung jenseits von Ordnungsrecht. Zulässige negative Einflüsse auf Ökosystemleistungen und Biodiversität können vermindert, der freiwillige Erhalt oder die Wiederherstellung bestimmter Ökosystemleistungen gefördert werden. Zum anderen werden PES theoretisch im Vergleich mit ordnungsrechtlichen Auflagen deutliche Effektivitäts- und Effizienzvorteile zugeschrieben: Statt direkt ein bestimmtes Verhalten einzufordern, erlauben sie den Akteuren zwischen verschiedenen Handlungsoptionen zu wählen und damit situationsbedingt die aus ihrer Sicht effizienteste auszuwählen.

Damit einhergehend kann das (ökonomische) Eigeninteresse der Akteure an der Lösung der Probleme mobilisiert werden. Im besten Fall entwickeln also diejenigen, die bezahlt werden, ein Eigeninteresse an der Bereitstellung der Ökosystemleistung und Biodiversität und nutzen ihr Wissen, um die Bereitstellung kostengünstig zu realisieren. Sie werden also durch PES dazu motiviert, selbst nach geeigneten Maßnahmen zu suchen, individuell aus eigenem Interesse heraus.

Ausgestaltung der Zahlung

Allerdings setzt das voraus, dass die Bezahlung direkt an die Leistungserbringung geknüpft werden kann. In unserem Beispiel zum Trinkwasserproblem müsste also die Bezahlung der Landwirte in direktem Zusammenhang mit dem verminderten Nitratgehalt des Wassers stehen. Wir wollen das am Beispiel eines Hausbaus verdeutlichen: Der Bauherr beschreibt möglichst genau, wie das Haus aussehen soll, aber er gibt der Baufirma nicht die einzelnen Schritte vor, die abzuarbeiten sind, um das Haus in seinem Sinne zu bauen. Gezahlt wird, wenn das Haus nach den Vorstellungen des Auftraggebers fertiggestellt ist. Auf PES bezogen heißt das, dass die bereitzustellenden Ökosystemleistungen klar definiert sein müssen, gleichzeitig aber viel Flexibilität auf der Handlungsebene bestehen sollte, damit die ökonomischen Vorteile von PES greifen können.

In unserem Beispiel werden die Landwirte also idealerweise dann honoriert, wenn das Trinkwasser geringe Nitratgehalte aufweist. In diesem Fall würden wir von einer ergebnisorientierten Zahlung sprechen. Leider liegt in unserem Beispiel jedoch eine für viele Fälle typische Situation vor: Der Zusammenhang zwischen der Handlung des einzelnen Landwirtes und der Gewässerqualität ist nicht direkt herzustellen, denn die Gewässerqualität hängt nicht nur von seinen Handlungen, sondern von verschiedenen weiteren Dingen ab, die der einzelne Landwirt nicht kontrollieren kann. Viele verschiedene, nicht eindeutig zu identifizierende Eintragsquellen und damit diffuse Nährstoffeinträge beeinflussen die Trinkwasserqualität. Zudem wirken eine verminderte Düngung oder andere Maßnahmen zur Reduktion der Nährstoffeinträge in das Gewässer nicht sofort. Stattdessen besteht eine zeitliche Differenz zwischen den Handlungen des Landwirtes und den messbaren Auswirkungen auf die Wasserqualität. In diesem Fall wird es deshalb nicht möglich sein, die Honorierung eines Landwirtes direkt an die messbare Gewässerqualität zu knüpfen.

Darüber hinaus muss bedacht werden, dass die Landwirte in unserem Beispiel sehr gute Kenntnisse über den Zusammenhang ihrer Bewirtschaftung und die damit in Verbindung stehenden Einträge in Grund- und Oberflächengewässer benötigen. Derartige Informationen müssen ihnen zur Verfügung stehen, um entsprechende Entscheidungen treffen zu können. Dabei kommen dann wieder die Intermediäre ins Spiel, weil diese oft die Rolle des Informationsvermittlers und Beraters übernehmen.

Die Entwicklung und Umsetzung von ergebnisorientierten Zahlungen stellt also eine große Herausforderung dar. Ökologische Systeme sind komplex und die so simpel klingende Forderung nach einem klar definierten und messbaren Ziel ist im Zusammenhang mit Ökosystemleistungen und Biodiversität nicht immer zu erfüllen.

Dabei besteht diese Forderung nicht nur auf Seiten der Leistungserbringer, sondern auch auf Seiten der Käufer beziehungsweise Finanziers. Diese wollen zum einen sicher gehen, dass die vereinbarte Leistung auch tatsächlich bereitgestellt wird (Konditionalität), zum anderen aber auch, dass diese Leistung ohne die Zahlung nicht bereitgestellt worden wäre (Additionalität); sonst hätte man sich das Geld ja auch sparen können. Auch für die Seite der Nachfrage spielt also die Definition und die Messbarkeit der gehandelten Leistung eine entscheidende Rolle.

Ergebnis- versus maßnahmenorientierte Zahlung

Bei der **ergebnisorientierten** Honorierung wird die Zahlung direkt an den gewünschten Zustand der Ökosystemleistung geknüpft, z. B. an die Nährstoffgehalte im Grundwasser. Im Gegensatz dazu wird bei der **maßnahmenorientierten** Zahlung für eine bestimmte Handlung bezahlt, von der angenommen wird, dass sie zur Bereitstellung der Ökosystemleistung führt. In der Praxis sind Mischformen zwischen ergebnis- und maßnahmenorientierten Ansätzen zu finden, insbesondere, da die ökologischen Phänomene oft sehr komplex sind. Hilfreich bei der Beurteilung, ob eine Zahlung eher maßnahmen- oder ergebnisorientiert ausgestaltet ist, ist daher die Überlegung, ob die Leistungserbringer Handlungsalternativen haben, zwischen denen sie auf lokaler Ebene auswählen können. Ist dies der Fall, kann eher von einer ergebnisorientierten Ausrichtung gesprochen werden.

Konditionalität und Additionalität

Konditionalität fordert im Kontext von PES, dass eine Ökosystemleistung auch tatsächlich bereitgestellt wird bzw. die geforderten Maßnahmen, die zur Bereitstellung der Ökosystemleistungen führen, auch umgesetzt werden. **Additionalität** hingegen bezieht sich darauf, dass eine Ökosystemleistung ohne die Zahlung nicht bereitgestellt worden wäre, die Bereitstellung somit nur aufgrund der Zahlung erfolgt.

Dies leuchtet umso mehr ein, wenn wir uns noch einmal verdeutlichen, dass in der Diskussion um ökonomische Instrumente grundsätzlich das Potenzial von Märkten für die Suche nach effizienten Lösungen betont wird. Teilweise wird sogar der Begriff „marktbasierte Instrumente" synonym für ökonomische Instrumente verwendet. Tatsächlich jedoch spielen wirkliche Märkte, bei denen sich Angebot und Nachfrage genauso wie die Preise frei und ohne staatliches Zutun entwickeln, bisher in der Praxis eine untergeordnete Rolle. Allerdings gibt es im Bereich der PES interessante Ansätze, solche Marktmechanismen zu etablieren, wie die folgenden Ausführungen zeigen.

Nutzung von Marktmechanismen

Betrachten wir erneut unser Trinkwasserbeispiel: Um das vorhandene Budget kostengünstig einzusetzen, könnte das Trinkwasserunternehmen eine Zielmarke festlegen, wie stark die Nitrateinträge im Trinkwassereinzugsgebiet vermindert werden sollen. Dann würde es die Landwirte im Rahmen einer Ausschreibung dazu auffordern, Maßnahmen zur Vermeidung von Nitrateinträgen zu einem individuellen Preis anzubieten. Anhand der Angebote könnte das Trinkwasserunternehmen dann diejenigen Leistungserbringer auswählen, bei denen das beste Preis-Leistungs-Verhältnis besteht. Genau wie bei der Entwicklung ergebnisorientierter Honorierung besteht die Herausforderung bei diesem Ausschreibungsverfahren darin, dass die Zielstellung konkret definiert, geeignete Maßnahmen identifiziert und die damit verbundenen Nitrateinträge quantifiziert werden müssen. In der Praxis finden sich einige Beispiele, bei denen dieses Verfahren angewendet wird.

Cap-and-Trade

Für eine definierte Region wird ein Grenzwert für die Nutzung oder Verschmutzung einer Ressource festgelegt (cap). Anhand dieses Wertes werden begrenzte Nutzungsrechte vergeben, die dann frei handelbar sind (trade). Übersteigt die Ressourcennutzung die eigene Anzahl der Nutzungsrechte, müssen entweder zusätzliche Rechte erworben oder in Maßnahmen zur Minderung der Ressourcennutzung investiert werden. Stellschraube für insgesamt weniger Umweltverschmutzung ist die Anzahl der vergebenen Zertifikate. Ein Cap-and-Trade-System dient primär der Kosteneffizienz.

Als eine Art zweitbeste Lösung könnte das Trinkwasserunternehmen auch für konkrete Maßnahmen Angebote von den Landwirten einholen, müsste dann aber eben diese Maßnahmen vorgeben, ohne zu wissen, ob für die Landwirte andere Maßnahmen besser geeignet wären.

Die Nutzung von Marktmechanismen kann aber auch mit dem Ordnungsrecht verknüpft beziehungsweise durch ordnungsrechtliche Regelungen in Gang gesetzt werden. Nehmen wir an, in unserem Trinkwasserbeispiel sind die Eigentumsrechte so verteilt, dass Einträge in das Trinkwasser gänzlich verboten sind oder nicht über ein bestimmtes Maß hinausgehen dürfen. Damit einhergehend kann der Staat bestimmte Bewirtschaftungseinschränkungen festlegen. Er kann aber auch ein sogenanntes Cap-and-Trade-System etablieren und damit das Höchstmaß an Einträgen in ein Wassereinzugsgebiet definieren. Relativ gut bekannt ist dieser Ansatz aus dem Bereich des CO_2-Emissionshandels.

In unserem Beispiel könnte die Umsetzung so aussehen: Die anhand des Höchstmaßes ermittelten Verschmutzungsrechte werden hoheitlich, nach bestimmten Kriterien, auf alle Landwirte im Einzugsgebiet verteilt und können von den Empfängern untereinander gehandelt werden. Die Theorie besagt, dass genau diejenigen Landwirte ihre Nitrateinträge reduzieren, bei denen das zu den geringsten Kosten möglich ist.

Wenn Landwirte durch ihre aktuelle Bewirtschaftung mehr verschmutzen als sie Verschmutzungsrechte haben, müssen sie zusätzliche Verschmutzungsrechte kaufen oder ihre Emissionen, die Düngung, reduzieren. Sie könnten aber auch ökologische Prozesse wie die Filterwirkung bestimmter Vegetation nutzen, um die Immissionen in das Trinkwasser zu reduzieren. Daraus könnte ein PES entstehen. Denn in diesem Fall könnten Landwirte, deren Verschmutzungsrechte nicht ausreichen, z. B. andere Akteure für die Anlage von Gewässerrandstreifen honorieren, sofern dadurch behördlich anerkannte Zertifikate über die Immissionsminimierung generiert werden können. Wichtig ist noch einmal zu betonen, dass das Cap-System ein Instrument zur Verbesserung der Kosteneffizienz ist. Die eigentlichen Umwelteffekte entstehen durch die Festlegung der Grenzwerte.

Ein PES kann auch entstehen, wenn lediglich der Umweltstandard festgelegt wird, ohne dass Verschmutzungsrechte verteilt werden und ein Handel vorgesehen ist. Der Clean Water Act in den USA ist ein gutes Beispiel: Auf dessen Basis werden für einzelne Unternehmen Grenzwerte festgelegt, die sich auf die Einleitung von Schadstoffen in Gewässer beziehen. Wie die Unternehmen diese Auflagen einhalten, ist ihrem ökonomischen Geschick überlassen. Sie können technische Lösungen nutzen oder auch Ökosystemleistungen, wie z. B. die Filterfunktion bestimmter Vegetation.

Bedeutung von Intermediären

Ein Cap-Mechanismus kann auch auf freiwilliger Basis etabliert werden. Will das Wasserunternehmen in unserem Ausgangsbeispiel nicht mit jedem einzelnen Landwirt im Einzugsgebiet einen Vertrag über Zahlungen für die Nitratverminderung abschließen, könnte es sich z. B. an einen Verband wenden, der die Interessen der Landwirte im Einzugsgebiet vertritt. Mit diesem könnte das Unternehmen einen Grenzwert für das gesamte Gebiet und damit alle Landwirte vereinbaren. Der Verband müsste dann Wege finden, wie diese Nitrateintragsvermeidung erreicht werden kann. Dafür könnte er die oben beschriebenen Marktmechanismen nutzen. Derartige Ansätze sind besonders dort wichtig, wo für die Bereitstellung der Ökosystemleistung zwingend eine bestimmte Anzahl an Teilnehmern benötigt wird. An unserem Beispiel verdeutlicht: Wenn das Wasserunternehmen am Ende lediglich mit drei von zwanzig relevanten Landwirten einen Vertrag über die Verminderung der Nitrateinträge abschließen kann, wäre das Geld für diese drei Landwirte höchstwahrscheinlich umsonst ausgegeben, weil das Trinkwasser trotz der Zahlungen nicht die nötige Qualität aufweisen würde. Sofern das Wasserunternehmen mit dem Verband einen Vertrag abschließt, muss dieser den weiteren Prozess organisieren.

Anhand all dieser unterschiedlichen Ausgestaltungsoptionen wird erneut deutlich, dass Intermediäre gebraucht werden, die an der Schnittstelle zwischen Leistungserbringern (in unserem Fall Landwirten) und Nutzern (in unserem Fall dem Wasserunternehmen) tätig sind. Zudem wird anhand der Gedankengänge auch deutlich, wie aufwändig und damit transaktionskostenintensiv das Unterfangen PES sein kann.

Gerade weil bei der Entwicklung und Anwendung von PES häufig sehr hohe Transaktionskosten entstehen, können ordnungsrechtliche Regelungen am Ende auch die ökonomisch sinnvollere Lösung und darüber hinaus auch eine langfristig gesicherte Option darstellen. In diesen Fällen wird die Anwendung von Ordnungsrecht mit Effektivitäts- und Effizienzgründen gerechtfertigt. In unserem Beispiel würde man also die Verringerung der Nitrateinträge ordnungsrechtlich erzwingen, um sauberes Trinkwasser bereitzustellen – etwa durch konkrete Bewirtschaftungsauflagen für die Landwirte. Für die dadurch entstehenden Mehrkosten und/oder Einkommensverluste könnten die Landwirte dann aus sozialen Gründen kompensiert oder aus eigentumsrechtlichen Gründen entschädigt werden. Ein derartiges Vorgehen ist etwa im Bereich der grauen Infrastrukturmaßnahmen wie dem Straßenbau, dem Ausbau des Stromnetzes oder Ähnlichem gut bekannt.

Diese Betrachtungen zeigen, dass situationsbedingt für die Entwicklung und Ausgestaltung von effektiven und effizienten PES Ordnungsrecht und staatliches Handeln eine essentielle Voraussetzung sein kann. Lassen Sie uns daher im nächsten Abschnitt die Bedeutung des Zusammenspiels von Markt und Staat für PES näher betrachten und dabei auch noch einmal näher auf die Rolle der Intermediäre eingehen.

Bedeutung von Staat

Die bisherige Auseinandersetzung mit unserem Trinkwasserbeispiel macht deutlich, dass es schon bei einer einfachen Ausgangssituation eine Vielfalt von Optionen zur Lösung eines Umweltproblems gibt und dass PES dabei eine entscheidende Rolle spielen können. Warum sprechen wir bezüglich unseres Beispiels von einer „einfachen Ausgangssituation“? Weil wir bei unserem Beispiel Trinkwasser ein marktfähiges Gut haben und einen ökonomischen Akteur, das Wasserwerk, der aus wirtschaftlichem Eigeninteresse ein PES etablieren möchte. Darüber hinaus sind die Verursacher des Umweltproblems, nämlich die Landwirte, bekannt.

Welche Ausgangssituation aber liegt bei dem überwiegenden Teil der Ökosystemleistungen und der Biodiversität vor? Stellen Sie sich beispielsweise vor, Sie wollen zu Erholungszwecken die schöne Landschaft genießen, an einer Blumenwiese verweilen, in den Bergen oder durch den Wald wandern. In der Regel können Sie dies tun, ohne dafür bezahlen zu müssen. Im Allgemeinen hat jeder, der die schöne Landschaft genießen will, freien Zugang zu dieser kulturellen Ökosystemleistung. Allerdings gibt es damit keinen ökonomischen Akteur, der aus Eigeninteresse bereit ist, für die Bereitstellung dieser Ökosystemleistung zu sorgen. Denn wenn alle die schöne Landschaft auch ohne Bezahlung genießen können, kann man damit ja erst einmal kein Geld verdienen. Damit fehlt jedoch auch das Geld, das man unter Umständen für die Verminderung von negativen Effekten auf die schöne Landschaft einsetzen muss. Eine Vielzahl unserer Umweltprobleme entsteht letztlich nicht aufgrund der Nutzung der Ökosystemleistung, wie dem Genießen der schönen Landschaft, sondern weil (wirtschaftliche) Akteure einen negativen Einfluss auf diese Ökosystemleistung ausüben.

Doch wer kommt als Geldgeber in Frage, wenn der Zugang an sich frei und die Nachfrage eher diffus ist, also weder klar zu lokalisieren noch scharf abgrenzbar? Wie sollte man den oder die Käufer identifizieren? Unter den Bedingungen des freien Nutzenzugangs sind viele Menschen nur dann bereit zu zahlen, wenn sie darauf vertrauen können, dass viele Nutzer ihren Anteil einbringen. Ist das nicht gegeben, verhalten sie sich strategisch und werden zu Trittbrettfahrern. Dies gilt vor allem dann, wenn die Gruppe der Nutzer groß und anonym ist. Hinzu kommt das Problem, dass die finanziellen Beiträge einzelner Individuen oft in keiner Weise ausreichen, um die notwendigen Maßnahmen für den Erhalt oder die Verbesserung der Ökosystemleistung zu finanzieren.

Genau hier kommt der Staat als wichtiger Akteur ins Spiel: Anstelle von ökonomischen Einzelinteressen, die bei einem wirtschaftlichen Akteur wie unserem Wasserunternehmen zum Engagement führen, vertritt der Staat Gemeinwohlinteressen. Um diese Gemeinwohlinteressen durchzusetzen, stehen den staatlichen Akteuren neben den bereits beschriebenen vielfältigen hoheitlichen Eingriffsmöglichkeiten wie Geboten, Verboten, dem Setzen von Umweltstandards usw. auch die ökonomischen Handlungsoptionen offen. Der Staat hat also auch die Möglichkeit, stellvertretend für seine Bürger als Käufer und damit entscheidender Intermediär aufzutreten. Und tatsächlich kommt dem Staat in vielen Fällen eine zentrale Rolle zu: nicht nur als hoheitlichem Regulierer, sondern auch als eben diesem intermediären Käufer, den wir Finanzier nennen.

Selbstverständlich können auch zivilgesellschaftliche Akteure (nicht-staatlich und nicht-profitorientiert) wie Umweltverbände, Bürgerinitiativen oder Einzelpersonen stellvertretend für die Nutzer auftreten und tun dies in der Praxis auch.

bieter

Staat zahlt	Staat reguliert Angebot oder Nachfrage: NEIN	Staat reguliert Angebot oder Nachfrage: JA
NEIN	Freiwillige nicht-staatliche verursacher-, nutzer-, philanthropenfinanzierte Zahlungen für freiwillige Maßnahmen	Unfreiwillige verursacherfinanzierte Zahlungen für freiwillige Maßnahmen
JA	Freiwillige staatliche Zahlungen für freiwillige Maßnahmen	Freiwillige und unfreiwillige staatliche Zahlungen für unfreiwillige Maßnahmen

Auch hier ist dann nicht das wirtschaftliche Interesse Einzelner sondern das Gemeinwohl beziehungsweise der private (nicht-profit-orientierte) Nutzen einer gesellschaftlichen Gruppe der Antrieb für das Engagement.

Zivilgesellschaftliche Akteure verfügen über keine hoheitliche Macht und in der Regel auch nicht über ausreichend finanzielle Mittel, um im Rahmen von PES langfristig als Käufer aufzutreten. Ihre Stärke liegt aber darin, dass sie oft hoch motiviert sind und aus innerer Überzeugung handeln, über lokales Wissen verfügen und bereit sind, Zeit und personelle Ressourcen einzubringen. Die fehlende hoheitliche Gewalt kann in diesem Zusammenhang auch ein Vorteil sein, wenn es um Fragen des Vertrauens und der Netzwerkbildung geht.

Typisierung von PES

Die Betrachtungen haben gezeigt, dass es eine Vielzahl verschiedener Formen von Zahlungen für Ökosystemleistungen und Biodiversität gibt, abhängig von den verschiedenen institutionellen Regeln und den beteiligten Akteuren. Die im Rahmen ökonomischer Theorien als idealtypisch beschriebenen nutzerfinanzierten Zahlungen sind dabei nur ein Ansatz, kommen in der Praxis bisher aber nur sehr selten vor. Dies gilt umso mehr, wenn als idealtypische nutzerfinanzierte PES nur jene gelten, bei denen der Staat gar keine Rolle spielt, PES also als tatsächliche Alternative zu staatlichem Handeln verstanden werden. Wie wir gezeigt haben, spielt der Staat im Zusammenhang mit Zahlungen für Ökosystemleistungen und Biodiversität aber in vielen Fällen eine wichtige Rolle. Daher werden wir verschiedene PES vor dem Hintergrund der Rolle des Staates unterscheiden und wollen dabei auch der im Rahmen unseres Beispiels immer wieder aufgeworfenen Frage nachgehen, ob Leistungserbringer und Nutzer freiwillig agieren.

Den Ausgangspunkt unserer Typisierung bilden die beiden wesentlichen Handlungsoptionen, die der Staat hat: Zum einen kann er stellvertretend für die gesellschaftliche Nachfrage als Käufer auftreten. Wir würden ihn dann als Finanzier bezeichnen. Zum anderen kann er hoheitlich Einfluss auf das Angebot und/oder die Nachfrage nehmen, da er Leistungserbringer und Nutzer auch zur Bereitstellung von Leistung beziehungsweise Geld ordnungsrechtlich verpflichten kann. Der Staat bestimmt damit, inwieweit die Akteure freiwillig an dem PES teilnehmen. Je nachdem ob der Staat diese Optionen wahrnimmt oder nicht, lassen sich vier verschiedene Typen von PES unterscheiden, die in obiger Abbildung dargestellt sind.

Da wir diese Typen zur Strukturierung der Praxisbeispiele in unserem Buch nutzen, wollen wir sie noch etwas näher betrachten und dabei insbesondere auf die Motivation der jeweils relevanten Akteure eingehen.

PES-Typen

Wir nutzen folgende vier Typen zur Strukturierung der Praxisbeispiele in unserem Buch.

Typ 1. Freiwillige nicht-staatliche Zahlungen für freiwillige Maßnahmen

Bei diesen PES sind nicht-staatliche Akteure freiwillig, also ohne regulativen Druck, bereit, Anbieter zu honorieren, die ihrerseits freiwillig geeignete Maßnahmen ergreifen, um Ökosystemleistungen bereitzustellen. Der Staat ist nicht direkt an den PES beteiligt, sondern schafft nur die allgemeinen rechtlichen Rahmenbedingungen für das Funktionieren dieser freiwilligen Transaktionen.

Hinter der Zahlungsbereitschaft auf Nachfrageseite können verschiedene Motive stehen: So kann es wie in unserem Trinkwasserbeispiel sein, dass diejenigen, die die Leistungsbereitstellung finanzieren, auch die direkten Nutzer der Ökosystemleistung(en) sind. Nutzer und Käufer sind in diesem Fall also identisch und haben ein hohes Interesse daran, dass die vereinbarten Leistungen bereitgestellt werden. Es besteht also auf Seiten der Nachfrager ein klassisch ökonomisches Motiv. Nachfrager können aber auch aufgrund altruistischer Motive handeln. Dann sind die Interessen anderer oder das Wohl der Gemeinschaft, einschließlich zukünftiger Generationen, der Antrieb. Es kann auch sein, dass die Grundlage eines PES allein darin besteht, dass Menschen die Natur um ihrer selbst willen erhalten möchten. Entscheidend ist in all diesen Fällen, dass es jemanden gibt, der ein großes Interesse daran hat, dass mit den Zahlungen tatsächlich die versprochenen Ökosystemleistungen bereitgestellt oder die vereinbarten Biodiversitätsziele erreicht werden.

Es gibt aber auch Akteure, die sich von ihrer Zahlung für Biodiversität und Ökosystemleistungen vor allem einen Imagegewinn versprechen. Sie haben also einen eher indirekten ökonomischen Nutzen durch das PES. Oft verursachen ihre wirtschaftlichen Aktivitäten negative externe Effekte auf Ökosystemleistungen und Biodiversität. Diese möchten die Käufer nun mit Hilfe der Zahlungen freiwillig ausgleichen. Auch NGOs können aus Imagegründen, also wegen eines indirekten ökonomischen Nutzens, bestimmte Maßnahmen finanzieren. In diesen Fällen liegt das Eigeninteresse der Käufer also nicht primär auf der Ökosystemleistung oder dem Biodiversitätsziel, sondern auf dem Imagegewinn. Dies ist für PES durchaus von Bedeutung, denn bei dieser Konstellation fehlt unter Umständen der kritische Akteur, der tatsächlich an der Ökosystemleistung interessiert ist. In der Realität überlagern sich diese Interessens- und Motivationslagen auf Seiten der Nachfrager häufig. Sofern die Nachfrager nicht selbst die Nutzer der Ökosystemleistung sind, sprechen wir von Finanzier und nicht Käufer. Dies gilt auch für den Fall, dass jemand bereit ist, für den Erhalt von Biodiversität um ihrer selbst willen zu zahlen.

Typ 2. Freiwillige staatliche Zahlungen für freiwillige Maßnahmen

Bei diesen PES ist der Staat ein zentraler Akteur. Er amtiert idealerweise als Stellvertreter für eine diffuse gesellschaftliche Nachfrage und tritt als Käufer auf, indem er über staatliche Programme die Leistungsbereitstellung finanziert. Nutzer und „Käufer“ sind hier also zwei verschiedene Akteure, wobei auf der Seite der Nutzer gewissermaßen die Allgemeinheit steht. Da der Staat als Finanzier auf Steuermittel zurückgreift, könnte man bei näherer Betrachtung die Nutzer auch mit den Steuerzahlern gleichsetzen.

Staatliche PES sind im Umweltbereich nicht neu. Insbesondere aus den großen Subventionsprogrammen im Agrarsektor haben sich in vielen Ländern staatliche Agrarumweltprogramme entwickelt. Sowohl in Europa und damit in Deutschland und Großbritannien als auch in den USA gibt es diese Programme seit mehreren Jahrzehnten. Sie haben allein aufgrund ihres enormen Finanzumfangs eine außerordentlich große Bedeutung für den Natur- und Umweltschutz in der Kulturlandschaft. So beteiligte sich beispielsweise die EU in den Jahren 2007–2013 mit nahezu 20 Milliarden Euro an Agrarumweltmaßnahmen in ihren Mitgliedsländern. Im Kontext der PES-Diskussion muss allerdings kritisch berücksichtigt werden, dass diese Agrarumweltprogramme erst in den letzten Jahren auf spezifische Ökosystemleistungen abzielen und damit als PES bezeichnet werden können. Aktuell nehmen staatliche Programme vom Anwendungsumfang her den bedeutendsten Anteil an PES weltweit ein. Selbst solche als Vorreiter-PES bekannt gewordenen Beispiele wie das „Pago por Servicios Ambientales“, kurz PSA, in Costa Rica sind keine nutzer- sondern staatlich finanzierte Programme. Im Rahmen dieser staatlichen Programme werden überwiegend zentrale Maßnahmen definiert, denen eine mehr oder weniger positive Umweltwirkung unterstellt wird. Die Effektivität der Programme hängt entscheidend von den jeweiligen lokalen Gegebenheiten ab, die Teilnahme ist theoretisch freiwillig. Allerdings zeigen insbesondere staatliche Programme in den Entwicklungsländern, dass hier teilweise für Maßnahmen gezahlt wird, die eigentlich bereits über das Ordnungsrecht eingefordert sind, beispielsweise über ein gesetzliches Umwandlungsverbot von Wald in landwirtschaftliche Fläche. Die Übergänge zu unserem vierten Typ sind also fließend.

Typ 3. Unfreiwillige verursacherfinanzierte Zahlungen für freiwillige Maßnahmen

Wie wir anhand des Wasserunternehmens und der Landwirte in unserem Beispiel gezeigt haben, basieren PES nicht nur auf Freiwilligkeit. Sie können auch durch staatliches, hoheitliches Eingreifen forciert werden: Der Staat hat zum Beispiel die Möglichkeit, durch Grenzwerte für Verschmutzungen die Rechte der Nutzer einzuschränken. Gestattet er hinsichtlich der Erreichung dieser Grenzwerte Flexibilität, kann daraus eine Nachfrage nach Ökosystemleistungen entstehen. Diese Nachfrage ist demnach nicht als freiwillig einzustufen, sie wird durch die Regulierung hervorgerufen. Es gilt jedoch zu bedenken, dass sich ein Unternehmen durchaus freiwillig für ein PES als Alternative zu einer rein technischen Lösung entscheiden kann. In ähnlicher Art und Weise kann durch das erwähnte CAP-System eine Nachfrage nach Ökosystemleistungen induziert werden, vorausgesetzt, das Ziel ist über Ausgleichsmaßnahmen zu erreichen.

Hinzu kommt eine weitere Regulierungsform: Für die USA sind in diesem Zusammenhang insbesondere die Vorgaben aus dem Clean Water Act und dem Endangered Species Act zu nennen. Beide Gesetze fordern einen Netto-Null-Verlust von Feuchthabitaten beziehungsweise von Lebensräumen der als gefährdet gelisteten Arten. Verursacht jemand Schäden an solchen Habitaten, muss er diese ausgleichen und zwar in funktionalem Sinne. Aufgrund der dadurch generierten Nachfrage nach entsprechenden Ausgleichs-Habitaten entstand das Habitat Banking: Anbieter der entsprechenden Habitate treten als wirtschaftliche Akteure auf. Sie haben zum Beispiel Feuchtgebiete renaturiert und können diese nun auf dem Markt anbieten.

Auch in Deutschland werden derartige Zahlungen durch gesetzliche Regularien forciert. Hier sind es die Eingriffs- und

Ausgleichsregelungen des Bundesnaturschutzgesetzes, die Ausgleichs- oder Ersatzmaßnahmen für jegliche Eingriffe in den Naturhaushalt verlangen. Aufgrund dieser Auflagen haben sich sogenannte Flächenagenturen entwickelt, die als Anbieter auftreten und Ausgleichs- und Ersatzmaßnahmen anbieten. Aber auch Umweltorganisationen und Vereine lassen sich als Anbieter Naturschutzmaßnahmen finanzieren. Mittlerweile spielt diese Art von Zahlungen für deutsche Umweltorganisationen und -vereine sogar eine wichtige Rolle.

Wie schon bei den idealtypischen nutzerfinanzierten Zahlungen stellt sich auch hier die Frage, inwieweit die Akteure auf Angebots- oder Nachfrageseite ein wirkliches Interesse daran haben, dass mit den Zahlungen die versprochenen Ökosystemleistungen tatsächlich bereitgestellt werden: Bei den Verursachern von Schäden (insbesondere bei wirtschaftlichen Unternehmen), die zum Ausgleich verpflichtet sind, wird sich das Interesse nur auf den geregelten Bereich beschränken, für den sie haften. Trifft dieses eingeschränkte Interesse an der tatsächlichen Bereitstellung der Leistung zudem auf Anbieter, die ausschließlich von wirtschaftlichem Interesse getrieben werden, ist es wichtig, dass ein dritter Akteur (Watch Dog) verifiziert, dass hier für Zahlungen auch tatsächlich Ökosystemleistungen und Biodiversität bereitgestellt werden.

Typ 4. Freiwillige und unfreiwillige staatliche Zahlungen für unfreiwillige Maßnahmen

Bei PES des vierten Typs nutzt der Staat seine hoheitliche Macht, um die Bereitstellung von Ökosystemleistungen einzufordern. Hier liegt also die Situation vor, dass der Staat den Verursachern von negativen Effekten auf Ökosystemleistungen und Biodiversität bestimmte Handlungen untersagt und keine Flexibilität hinsichtlich der Umsetzung dieser Vorgaben gewährt. Ein klassisches Beispiel aus Deutschland sind die Einschränkungen der landwirtschaftlichen Nutzung in Naturschutzgebieten. In den Schutzgebietsverordnungen können konkrete Auflagen zur mineralischen Düngung oder zu Viehbestandsdichten festgeschrieben werden. Solchen Auflagen müssen die Landwirte aufgrund ihrer Sozialpflichtigkeit nachkommen. Andererseits können derartige Einschränkungen große ökonomische Auswirkungen haben. Deshalb gibt es eine Reihe von Beispielen, bei denen der Staat für die ökonomischen Auswirkungen der ordnungsrechtlichen Auflagen zahlt, diese also finanziell kompensiert.

Selbstverständlich kann in Frage gestellt werden, ob derartige Zahlungen überhaupt noch etwas mit dem PES-Ansatz zu tun haben und ob das Einhalten von Ordnungsrecht überhaupt honoriert werden sollte. Der Blick in die Praxis zeigt jedoch fließende Übergänge zu den freiwilligen staatlichen Zahlungen für freiwillige Maßnahmen (Typ 2): Betrachtet man beispielsweise einige der als PES bekannten Programme in China oder auch Costa Rica, zeigt sich, dass hier Zahlungen für Leistungen gewährt werden, die eigentlich bereits durch Ordnungsrecht vorgegeben sind. Oft lässt sich dieses Ordnungsrecht jedoch nur schwer durchsetzen und dann sind Zahlungen eine zusätzliche Option, um die gesteckten Ziele zu erreichen. Auch in Europa werden derartige Zahlungen angewendet, beispielweise zum Ausgleich von Auflagen in Natura 2000-Gebieten oder auch im Zusammenhang mit der Umsetzung der Wasserrahmenrichtlinie. Es spricht daher einiges dafür, auch derartige Zahlungen im Zusammenhang mit der PES-Diskussion zu betrachten. Im Rahmen dieses Buches wird dieser Typ jedoch nur noch einmal im Schlusskapitel aufgegriffen, da keines unserer erfolgreichen Beispiele diesem Typ entspricht.

Praxis. Wie wird es gemacht und wer macht es möglich?

Erfolgreiche PES-Beispiele aus Deutschland, Großbritannien und den USA

Die vorangegangene Auseinandersetzung mit dem PES-Ansatz hat eines deutlich gezeigt: Das Thema ist komplex! Die ökologischen Problemstellungen sind vielschichtig und verweigern sich linearen Lösungswegen. Hinzu kommen Fragen nach Eigentumsverhältnissen, ordnungsrechtliche Grenzen und die große Bedeutung von Informationen, um nur einiges zu nennen. Gleichzeitig sind oft mehrere Akteure mit verschiedenen Motiven und Fähigkeiten beteiligt. Wie arbeiten diese Akteure zusammen? Was sind die Motive für ihr Engagement? Mit welchen Kapazitäten bringen sie sich ein? Für welche Umweltprobleme konnten erfolgreiche PES entwickelt werden und wer war daran wie beteiligt?

Für unsere empirischen Untersuchungen wählten wir drei Industriestaaten aus. Diese sollten grundlegende Gemeinsamkeiten aufweisen, wie einen demokratischen Rechtsstaat, ein gewachsenes Umweltrecht und die langjährige Anwendung von staatlichen Agrarumweltprogrammen. Gleichzeitig erfolgte die Auswahl unter der Annahme, dass ein unterschiedliches Rollenverständnis in Bezug auf Staat und Zivilgesellschaft sowie eine im Detail unterschiedliche Ausgestaltung der umweltrechtlichen Rahmenbedingungen eine große Bandbreite an verschiedenen PES hervorgebracht hat. Darüber hinaus war die Frage, ob sich aus den prinzipiell unterschiedlichen Konzepten zum Naturschutz, einem eher integrativen in Europa und einem eher seggregativen in den USA, auch Unterschiede bezüglich der Anwendung von PES ergeben. Denn während die europäische Kulturlandschaft weitgehend dicht besiedelt und seit Jahrhunderten menschlich überprägt ist, gibt es in den USA eine deutlich stärkere Trennung zwischen zum Teil stark genutzter und fast ungenutzter Landschaft. In Europa sind die gesellschaftlich erwünschte Biodiversität und die kulturellen Ökosystemleistungen oft an eine extensiv genutzte Landschaft, die Kulturlandschaft, geknüpft. Dementsprechend wird versucht, wirtschaftliche Nutzung und die Bereitstellung von Ökosystemleistungen auf einer Fläche in Einklang zu bringen. In den USA hingegen wird stärker getrennt zwischen genutzter Landschaft und überwiegend ungenutzten Naturlandschaften wie den großen Nationalparks.

Im Zuge unserer Forschungsarbeit konnten wir viele spannende Beispiele für PES zusammentragen. 19 dieser Beispiele und ihre Geschichten wollen wir Ihnen im Folgenden vorstellen; 19 erfolgreiche Beispiele dafür, wie mit Hilfe von PES komplexen sozial-ökologischen Problemstellungen begegnet wird.

Die Auswahl unserer Erfolgsbeispiele basiert in erster Linie auf zwei Workshops – einem in den USA und einem in Deutschland – sowie einer in Großbritannien durchgeführten Interviewreise. Die beiden Workshops brachten jeweils Vertreter staatlicher und nicht-staatlicher Organisationen zusammen, die an der Umsetzung und Weiterentwicklung von PES in ihrem jeweiligen Land intensiv beteiligt waren und sind – als Initiatoren, behördliche Instanzen, Berater und ähnliches. Diese erfahrenen Praktiker wurden gebeten, erfolgreiche PES in ihren Heimatländern zu benennen und anschließend zu begründen, warum sie diese Beispiele für erfolgreich halten. Woran machen sie fest, dass diese Beispiele ein Erfolg sind?

In der Diskussion zu diesem Thema ging es zunächst vor allem um die ökologische Zielstellung sowie die Effektivität und Effizienz des Instruments: Ein erfolgreiches PES würde effektiv und effizient ein klar definiertes ökologisches Ziel erreichen.

Doch schnell zeigte sich in der Diskussion ein Problem: Viele der identifizierten Erfolgsbeispiele wurden erst in den letzten Jahren eingeführt, die ältesten sind maximal 30 Jahre alt. Lassen sich anhand dieser für Ökosysteme kurzen Zeitspanne die Auswirkungen eines Instrumentes schon seriös bewerten? Bezogen auf einige ökologische Zielstellungen ja, jedoch nicht für alle und vor allem nicht für aktuellere, möglicherweise innovative Beispiele, die aber auch zu den erfolgreichen gezählt werden sollten. Aus diesem Grund wurde gemeinsam mit den Experten und den Akteuren der genannten Beispiele über ergänzende Aspekte einer Definition von Erfolg für PES diskutiert. Dabei zeigte sich, dass neben einer hohen Erwartungshaltung bezüglich der ökologischen Wirkung auch soziale und institutionelle Kriterien relevant sind: Dass das PES von einer großen Anzahl von Akteuren getragen wird, sowohl auf Seiten der Anbieter als auch der Nachfrager; dass die betroffenen Akteure, aber auch die regionale Öffentlichkeit hinter dem PES stehen; dass es andere Akteure inspiriert, ähnliche Vorhaben zu initiieren, oder dass es sogar „echte" Nachahmer findet. Und schließlich sollten erfolgreiche PES auch keine „Eintagsfliegen" sein, sondern sich langfristig als Ansatz behaupten. Nicht jedes unserer Beispiele erfüllt alle diese Erfolgskriterien; auf jedes aber trifft die Mehrheit dieser Aspekte zu.

Die Beispiele erfolgreicher PES in unserem Buch wurden also subjektiv ausgewählt, von erfahrenen Praktikern und Wissenschaftlern als langjährigen Beobachtern der Szene. Und weil die Thematik so komplex und die Lösungsansätze so vielfältig sind, umfasst diese Auswahl sowohl landesweite, zum Teil langjährige Programme als auch regionale Projekte sowie kleine lokale, sehr junge PES, teils sogar reine Pilotvorhaben. Da die Frage nach den beteiligten Akteuren für CIVILand immer im Vordergrund stand, handelt es sich vor allem um Beispiele, die aus institutioneller Sicht spannend sind, bei denen also ein Miteinander verschiedener Organisationen und Akteure, staatlicher wie auch nicht-staatlicher, zu beobachten ist. Zu den nicht-staatlichen Akteuren zählen wir dabei sowohl gemeinnützige Umweltschutzorganisationen, engagierte Wissenschaftler und interessierte Bürger als auch privatwirtschaftliche Akteure.

Abgesehen davon, dass in jedem Beispiel also immer mindestens ein nicht-staatlicher Akteur involviert ist, unterscheiden sich die einzelnen PES sehr stark voneinander. Um sie für dieses Buch zu strukturieren, haben wir auf die im ersten Kapitel vorgestellte Typisierung zurückgegriffen und die Beispiele einem dieser vier Typen zugeordnet. Wie so oft in der Wissenschaft sträubt sich jedoch das eine oder andere Praxis-Beispiel gegen eine eindeutige Zuordnung. Ein PES wird beispielsweise sowohl von staatlichen als auch nicht-staatlichen Akteuren finanziert und verweigert sich damit einer eindeutigen Zuordnung. Oft sind die Akteure auf lokaler Ebene kreativ und nutzen das Spektrum der Optionen so weit wie möglich aus, um die Bereitstellung von Ökosystemleistungen und Biodiversität zu finanzieren. Auch die Grenze zwischen Regulierung und freiwilligen Maßnahmen verläuft in der Realität nicht immer eindeutig, was die Einordnung einzelner Praxisbeispiele erschwert. All diese uneindeutigen PES-Fälle haben wir letztendlich dem Typ zugeordnet, bei dem aus unserer Sicht die meisten Schnittmengen festzustellen sind. An geeigneter Stelle weisen wir auf die konkreten Kategorisierungs-Probleme des jeweiligen Beispiels hin.

Anhand der jetzt vorliegenden Typen-Zuordnung stellt sich das Bild folgendermaßen dar: Acht PES entsprechen dem Typ „Freiwillige nicht-staatliche Zahlungen". Darunter sind vier Beispiele aus Großbritannien, drei aus Deutschland und eines aus den USA. Sechs Beispiele haben wir als „Freiwillige staatliche Zahlungen“ eingeordnet, drei deutsche und drei amerikanische. Und fünf der 19 Beispiele verstehen wir als „Unfreiwillige verursacherfinanzierte Zahlungen“, bei denen also der Staat die Nachfrage motiviert. Dazu zählen drei amerikanische und zwei deutsche PES.

Neben dem PES-Typ interessiert uns natürlich, auf welche Ökosystemleistung(en) das jeweilige Beispiel abzielt, unabhängig von weiteren positiven Nebeneffekten. Die Ökosystemleistung(en), um die es geht, werden pragmatisch durch eine unterschiedliche Farbgebung kenntlich gemacht. Entscheidend für diese Zuordnung ist dabei immer, was die Projekte und Programme selbst als konkrete Zielstellung formulieren:

- Schutz und Entwicklung von Biodiversität (grün),
- Bereitstellung von sauberem Trinkwasser bzw. die Verbesserung der Qualität von Oberflächengewässern (blau),
- Kohlenstofffixierung bzw. Vermeidung von Kohlenstofffreisetzung (braun),
- Bereitstellung kultureller Ökosystemleistungen, insbesondere das Erleben und Erholen in der Landschaft (gelb) oder
- Bereitstellung von mehreren Ökosystemleistungen und Biodiversität (violett).

Um die Konstellation der beteiligten Akteure zu verdeutlichen, nutzen wir in jedem Beispiel eine Abbildung, die einen schnellen Überblick über die relevanten Akteure und deren Rolle im Rahmen des PES geben. In dieser Abbildung stehen links die finalen Nutzer der Ökosystemleistung, rechts die Leistungserbringer. Wie in unserem einleitenden Kapitel beschrieben, bezahlen idealerweise die finalen Nutzer einen Betrag X an die Leistungserbringer, damit diese durch die Umsetzung konkreter Maßnahmen oder die Bereitstellung von Flächen die Sicherung und/oder Wiederherstellung von Ökosystemleistungen und Biodiversität bewerkstelligen. In diesem Fall sind also die Nutzer die Käufer. Die Leistungserbringer sind Landwirte, die ihre eigenen oder aber gepachtete Flächen bewirtschaften und/oder Flächeneigentümer, zu denen sowohl Privatpersonen, Kommunen, Kirchen und Landgesellschaften als auch Naturschutzverbände, und Stiftungen gehören.

Solch ein direktes Zusammentreffen von finalen Nutzern und Leistungserbringern finden wir jedoch in keinem unserer Beispiele. Vielmehr sind in allen Fällen Akteure involviert, die den Austausch zwischen beiden Seiten ermöglichen, also zwischen der Nachfrage- und der Angebotsseite vermitteln. Diese Akteure nennen wir Intermediäre. Sie nehmen verschiedene Rollen ein: Sie koordinieren den Prozess, beraten und akquirieren Leistungserbringer, sind verantwortlich für die Zertifizierung bestimmter Maßnahmen oder das Monitoring (Abbildung 1). Außerdem handeln Intermediäre in vielen Fällen stellvertretend auf der Seite der finalen Nutzer oder der Seite der Leistungserbringer: So tritt etwa der Staat aufgrund einer gesellschaftlichen Nachfrage im Rahmen von Agrarumweltprogrammen als der eigentliche Käufer beziehungsweise als Finanzier auf. Als Finanzier bezeichnen wir den Akteur, der in Vertretung für die finalen Nutzer die Leistungserbringung finanziert und als Vertragspartner gegenüber der Angebotsseite auftritt. Neben dem Staat in Form einer Behörde kann dies beispielsweise auch eine Umweltschutzorganisation oder ein philanthropischer Akteur sein. Das notwendige Budget erhält der Finanzier nicht selten über die Steuern oder Abgaben der finalen Nutzer. Intermediäre

Abbildung 1

Diese Farbcodierung findet sich in der Beschreibung der jeweiligen PES wieder.

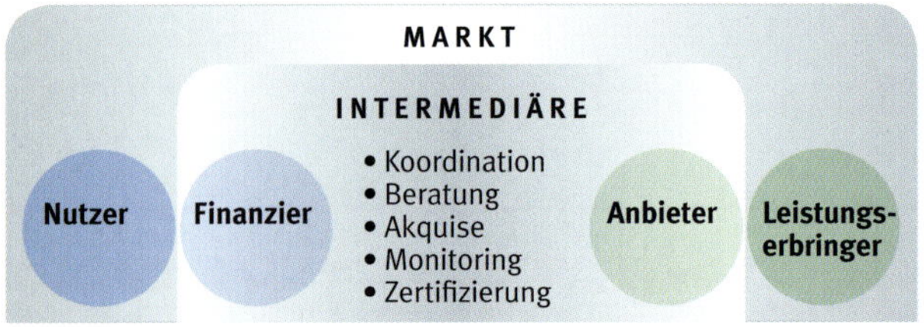

Abbildung 2

können auch auf der Angebotsseite als Stellvertreter auftreten. Hier bezeichnen wir sie als Anbieter. Ein Anbieter vertritt mehrere Leistungserbringer, bündelt also das Angebot und tritt als direkter Ansprech- und Vertragspartner für den Käufer beziehungsweise den Finanzier auf. (Abbildung 2)

Hinsichtlich der Käufer und Finanziers ist uns zudem noch ein Aspekt wichtig: Die Nachfrage nach Ökosystemleistungen kann auch durch staatliche Anreize forciert werden. Zum einen können ordnungsrechtliche Vorgaben dazu führen, dass ein Unternehmen statt technischer Mittel die Leistungen bestimmter Ökosysteme nutzt (bspw. die Filterfunktion von Feuchtgebieten), um seinen negativen Umwelteinfluss zu reduzieren. Dann ist das Unternehmen Nutzer und Käufer der durch das PES bereitgestellten Leistungen (Abbildung 3). Zum anderen kann der Staat die Kompensation von negativen Einflüssen auf Ökosystemleistungen und Biodiversität gesetzlich einfordern. Ein Unternehmen, das Ökosysteme und Biodiversität schädigt und damit auch den Nutzen für Dritte reduziert, muss also für Aktivitäten sorgen, die an anderer Stelle zusätzliche Ökosystemleistungen und Biodiversität bereitstellen. In diesem Fall tritt das Unternehmen als Finanzier eines PES auf (Abbildung 4).

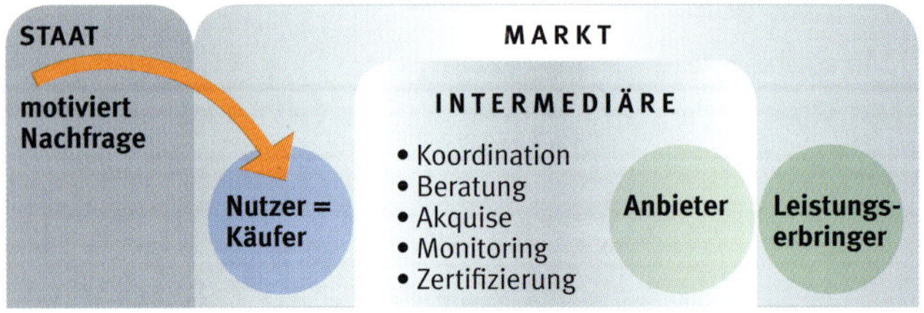

Abbildung 3

Zusätzlich zu dieser Grafik zu den relevanten Akteuren informiert Sie ein kurzer Steckbrief über das jeweilige Beispiel. Hier sind zum einen noch einmal die beteiligten Akteure zusammengefasst, zum anderen enthält der Steckbrief Angaben zur Region, der Größe der mit dem Instrument angesprochenen Flächen sowie zum zeitlichen und finanziellen Rahmen. Außerdem haben wir uns bemüht, das Kernstück des jeweiligen PES kurz zusammenzufassen: Die Ausgestaltung der Zahlung, also ob es sich um einen eher ergebnis- oder einen maßnahmenorientierten Ansatz handelt und wonach sich die Zahlungshöhe bemisst.

Herzstück der folgenden Seiten sind jedoch die ausführlichen Beschreibungen der Beispiele, bei deren Erstellung uns jeweils folgende Fragen geleitet haben: Was sind die ökologischen und sozialen Hintergründe, welche Ideen und Zielstellungen verfolgen die Akteure mit dem PES und was waren wichtige Schritte bei der Realisierung? Wie funktioniert der Mechanismus, also wie oder wofür wird honoriert und wie bemisst sich die Zahlungshöhe? Und welche Akteure waren oder sind mit welchen Aufgaben beteiligt und wie funktioniert ihr Zusammenspiel? Die Beschreibungen werden in fast allen Fällen durch Interviews oder ein persönliches Statement ergänzt. Diese Interviews mit den PES-Verantwortlichen oder eng involvierten Personen entstanden in den Jahren 2011 bis 2013. Wir haben sie entweder direkt vor Ort im Zuge unserer Recherchen oder auf telefonischem Wege für das vorliegende Buch geführt.

Allen Beteiligten sei an dieser Stelle noch einmal unser herzlicher Dank für die investierte Zeit und die teils sehr persönlichen Eindrücke ausgesprochen! Sie bereichern unsere Texte um ein Vielfaches und machen deutlich, was hinter jedem einzelnen PES steckt: Menschen mit Ideen und hohem Engagement.

Abbildung 4

Übersicht

PES in den USA

- Edwards Aquifer Protection Program
- Florida Ranchlands Environmental Services Project (FRESP)
- Performance-based Environmental Policies for Agriculture Initiative (PEPA)
- Conservation Reserve Enhancement Program (CREP) in Vermont
- Medford Water Quality Trading Program
- Silvergate Mitigation Bank
- Forest Mitigation Banking in Maryland

PES in Deutschland

- MoorFutures®
- Trinkwasserwald® e.V.
- Blühendes Steinburg
- Naturschutzgerechte Bewirtschaftung von Grünland in der nordrhein-westfälischen Eifel
- Gemeinschaftlicher Wiesenvogelschutz
- Niedersächsisches Kooperationsmodell Trinkwasserschutz
- Flächenagentur Brandenburg GmbH
- 100 Äcker für die Vielfalt

PES in Großbritannien

- Upstream Thinking mit dem Westcountry Rivers Trust
- Woodland Carbon Code (WCC)
- Westcountry Angling Passport
- Pumlumon Project

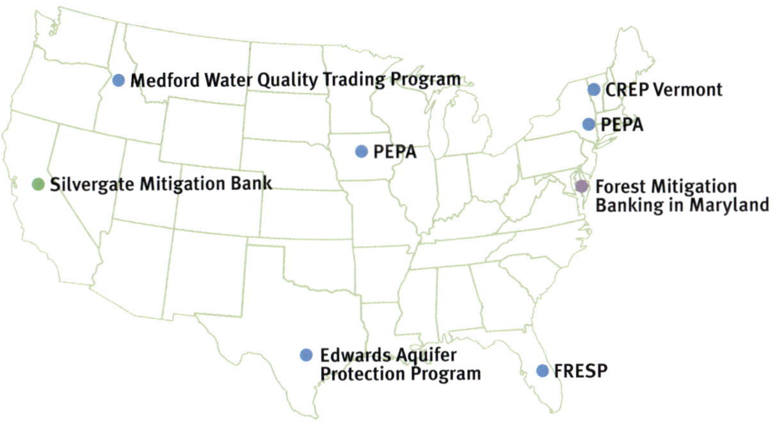

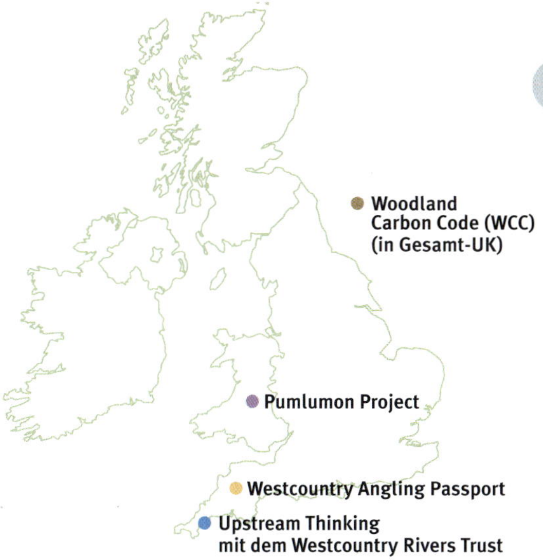

Zielstellung der vorgestellten PES

- Schutz und Entwicklung von Biodiversität
- Bereitstellung von sauberem Trinkwasser bzw. die Verbesserung der Qualität von Oberflächengewässern
- Kohlenstofffixierung bzw. Vermeidung von Kohlenstofffreisetzung
- Bereitstellung kultureller Ökosystemleistungen, insbesondere das Erleben und Erholen in der Landschaft
- Bereitstellung von mehreren Ökosystemleistungen und Biodiversität

Freiwillige nicht

Folgende Beispiele kommen dem idealtypischen Bild von PES am nächsten. Der Staat ist bei dieser Art von PES weder als entscheidender Finanzier beteiligt noch hat er Angebot oder Nachfrage ordnungsrechtlich reguliert. Hier sind es im Idealfall die direkten Nutzer der Ökosystemleistung, die für deren Sicherung oder Bereitstellung zahlen.

Upstream Thinking mit dem Westcountry Rivers Trust, Großbritannien

Ein Wasserunternehmen finanziert verschiedene Projekte in Südwestengland, um die Wasserqualität in wichtigen Einzugsgebieten zu verbessern. Eines dieser Projekte wurde initiiert und implementiert durch die Umweltschutzorganisation Westcountry Rivers Trust: Bezahlt werden Landwirte, die durch eine veränderte Bewirtschaftung ihre Nähr- und Schadstoffeinträge in die Gewässer reduzieren. Dadurch verringern sich die Kosten der Wasseraufbereitung für das Unternehmen.

Westcountry Angling Passport, Großbritannien

Das PES wurde durch die Umweltorganisation Westcountry Rivers Trust und private Flächeneigentümer initiiert. Freizeitanglern wird gegen Gebühr Zugang zu privaten Fischgründen gewährt. Die Eigentümer haben zuvor in die Pflege und Aufwertung ihrer Gewässer investiert, um den Erholungswert für die zahlenden Gäste zu erhöhen. Damit einhergehend wird der ökologische Zustand der Gewässer insgesamt verbessert. Token, die bei der Umweltorganisation gekauft und eingelöst werden, dienen als Zahlungsmittel.

Edwards Aquifer Protection Program, USA

Die Stadt San Antonio gewinnt ihr Trinkwasser in erster Linie aus einem artesischen Grundwasserleiter. Um diesen zu schützen, verzichten die Eigentümer von Flächen in sensiblen Gebieten dauerhaft auf bestimmte Landnutzungen. Im Gegenzug erhalten sie attraktive Zahlungen, die über eine Erhöhung der lokalen Umsatzsteuer finanziert werden. Die Einführung und mehrmalige Fortsetzung des Programms wurde durch die Stadtbewohner per Wahlentscheid legitimiert.

Trinkwasserwald® e.V., Deutschland

Der Verein betreibt auf den Flächen privater und staatlicher Waldbesitzer gezielten Waldumbau, um die natürlichen Leistungen von Wäldern hinsichtlich der Bildung von Grundwasser zu steigern. Teilweise werden die Unterpflanzungen durch Unternehmen finanziert, die den im Rahmen ihrer Produktion entstehenden Wasserverbrauch kompensieren wollen.

staatliche Zahlungen

Pumlumon Project, Großbritannien

Das PES wurde von einer regionalen Umweltschutzorganisation ins Leben gerufen und verfolgt neben ökologischen auch soziale Zielstellungen. Landwirte werden motiviert, ihre derzeitige Bewirtschaftung so zu verändern, dass Ökosystemleistungen bereitgestellt werden. Um eine Doppelförderung mit Agrarumweltprogrammen zu vermeiden, werden die Landwirte für den Erhalt von Infrastrukturmaßnahmen bezahlt, die durch die Organisation implementiert wurden.

Woodland Carbon Code (WCC), Großbritannien

Der Woodland Carbon Code ist der britische Standard für CO_2-Zertifikate, die im freiwilligen Kohlenstoffmarkt gehandelt und durch Aufforstungsprojekte generiert werden. Unternehmen und Privatpersonen können diese Zertifikate erwerben, um ihre Emissionen zu kompensieren. Die Aufforstungsprojekte finanzieren sich durch den Verkauf der Zertifikate. Zusätzlich können sie staatliche Zuschüsse beantragen. Spezialisierte Unternehmen wie die Forest Carbon Ltd treten als Intermediäre auf.

MoorFutures®, Deutschland

MoorFutures® sind ein Instrument des freiwilligen Kohlenstoffmarktes, gemeinschaftlich entwickelt durch die Universität Greifswald und das Landwirtschafts- und Umweltministerium Mecklenburg-Vorpommerns. Unternehmen und Privatpersonen können durch den Erwerb von Zertifikaten die eigenen CO_2-Emissionen kompensieren. Die Zertifikate werden generiert, indem Moorflächen in den beteiligten Bundesländern wiedervernässt und damit Emissionen deutlich reduziert werden.

Blühendes Steinburg, Deutschland

Im Rahmen des Modellprojekts testen die Stiftung Naturschutz Schleswig-Holstein und der Kreisbauernverband Steinburg zwei innovative Mechanismen für PES. Landwirte werden ergebnisorientiert für die extensive Bewirtschaftung von Grünland honoriert. Dazu muss der Landwirt bestimmte Kennarten auf seinen Flächen nachweisen. Die Höhe der Zahlung hat er zuvor im Bieterverfahren selbst festgelegt.

Im Folgenden stellen wir Ihnen Beispiele vor, die dem idealtypischen Bild von PES am nächsten kommen. Der Staat ist bei dieser Art von PES weder als entscheidender Finanzier beteiligt, noch hat er Angebot oder Nachfrage ordnungsrechtlich beeinflusst. Er kann jedoch als Intermediär eine wichtige Rolle spielen. Es handelt sich also um freiwillige Zahlungen nicht-staatlicher Akteure für freiwillig umgesetzte Maßnahmen. Im Fall des idealen PES sind es die direkten Nutzer der Ökosystemleistung, die für deren Sicherung oder Bereitstellung zahlen.

Als solch ein „ideales PES“ lässt sich die Initiative „Upstream Thinking mit dem Westcountry Rivers Trust“ aus Großbritannien interpretieren. Hier zahlt ein Wasserunternehmen für Maßnahmen zur Verbesserung der Wasserqualität, von denen es direkt profitiert. Anders ist es bei den Beispielen „MoorFutures®“ aus Deutschland, dem britischen „Woodland Carbon Code“ (WCC) und der vorgestellten Kampagne des deutschen Vereins „Trinkwasserwald® e.V.“: Hier kompensieren Unternehmen und Privatpersonen freiwillig ihre CO_2-Emissionen beziehungsweise ihren Wasserverbrauch, allerdings ist die direkte Verknüpfung zwischen Zahlung und Nutzung der bereitgestellten Ökosystemleistungen nicht gegeben. In den beiden Beispielen zur freiwilligen Kompensation von CO_2-Emissionen, MoorFutures® und WCC, spielt zudem der Staat als Intermediär eine wichtige Rolle, indem er indirekt oder direkt den Verkauf der Zertifikate unterstützt. Beim britischen „Westcountry Angling Passport“ sind es wiederum die direkten Nutzer, die Freizeitangler, die für die Bereitstellung der Ökosystemleistung Erleben und Erholen bezahlen. Dies ist im Übrigen das einzige Beispiel, bei dem für eine kulturelle Ökosystemleistung gezahlt wird. Beim deutschen PES „Blühendes Steinburg“ geht es um den Schutz und Erhalt von Biodiversität. Es wird koordiniert und finanziert von einer Stiftung öffentlichen Rechts, der Staat ist also indirekt beteiligt. Hier zeigen sich die Grenzen unserer Typisierung. Noch deutlicher wird das bei den beiden letzten Beispielen: Im Fall des „Edwards Aquifer Protection Program“ aus den USA zahlen die Bewohner einer Stadt für die Sicherung ihrer Trinkwasserquelle und zwar über eine Erhöhung der lokalen Umsatzsteuer. Über die Einführung und Fortführung des Programms haben die Stadtbewohner per Wahlentscheid entschieden, im Grunde sind sie also direkte Nutzer wie auch Käufer der bereitgestellten Ökosystemleistung. Von einem „idealen PES“ unterscheidet sich das Programm nur insofern, als die Stadt als intermediärer Finanzier auftritt, der die Gelder einsammelt und verteilt. Das britische Beispiel „Pumlumon Project“ schließlich, das auf die Bereitstellung verschiedener Ökosystemleistungen und den Schutz der Biodiversität ausgerichtet ist, erhält seine Finanzmittel aus sehr unterschiedlichen, teils nicht-staatlichen, teils staatlichen Töpfen. Damit könnte dieses PES sowohl der einen als auch der anderen Kategorie zugeordnet werden. Da der Hauptteil der Finanzen laut Aussage der Verantwortlichen jedoch durch gemeinnützige Stiftungen gedeckt wird, haben wir es dem Typ „Freiwillige nicht-staatliche Zahlungen“ zugeordnet.

Upstream Thinking

Ein Wasserunternehmen finanziert verschiedene Projekte in Südwestengland, um die Wasserqualität in wichtigen Einzugsgebieten zu verbessern. Eines dieser Projekte wurde initiiert und implementiert durch die Umweltschutzorganisation Westcountry Rivers Trust: Bezahlt werden Landwirte, die durch eine veränderte Bewirtschaftung ihre Nähr- und Schadstoffeinträge in die Gewässer reduzieren. Dadurch verringern sich die Kosten der Wasseraufbereitung für das Unternehmen.

Ökosystemleistung WASSER

South West Water, kurz SWW, ist in ganz Cornwall und Devon sowie in kleineren Gebieten von Dorset und Somerset im Süden Englands für die Trinkwasserversorgung und Abwasserbehandlung zuständig. Das gesamte Gebiet umfasst mehr als 11.000 km2 mit 1,6 Millionen Einwohnern. Rund 90 Prozent des Trinkwassers stammt aus Stauseen und Flüssen, der Rest aus Brunnen und Grundwasserleitern. Die größten Stauseen sind Wimbleball im Osten, Roadford im Zentrum der Region und Colliford im Westen. Seit 1989 investiert SWW erheblich in Umweltverbesserungen, um in der Region das Trinkwasser, die Kanalisation und die Badegewässer in Einklang mit den Gewässerschutzvorgaben Großbritanniens und der Europäischen Union zu bringen.

Auch das Programm Upstream Thinking ist Teil dieser Investitionen. Es stellt über fünf Jahre insgesamt 9,1 Millionen englische Pfund zur Verfügung, um einerseits notwendige Wassermengen sicherzustellen, anderseits die Wasserqualität zu verbessern, lange bevor das Wasser die Aufbereitungsanlagen erreicht, also schon in den Quellbereichen. 2008 startete SWW diese Initiative mit

Upstream Thinking mit dem Westcountry Rivers Trust

einem Pilotprojekt zur Wiederherstellung von Sumpfgebieten, bei dem 326 Hektar eines Schutzgebietes renaturiert werden sollten. Heute arbeitet Upstream Thinking mit einer Reihe von Organisationen zusammen, dazu gehören Stiftungen und Verbände, staatliche Institutionen und Universitäten. Derzeit werden im Rahmen des Programms mehrere Projekte unterstützt, die der Verbesserung der Landbewirtschaftung dienen. Eines davon wurde angestoßen und umgesetzt von der Umweltschutzorganisation Westcountry Rivers Trust, dem WRT.

Der WRT wurde 1995 mit dem Ziel gegründet, die Gewässer in Südwestengland zu erhalten, zu schützen und ökologisch zu verbessern. Zudem will die Organisation die Aufklärung der Öffentlichkeit über die Bewirtschaftung von Wasser vorantreiben. Der WRT verfügt über zahlreiche Erfahrungen hinsichtlich der Entwicklung von Wassereinzugsgebieten und berät Landwirte seit vielen Jahren zu Best-Management-Verfahren und Förderinstrumenten. Daher führt der WRT auch gemeinsam mit verschiedenen wissenschaftlichen Organisationen das Monitoring und die Evaluierung von Upstream Thinking durch. Zudem arbeitet der Trust an weiteren Verbesserungen des Programms (siehe nächste Seite).

Das Upstream-Thinking-Projekt des WRT startete im 900 km2 großen Wassereinzugsgebiet des Sees Upper Tamar. Hier sind die überwiegend durch Granit geprägten Böden der hügeligen Acker- und Heideflächen relativ undurchlässig. Schnell können die Flusspegel ansteigen und zu Oberflächenabfluss und

Erosion führen; dies beeinflusst wiederum die Gewässerqualität. Etwa 500 Landwirte arbeiten in der Region und nutzen das Land überwiegend zur Milch- und Fleischproduktion sowie zur Schafzucht. Die meisten Betriebe verfügen über mangelhafte, aber rechtlich zulässige Anlagen. Deshalb gelangen Bodenpartikel, Nährstoffe und Fäkalien in die Gewässer. Vor dem Start des Projektes kam es aufgrund massiver Nährstoffeinträge zu einer starken Blaualgenblüte, durch die die Wasserqualität am Upper Tamar beeinträchtigt wurde. Um dies zu verhindern, bot der WRT – zunächst im Rahmen eines Pilotprojektes – interessierten Landwirten finanzielle Unterstützung an, wenn sie ihre Anlagen und ihre Bewirtschaftung so verändern, dass die Wasserqualität verbessert wird. Aufgrund des Erfolgs des Pilotprojektes wurde es auf die Seen Wimbleball und Roadford sowie auf die wichtigen Einzugsgebiete der Flüsse Exe, Tamar und Fowey ausgeweitet. Aktuell stehen dem WRT insgesamt vier Millionen Pfund für sein Upstream Thinking-Projekt zur Verfügung.

Das Geld wird genutzt, um Landwirte durch finanzielle Anreize dazu zu ermutigen, in die Anlagen ihrer Betriebe zu investieren, damit die Wasserverschmutzungen reduziert werden können. Die Zahlungen richten sich nach den konkreten Maßnahmen, die in dem jeweiligen Landwirtschaftsbetrieb durchgeführt werden. Die Aktivitäten werden in persönlichen Gesprächen erörtert und in die jeweilige Betriebsplanung aufgenommen. Beispielsweise werden Zäune gebaut, um das Vieh von den Uferbereichen fern zu halten, Jauchegruben eingerichtet oder die Lagerplätze für Gülle und Dung überdacht. Hinzu kommen Vereinbarungen zu Nutzungseinschränkungen, beispielsweise zur Reduktion des Viehbestandes oder einer Anpassung des Einsatzes von Pflanzenschutz- und Düngemitteln.

Der Landwirt muss alle Investitionen zu 50 Prozent selbst tragen. Zudem unterzeichnet er einen Vertrag, in dem die verabredeten Bewirtschaftungsauflagen festgeschrieben sind. Diese Verträge zwischen WRT, SWW und den Landwirten haben eine Laufzeit von entweder 10 oder 25 Jahren, orientiert an der wirtschaftlichen Nutzungsdauer der vorgenommenen Verbesserungen der Anlagen und Gebäude. Bei den langfristigeren Verträgen handelt es sich streng genommen um die Zusicherung, dass die Nutzung der verbesserten Betriebsinfrastruktur und die vereinbarten Bewirtschaftungsmaßnahmen auch im Fall eines Eigentümerwechsels fortgeführt werden.

Zwischen Anbieter und Käufer besteht kein direkter Kontakt, der WRT fungiert als Vermittler zwischen beiden Seiten. Entsprechend wichtig für den Erfolg des Programms war es, eine vertrauensvolle Zusammenarbeit zwischen den Landwirten, dem Intermediär WRT und dem Käufer SWW zu begründen. Eine weitere Herausforderung war die Tatsache, dass die Zuschüsse von Upstream Thinking in Konkurrenz zu anderen Beihilfen, wie Agrarumweltprogrammen, stehen. Bei den Landwirten gibt es Bedenken, dass durch die Teilnahme am Programm wertvolles Ackerland verloren gehen und die Futterherstellung eingeschränkt werden könnte. Um diesen Bedenken entgegenzutreten, berät der WRT die Betriebe hinsichtlich umfassender Effizienzverbesserungen.

Weitere aktuelle Projekte von Upstream Thinking sind „Dartmoor Mires“, „Working Wetlands“ und „Wild Penwithm“, die in Zusammenarbeit mit anderen Umweltschutzorganisationen wie dem Devon Wildlife Trust, dem Cornwall Wildlife Trust, dem Exmoor National Park und dem Dartmoor National Park umgesetzt werden. Der Schwerpunkt dieser Projekte liegt auf der Renaturierung von Mooren und Flussauen. Bei allen Projekten

Upstream Thinking mit dem Westcountry Rivers Trust

Region (Fläche):
Wassereinzugsgebiete in Südwestengland, Großbritannien (ungefähr 100.000 ha)
Startjahr (Stadium):
2008 (laufend)
Ziel:
Verbesserung der Wasserqualität
Nutzer:
South West Water als Käufer
Leistungserbringer:
Landwirte, vertreten durch den Westcountry Rivers Trust (WRT)
(Weitere) Intermediäre:
Universitäten wie die University of East Anglia, staatliche Institutionen und andere Umweltschutzorganisationen
Budget:
2010-2015: 9,1 Mio. £ für das gesamte Programm, 4 Mio. £ für das Projekt des WRT
Ausgestaltung der Zahlung:
Maßnahmenorientiert, Höhe richtet sich nach Opportunitäts- und Produktionskosten
Ansprechpartner:
Laurence Couldrick
laurence@wrt.org.uk
www.southwestwater.co.uk, www.wrt.org.uk

von Upstream Thinking ist es das wichtigste Ziel, die Wasserqualität zu verbessern, um damit die Aufbereitungskosten für den Wasserversorger zu senken. Zusätzlich hat das Programm weitere positive Auswirkungen auf die Biodiversität und auf Ökosystemleistungen wie die Hochwasserregulierung. Außerdem sind die Verbesserungen der landwirtschaftlichen Anlagen und Betriebsabläufe auch mit direkten Vorteilen für die derzeit rund 400 teilnehmenden Landwirte verbunden. Obwohl sich die Zahlungen aktuell noch nicht ergebnisorientiert an der tatsächlichen Wasserqualität orientieren (dieses Vorgehen wird aktuell geprüft), handelt es sich um einen kosteneffektiven und ökologisch sinnvollen Ansatz zur Lösung der langfristigen Probleme der Wasserindustrie.

WRT, SWW und die Universität East Anglia arbeiten gemeinsam an einer weiteren Verbesserung von Upstream Thinking.

Das Ziel ist die Entwicklung eines PES, bei dem sich die Landwirte im Rahmen einer „Auktion zur Flussverbesserung" um Förderung durch SWW bewerben. Dieses Konzept wurde erstmals im Sommer und Herbst 2012 im Einzugsgebiet des Flusses Fowey erprobt. SWW stellte 360.000 englische Pfund für die Auktion zur Verfügung. Etwa 50 Prozent aller teilnahmeberechtigten Landwirte nahmen teil. Sie gaben Gebote ab, die in ihrer Gesamtheit doppelt so hoch waren wie das Budget des regulären Programms – das Potenzial für honorierte Verbesserungen der Landbewirtschaftung ist demnach sehr hoch. Gleichzeitig belief sich die Kofinanzierung der ausgewählten Anbieter nur auf 40 Prozent der Materialkosten, anstatt wie im Rahmen des regulären Programms auf 50 Prozent.

In Großbritannien finden sich weitere Beispiele für solcherart Programme zur Verbesserung der Wasserqualität.
Das erste durch die britische Wasserindustrie finanzierte PES ist das 2005 gestartete „Sustainable Catchment Management Project", kurz SCaMP. Hier initiierte das Wasserunternehmen United Utilities, unterstützt von zivilgesellschaftlichen Organisationen, ein PES, in dessen Rahmen Landwirte für die Verbesserung ihrer Betriebsflächen – bspw. die Abgrenzungen der Weideflächen von Flussläufen oder den Bau von Unterständen – honoriert werden. Der Unterschied zu Upstream Thinking besteht vor allem darin, dass United Utilites nicht nur als Finanzier des PES auftritt, sondern dem Wasserunternehmen auch das Land gehört, auf dem die Maßnahmen umgesetzt werden. Die honorierten Landwirte sind also Pächter des Unternehmens. Die Finanzierung von SCaMP stammt zu zwei Dritteln von United Utilities, finanziert durch die Endkunden über eine Erhöhung der Wasserpreise. Der Rest wird über staatliche Agrarumweltmaßnahmen finanziert. Langfristiges Ziel des Unternehmens ist es, so viele Landwirte wie möglich in staatliche Förderprogramme zu überführen, um nicht dauerhaft die Kosten tragen zu müssen. Weitere Informationen: www.unitedutilities.com/scamp.aspx.

Interview mit Laurence Couldrick vom Westcountry Rivers Trust, Projektmanager Upstream Thinking und Leiter der Abteilung „Catchment Management“

Was, glauben Sie, ist wichtig für ein erfolgreiches PES?

Wir haben viel Zeit damit verbracht, die weltweiten PES-Beispiele zu analysieren und herauszufinden, wo sie versagen. Sie funktionieren dann nicht, wenn Vertrauen fehlt und wenn man die verschiedenen Ökosystemleistungen nicht einzeln bestimmen kann. Es ist ganz offensichtlich: Es gibt Unsicherheiten hinsichtlich der bereitgestellten Ökosystemleistungen und da kommt das Vertrauen ins Spiel. Und es ist schwierig, die einzelnen Leistungen voneinander zu separieren. Deshalb ist der dritte Sektor, quasi als moralisch integrer Vermittler, äußerst wichtig. Und es ist eben günstig, wenn man nur eine einzige Ökosystemleistung anbietet. Ich finde, Upstream Thinking ist das perfekte Beispiel dafür, dass PES funktionieren und sogar gut funktionieren kann. Wir konzentrieren uns auf eine einzige Ökosystemleistung. Dabei fallen zwar andere als Nebenprodukt ab, aber es ist eben kein mehrteiliges PES.

Wie hat WRT dieses Vertrauen aufgebaut?

Wir haben 15 Jahre gebraucht, um eine Beziehung zu den Landwirten aufzubauen. Wir haben gesagt: „Wir wollen eine Vertrauensbasis schaffen. Also melden wir nicht alles, was wir sehen, an die Umweltbehörden. Ihr könnt Euch also entspannen. Wir sind nicht hier, um zu sagen, ‚schützt die Fische, schützt die Umwelt!‘ Wir sind hier, um euch als Betrieben zu helfen, euch nachhaltiger zu machen, für euch Fördergelder zu beschaffen und so weiter. Alles, was wir euch anbieten, ist freiwillig. Ihr entscheidet selbst, ob ihr unsere Vorschläge annehmen wollt oder nicht.“ Diese Ansprache machen wir immer wieder mit denselben Leuten. Wir haben Berater, die bereits seit zehn Jahren mit den Landwirten arbeiten, immer ein und dieselbe Person mit demselben Landwirt.

Dasselbe gilt für staatliche Behörden wie das Umweltamt. Wir mussten ihr Vertrauen gewinnen, ihnen zeigen, dass wir genau wissen, was wir tun. Das braucht viel Zeit. Ein Berater, der plötzlich über Nacht auftaucht, kann nicht dasselbe bewerkstelligen, wie jemand der schon lange dabei ist. Da fehlt das Vertrauen. Selbst wenn er genug Geld hat und eine Komplett-Finanzierung anbietet, kann es trotzdem sein, dass er nicht die entsprechende Gegenleistung erhält. Denn die Landwirte werden sagen: „Wir nehmen dein Geld. Aber wenn du wissen willst, ob wir die Leistung erbringen oder nicht, musst du zurückkommen.“ Und dann kommt man ganz schnell auf die regulative Schiene, für die man jemanden zur Durchsetzung braucht.

SWW hätte die Möglichkeiten gehabt, das durchzusetzen. Trotzdem haben wir viel Zeit damit verbracht, die Landwirte zu besuchen und mit ihnen zu arbeiten. Denn wir wollten ihnen klarmachen, was sie für SWW tun und warum sie es tun. Die Dienstleistung, die sie bereitstellen, ist eigentlich explizit die „bessere Wasserqualität“. Wenn sie dann aussteigen wollen und sagen „Ich werde alles wieder abreißen“, dann müssten wir wieder von vorne anfangen. Darum ist es so wichtig, die Land-

wirte zu kennen, zu wissen, was sie wollen und was nicht. Denn dann wissen wir erst, welche Ratschläge wir geben können und welche nicht. Wenn wir wissen, dass sie umweltbewusst und auf dem Laufenden sind und ihr Geschäft gut kennen, können wir bei der Beratung auch technisch sehr ins Detail gehen. Wenn wir das nicht wissen oder wenn wir denken, sie haben Probleme, aber nicht das Wissen und die Fähigkeit, sie zu lösen, geben wir ihnen eher grundsätzliche und einfache Tipps, zum Beispiel „Bauen Sie das nicht an und pflanzen Sie hier keinen Mais an". Ablehnung entsteht bei Menschen immer, wenn man ihnen genau sagt, was sie tun sollen auf ihrem eigenen Grund und Boden. Deswegen zwingen wir sie nicht. Es gibt keinen Zwang. Es sind lediglich Tatsachen, wenn wir sagen: „Derzeit machen Sie Dinge, die die Wasserqualität verschlechtern, und wir würden Ihnen gerne Geld zur Verfügung stellen, mit dem Sie das vermeiden können. Wie Sie sich entscheiden, liegt ganz bei Ihnen."

Wie ist es Ihnen mit den begrenzten Mitteln möglich, alle Landwirte zu erreichen?

Manchmal bekommen wir genug Mittel, um uns einem gesamten Gebiet zu widmen. Dann können wir jeden einzelnen Landbesitzer aufsuchen und beraten. In anderen Gegenden wiederum müssen wir Prioritäten setzen und sie gezielt aussuchen, da wir nicht genügend Geld zur Verfügung haben, um zu jedem einzelnen Landbesitzer zu gehen. Prioritäten setzen wir oft auf der Grundlage unseres Wissensstandes. Dazu sieht man sich die Wasserqualität der einzelnen Einzugsgebiete an und schaut, wo sie am schlechtesten ist. Und wir nutzen einige Hilfsmittel für die Auswahl. Außerdem muss man sich die Ursachen der Verschmutzungen genau ansehen, die Wege, wie die Stoffe zum Fluss gelangen und die Stellen, wo sie reinkommen. Man muss den Verschmutzungsgrad erkennen und die Reaktionswege, um so das Verschmutzungsrisiko zu ermitteln. Es ist gut, sich all diese Dinge am Anfang im GIS abzubilden. Das kann man dann zusammenbringen mit der Landnutzung und ableiten, wie risikoreich die einzelnen Landnutzungen sein können. Sie können unterschiedliche Informationen nutzen und so eine Art Landkarte erstellen, die ihnen zeigt, wo das höhere Risiko besteht, dass Nährstoffe und Sedimente in den Fluss gelangen. Das ist eine Möglichkeit, um zielgerichtet in einem Einzugsgebiet zu arbeiten.

Man erzählt den Landwirten also, wie man das Land analysieren kann, zeigt ihnen die erosionsgefährdeten Bereiche, erklärt ihnen, warum die ein Problem sein können und was man tun kann, um das Problem zu lösen. Man muss wissen, wie viel Geld einem zur Verfügung steht, was oder wen man erreichen will und ob man alles abdecken kann. Aber kein Modell oder keine Karte kann exakt aufzeigen, was wirklich passiert. Jeder Fall ist anders und der Berater spricht zunächst nicht über das Land oder die Infrastruktur, sondern er fragt: „Was ist Ihr Geschäft? Was tun Sie? Wollen Sie sich in den nächsten fünf Jahren zur Ruhe setzen? Wo stehen Sie? Was sind Ihre Ziele?" – lauter solche Fragen. Alles hängt von diesem Gespräch ab, daher muss man gut vorbereitet sein.

Haben Sie eine allgemeine Zukunftsvision für Upstream Thinking oder PES?

Ich hätte gerne ein wirklich umfassendes PES, mit mehreren Käufern und Verkäufern und uns dazwischen, mit dem notwendigen Vertrauen, den entsprechenden Tools, um mehrere Ökosystemleistungen anzubieten, und den Menschen, die dieser Bündelung vertrauen. Für mich ist das die Zukunft, denn mit den jetzigen Verhältnissen können wir nicht genug erreichen. Wir haben noch nicht genügend Sicherheit und wissenschaftliche Belege hinsichtlich der Daten, um alle von der Richtigkeit unseres Ansatzes zu überzeugen. Es muss also auf Vertrauen basieren und es ist wichtig, dass alle genau verstehen, was der Staat tun kann und was nicht und was Unternehmen tun können und was nicht. SWW macht ja nicht das, was es macht, um die Welt zu retten. SWW macht das, weil das Unternehmen mehr Geld sparen und mehr Geld verdienen will. Wenn SWW also nicht daran glauben würden, dass es funktioniert, würde das Unternehmen auch nicht in das Projekt investieren. Am River Fowey geben die Landwirte etwa 100.000 Pfund pro Jahr für Pestizide aus. Aber es wird SSW 8 Millionen Pfund kosten, um dort eine Aktivkohle-Aufbereitungsanlage zu installieren und es würde weitere vielleicht 250.000 Pfund pro Jahr kosten, um diese Anlage zu unterhalten. Absurd!

MoorFutures®

MoorFutures® sind ein Instrument des freiwilligen Kohlenstoffmarktes, gemeinschaftlich entwickelt durch die Universität Greifswald und das Landwirtschafts- und Umweltministerium Mecklenburg-Vorpommerns. Unternehmen und Privatpersonen können durch den Erwerb von Zertifikaten die eigenen CO_2-Emissionen kompensieren. Die Zertifikate werden generiert, indem Moorflächen in den beteiligten Bundesländern wiedervernässt und damit Emissionen deutlich reduziert werden.

Seit den 1990er Jahren denkt man in Mecklenburg-Vorpommern beim Thema Klimaschutz auch an den Schutz der Moore. Knapp 13 Prozent der Landesfläche – rund 300.000 Hektar – sind Moorböden, insbesondere Niedermoore. Viele von ihnen wurden im Zuge der Industrialisierung intensiv und großflächig entwässert und werden heute als land- und forstwirtschaftliche Flächen oder zum Torfabbau genutzt. **Neben negativen Auswirkungen auf spezialisierte Tier- und Pflanzenarten sowie die Boden- und Wasserqualität führt diese Entwässerung zu einer vermehrten Freisetzung von Kohlendioxid und Lachgas. Mit der Wiedervernässung von Moorböden können diese Emissionen in erheblichem Maße reduziert und so ein wichtiger Beitrag zum Klimaschutz geleistet werden.**

2009 wurde das Projekt MoorFutures® (zunächst noch als „Mooranleihen“) erstmals im Rahmen eines von der Landesregierung erarbeiteten „Konzeptes zum Schutz und zur Nutzung der Moore“ erwähnt. Ziel der Projektentwickler war die Verwirklichung von Klimaschutz im Zusammenspiel mit Arten- und Biodiversitätsschutz auf Niedermoorstandorten. Man wollte dabei an den Erfolg des Vorläuferprojekts „Waldaktie“ anknüpfen. Mit der „Waldaktie“ können Urlaubsgäste Mecklenburg-Vorpommerns die Treibhausgasemissionen ihrer Reise langfristig ausgleichen, indem sie die Aufforstung von etwa 10 m² Wald bezahlen (www.waldaktie.de). Ähnliches sollte nun mit einem weiteren natürlichen Kohlenstoffspeicher versucht werden, wobei das neue Projekt vor allem auf regionale Wirtschaftsunternehmen und die Wiedervernässung von Moorgebieten ausgerichtet wurde. Konzipiert und entwickelt wurde MoorFutures® gemeinschaftlich durch das Ministerium für Landwirtschaft, Umwelt und Verbraucherschutz Mecklenburg-Vorpommern und die Universität Greifswald. Im September 2011 fiel der Startschuss, im Sommer 2012 wurde der erste Spatenstich für ein konkretes Wiedervernässungsprojekt in Mecklenburg-Vorpommern gesetzt. Im Mai 2012 wurde eine Kooperation mit dem Land Brandenburg vereinbart, im Dezember 2012 startete dort das erste Projekt.

In beiden Bundesländern besteht nun sowohl für Unternehmen als auch Privatpersonen die Möglichkeit, MoorFutures® zu erwerben, um die Emissionen von beispielsweise einzelnen Dienstreisen, aber auch ganzen Produktionsprozessen zu kompensieren und damit die eigene Treibhausgasbilanz zu verbessern. Die Kohlenstoffzertifikate werden auf dem freiwilligen Kohlenstoffmarkt angeboten. Gesetzt wird dabei auf regionales Engagement: Die Kompensationszahlungen fließen in regionale Wiedervernässungsprojekte, in Landstriche vor der eigenen Haustür.

Konkret steht ein MoorFuture®-Kohlenstoffzertifikat für die Einsparung von einer Tonne CO_2, die während einer Laufzeit von 30 oder 50 Jahren erzielt wird. Der Preis für ein MoorFuture®-Zertifikat liegt aktuell zwischen 30 und knapp 70 Euro, je nach Projektgebiet und Laufzeit. Der Preis beinhaltet die gesamten Kosten für die Wiedervernässungsmaßnahmen, inklusive der Kosten für die Planung und wasserrechtliche Genehmigungsverfahren sowie der Entschädigungsleistungen für die Flächeneigentümer und -nutzer. In Mecklenburg-Vorpommern nicht einkalkuliert sind die Personalkosten der Organisatoren, also der Mitarbeiter beim Ministerium, der Universität und den anderen beteiligten Organisationen; diese werden von den Institutionen selbst getragen.

Zur Generierung der Zertifikate wurde der MoorFutures®-Standard entwickelt, eng orientiert am Verified-Carbon-Standard und den Regelungen des Kyoto-Protokolls. Der Standard definiert Kriterien für die Generierung der Zertifikate sowie die Validierung und das Monitoring der Projekte. Die Menge an eingesparten CO_2-Emissionen im Vergleich zum Zustand vor der Wiedervernässung wird mit Hilfe des Treibhaus-Gas-Emissions-Standort-Typen-Ansatzes (dem sogenannten „GEST-Ansatz") berechnet. Mit der spezifischen Pflanzengesellschaft, die sich aufgrund verschiedener Wasserstände auf den Flächen etabliert, wurde ein Indikatoren-Modell für die Treibhausgasbilanz gefunden, das durch die Universität Greifswald stetig weiterentwickelt wird.

Die Flächen für die Projekte werden eigentumsrechtlich dauerhaft über zwei Wege gesichert: Entweder werden sie zweckgebunden zu Gunsten der Stiftung Umwelt- und Naturschutz Mecklenburg-Vorpommern erworben. Oder es werden – falls die Eigentümer ihre Flächen nicht verkaufen wollen – beschränkte persönliche Dienstbarkeiten im Grundbuch eingetragen; diese sichern auch bei Besitzwechsel die Festschreibung des Wasserstandes. Im zweiten Fall erhält der Flächeneigentümer eine Zahlung, deren Höhe sich in erster Linie an den ortsüblichen Pachtpreisen und der Vertragslaufzeit orientiert.

Für jedes Vernässungsprojekt stehen Informationen über Lage und Status des Gebietes sowie die berechneten Emissionsreduktionen zur Verfügung. Registrierte Seriennummern und die Eintragung in ein Stilllegungsregister weisen die Zertifikate aus und ermöglichen ihre eindeutige Zuordnung zu konkreten Projekten. Ein Besuch der Flächen, um Veränderungen und Fortschritte zu betrachten, ist jederzeit möglich. Als zusätzliche Leistungen werden den Käufern beispielsweise Trainingsseminare und Führungskräfteschulungen im Moor angeboten.

In Mecklenburg-Vorpommern übernimmt die Universität Greifswald die wissenschaftliche Begleitung und das Monitoring der Flächenentwicklung, während das Landesministerium mit Marketing, Pressearbeit und der Abwicklungskoordination betraut ist. Ein weiterer wichtiger Partner ist die Stiftung Umwelt- und Naturschutz Mecklenburg-Vorpommern, die die Moorfonds führt und Ansprechpartner für die konkrete Kaufabwicklung ist. Die Landgesellschaft Mecklenburg-Vorpommern ist an der Recherche von Projektgebieten, den Genehmigungsverfahren, der Betreuung des Flächenankaufs und der Bezahlung der Flächeneigentümer beteiligt. In Brandenburg liegt die wissenschaftliche Bewertung und Betreuung der MoorFuture®-Projekte bei der Hochschule für nachhaltige Entwicklung Eberswalde, während die fachliche Vorbereitung, Durchführung und das langfristige Management von der Flächenagentur Brandenburg GmbH wahrgenommen wird.

MoorFutures®

Region (Fläche):
Mecklenburg-Vorpommern und Brandenburg, Deutschland (ca. 55 ha + 13 ha)
Startjahr (Stadium):
2011 (laufend)
Ziel:
Vermeidung von Kohlenstofffreisetzung
Nutzer:
Unternehmen und Privatpersonen als Käufer
Leistungserbringer:
Private Flächeneigentümer und Dienstleister vertreten durch das Ministerium für Landwirtschaft, Umwelt und Verbraucherschutz Mecklenburg-Vorpommern bzw. die Flächenagentur Brandenburg GmbH als Anbieter
(Weitere) Intermediäre:
Universität Greifswald, Landgesellschaft Mecklenburg-Vorpommern mbH (LGMV), Stiftung Umwelt- und Naturschutz Mecklenburg-Vorpommern; Ministerium für Umwelt, Gesundheit und Verbraucherschutz Brandenburg (MUGV), Hochschule für nachhaltige Entwicklung Eberswalde (HNEE)
Budget:
Aktuell in Mecklenburg-Vorpommern ca. 500.000 Euro, in Brandenburg ca. 450.000 Euro
Ausgestaltung der Zahlung:
Ergebnisorientiert, Höhe richtet sich nach den Kosten für Flächensicherung und Maßnahmenumsetzung
Ansprechpartner:
Dr. Thorsten Permien
t.permien@lu.mv-regierung.de
Anne Schöps
anne.schoeps@flaechenagentur.de
www.moorfutures.de

MoorFutures® gilt in Deutschland als ein sehr gelungenes Beispiel für erfolgreiche PES. Laut dem online veröffentlichten Stilllegungsregister werden die Kohlenstoffzertifikate von regionalen Firmen, wie dem Energieversorger WEMAG AG und Tourismusanbietern Mecklenburg-Vorpommerns, von Großunternehmen wie der Volkswagen Leasing GmbH oder McDonalds Deutschland Inc., aber auch von Privatpersonen, Stiftungen und Naturschutzvereinen gekauft. Vereinzelt sehen sich die Initiatoren jedoch auch Kritik und Akzeptanzproblemen gegenüber, insbesondere bei betroffenen Landwirten und Gemeinden. Diese fühlen sich von Wiedervernässungsprojekten in unmittelbarer Nähe in ihrer Existenz bedroht und mit den Gefahren erhöhter Grundwasserstände alleingelassen.

Im Rahmen eines durch das Bundesamt für Naturschutz finanzierten, Anfang 2014 abgeschlossenen Forschungsprojekts wurden zusätzliche Leistungen, die durch die Moorwiedervernässung erbracht werden, erfasst. Insbesondere können nun Aussagen zur Verbesserung der Biodiversität und der Wasserqualität getroffen werden. Die sogenannten MoorFutures 2.0 sind damit das erste Moor-Kohlenstoffzertifikat, in welches weitere Leistungen integriert werden.

Eine glitzernde Falle für Insekten: der Sonnentau im Moor

Interview mit Dr. Thorsten Permien, Referatsleiter im Ministerium für Landwirtschaft, Umwelt und Verbraucherschutz Mecklenburg-Vorpommern

»Für die nähere Zukunft würde ich mir wünschen, dass sich die „Moor-Länder" Deutschlands auf eine Marke verständigen und gemeinsam dieses interessante Feld weiter entwickeln.«

Die MoorFutures® basieren ein Stück weit auf einem anderen Projekt, das Sie angestoßen haben, der Waldaktie. Was steckt hinter diesem Projekt?

Hinter der Waldaktie stand folgende Überlegung: Gelingt uns als einem der führenden Tourismusländer eine attraktive Verbindung zwischen Tourismus, Umweltbildung, Bildung für nachhaltige Entwicklung und Klimaschutz? Als Ergebnis ist die Waldaktie entstanden, die sich in erster Linie an den Endverbraucher, das heißt an die Touristen, richtet. Für 10 Euro werden 10 m² naturnah aufgeforstet, auf Flächen der Landesforst nach Landeswaldgesetz. Das heißt unter anderem, dass sich die Landesforst verpflichtet, bei Kalamitäten – Waldbrand oder was auch immer – aus eigenen Mitteln wieder aufzuforsten. Das ist das Versprechen, das wir den Waldaktionären geben: 10 m² werden aufgeforstet und binden Kohlenstoff, das gilt! Wichtige Umsetzungspartner bei der Waldaktie sind der Tourismusverband Mecklenburg-Vorpommern und die Landesforstanstalt. Eigentlich war das Ganze als Marketinggag für die Tourismussaison 2008 gedacht, doch dann wurde es ein großer Erfolg.

Warum?

Das hängt sicherlich damit zusammen, dass Mecklenburg-Vorpommern im Kontext Tourismus außerordentlich positiv belegt ist und die Waldaktie aus dem kulturell positiv belegten Forstbereich kommt. Also zwei positive Dinge: Tourismus und Forsten. Des Weiteren halte ich die Möglichkeit des Mitmachens, des Selbst-Pflanzens für außerordentlich wichtig. Die Region, in der der Klimawald gepflanzt wird, steht dahinter, immerhin ist die Pflanzaktion selbst eine Diversifizierung des touristischen Kalenders. Teilweise hat das richtig Eventcharakter und wird von der Regionalpresse entsprechend aufgenommen. Mittlerweile haben wir aber auch zahlreiche Unternehmen in der Waldaktie und andererseits Privatleute, die MoorFutures® kaufen.

Was begründet Ihrer Meinung nach den Erfolg der MoorFutures®?

Der Erfolg der MoorFutures® rührt wohl auch daher, dass es bisher das einzige Kohlenstoffzertifikat ist, welches auf der Basis der Wiedervernässung von Mooren generiert und auf dem freiwilligen Kohlenstoffmarkt angeboten wird. Damit sind wir weg vom klassischen Sponsoring hin zum tatsächlichen Verkauf einer Leistung: Emissionsverminderung durch Wiedervernässung. Und es gibt Unternehmen, die sagen: Mensch, das ist doch toll! Da sind wir mit die Ersten, die so was machen und das mitgestalten. Ein weiterer Grund ist die regionale Umsetzung. Das ist wie mit dem Wochenmarkt: Sie haben keinen anonymen Markt, sondern einen von Vertrauen geprägten Wochenmarkt und auf diesem von Vertrauen geprägtem Wochenmarkt sagt dann noch ein Ministerium: Sie kriegen eine staatliche Garantie, dass das, was wir verkaufen, auch eingehalten wird.

Worin bestanden die besonderen Herausforderungen bei der Umsetzung des Projekts?

Die Überzeugungsarbeit, ja insgesamt die kommunikative Herausforderung, war groß und ist noch lange nicht beendet. Das betrifft zum einen beispielsweise die Konkurrenz um Flächen. Als fachliche Grundlage haben wir das Moorschutzkonzept Mecklenburg-Vorpommern entwickelt mit verschiedenen Zielstellungen, die zum Teil bis 2020 reichen. Dazu gab es eine Arbeitsgruppe, in der der Bauernverband, unser Ministerium mit

Den intensiv duftenden Sumpfporst nutzten Wikinger und Germanen als Bitterwürze im Bier. Heute ist die immergrüne Pflanze in Deutschland sehr selten.

verschiedenen Abteilungen und andere, natürlich auch wissenschaftliche Institutionen vertreten waren. Zur Formulierung der Zielstellungen wurde dort intensiv diskutiert. Zum anderen war und ist es eine kommunikative Herausforderung, zu verdeutlichen, dass Moorschutz auch Klimaschutz bedeutet. Wenn Sie einen Baum wachsen sehen, ist das immer toll. Wald ist auch kulturell total positiv besetzt. Bei den Mooren ist das anders: Sie sehen im Prinzip nur einen Acker untergehen und dann erst mal gar nichts. Da wächst dann zunächst auch nichts, bei dem sie denken: Da ist jetzt mein Kohlenstoff drin, da findet die Bindung statt. Letztlich geht es uns bei den Mooren in erster Linie um die Emissionsverminderung und das ist nicht einfach darzustellen. Und das Projekt wird wie der gesamte freiwillige Kohlenstoffmarkt auch durchaus kontrovers diskutiert, ähnlich wie die Waldaktie: Es gibt Stimmen, die es für ein tolles Projekt mit Chancen halten und andere, die meinen, wir würden die Leute mit einem schlechten Gewissen belasten und zum „Greenwashing" beitragen. Wobei das bei den Wäldern wesentlich leichter zu beantworten ist als bei den Mooren. Was einfach damit zusammenhängt, dass Wald positiv belegt ist, da haben Sie so eine Art Bambi-Effekt.

Bei beiden Projekten stellt man mir auch häufiger die Frage, ob das eine ministerielle Aufgabe ist. Müssen wir nicht als kleines Ministerium auf solche freiwilligen Aufgaben verzichten? Immerhin haben wir in den letzten Jahren erhebliche Stelleneinsparungen vorgenommen.

Waren bzw. sind die politischen und rechtlichen Rahmenbedingungen für das Projekt eher förderlich oder eher hinderlich?

Diese Frage lässt sich nicht mit einem klaren ja oder nein beantworten. Vieles ist völlig neu und von daher erst zu gestalten: Es gab vor den MoorFutures® noch kein Kohlenstoffzertifikat auf der Basis von Moorwiedervernässungen. Hier gibt es auf internationaler und auf der Bundesebene ständig neue Entwicklungen, die zu beobachten und möglicherweise für die MoorFutures® zu berücksichtigen sind. Die Flächenkonkurrenz habe ich bereits angesprochen. Dann noch ein Wort zu den gebräuchlichen Standards: Viele Akteure kennen z. B. den Gold-Standard, der ja allein schon wegen seines Namens hohe Qualität verspricht. Müssen da Projekte in Deutschland nicht wenigstens Gold-Standard de luxe sein? Diese Standards wurden hauptsächlich für Kompensationsprojekte auf anderen Kontinenten entwickelt. Sie sollen die Qualität von Projekten in Ländern garantieren, die vielleicht nicht die rechtliche Infrastruktur Deutschlands haben. Wenn ich beispielsweise ein wasserrechtliches Planfeststellungsverfahren als Genehmigungsgrundlage für ein Wiedervernässungsprojekt habe, dann sind dort bereits viele Dinge festgeschrieben, die ich nicht zusätzlich in einem Standard regeln muss. Standards dienen auch der Zielstellung, die in Deutschland selbstverständliche Rechtssicherheit in andere Länder zu „exportieren". Bei der Entwicklung des Moorfuture-Standards haben wir diese Doppelungen weggelassen. Daher können wir das Produkt nun auch preiswerter anbieten, als es sonst möglich wäre.

Wie sehen Sie die Perspektive des Projekts? Was wäre Ihre Wunschvorstellung?

Aus meiner Sicht wäre es sehr wünschenswert, wenn MoorFutures, die Waldaktie und vielleicht noch weitere Instrumente, dazu beitragen, die Ökosystemleistungen, die das Land Mecklenburg-Vorpommern erbringt, darzustellen und wahrnehmbar zu machen. 2007 gab es in einer Studie der Zeitschrift GEO ein Ranking der 16 Bundesländer: Wer macht den wirkungsvollsten Klimaschutz? Dieses Ranking hat Mecklenburg-Vorpommern gewonnen und zwar u. a. mit der Begründung, dass wir hier eine dünne Besiedlung haben, dass wir kein Geld haben für große Autos, dass wir kein Geld haben für weite Fernreisen und eine schwache Wirtschaftskraft. So findet man nicht unbedingt Verbündete für den Klimaschutz. Mein Wunsch wäre, dass diese marktbasierten Instrumente einmal die Grundlage dafür bilden, die Leistungen der Natur, also die Ökosystemleistungen, auch in Diskussionen und Verhandlungen über ökonomische Themen stärker zu berücksichtigen. Die Leistung, die ein Land wie Mecklenburg-Vorpommern auf ökologischer Ebene für die Bundesrepublik erbringt, die ist eben auch da und sollte auch als solche, das heißt als Leistung, beachtet werden. Aber das ist noch ein weiter Weg. Für die nähere Zukunft würde ich mir wünschen, dass sich die „Moor-Länder" Deutschlands auf eine Marke verständigen und gemeinsam dieses interessante Feld weiter entwickeln. Brandenburg und Mecklenburg-Vorpommern freuen sich daher auf weitere Partner.

Woodland Carbon

Der Woodland Carbon Code ist der britische Standard für CO_2-Zertifikate, die im freiwilligen Kohlenstoffmarkt gehandelt und durch Aufforstungsprojekte generiert werden. Unternehmen und Privatpersonen können diese Zertifikate erwerben, um ihre Emissionen zu kompensieren. Die Aufforstungsprojekte finanzieren sich durch den Verkauf der Zertifikate. Zusätzlich können sie staatliche Zuschüsse beantragen. Spezialisierte Unternehmen wie die Forest Carbon Ltd treten als Intermediäre auf.

Heimische Wälder bedecken circa 10 Prozent der Fläche Großbritanniens, ein Prozentsatz, der weit unter dem anderer europäischer Länder liegt. Daher gibt es verschiedene Anstrengungen, um diesen Anteil bis 2060 durch Aufforstungen auf das durch die britische Regierung ausgegebene Ziel von 12 Prozent zu erhöhen. Zu diesen Bemühungen gehört der Woodland Carbon Code, kurz WCC, eine staatlich gestützte Initiative, gestartet im Juli 2011, die auf die Akteure im freiwilligen Kohlenstoffmarkt abzielt. Der WCC formuliert Standards für Aufforstungsprojekte, die sich über den Kohlenstoffmarkt finanzieren wollen. Diese Standards sollen Unternehmen und Privatpersonen, die in solche Projekte investieren möchten, um die eigenen Kohlenstoffemissionen zu kompensieren, Sicherheit bieten.

Die Bedeutung von Wäldern wird zunehmend erkannt und viele Privatpersonen und Unternehmen möchten sich an Baumpflanzungen beteiligen, um der Gesellschaft zu helfen, ihre eigenen Emissionen wieder zu speichern. Aufforstungen sind ein kostengünstiger Weg, um Kohlendioxid zu binden und sie bringen weitere ökologische und soziale Vorteile mit sich. Der WCC formuliert Anforderungen an die Entwicklung und das Management von Aufforstungsprojekten zur Kohlenstofffixierung. Und er macht transparent, wie viel Kohlenstoffeinsparungen durch den finanziellen Beitrag realistischerweise erreicht werden können. Dies soll das Vertrauen des Marktes in entsprechende Forstprojekte stärken und private Investitionen in Aufforstungen erhöhen.

In ganz Großbritannien gibt es zahlreiche Aufforstungsprojekte, die den Anforderungen des WCC entsprechen: Per Stand vom Dezember 2013 sind 63 Projekte nach dem WCC zertifiziert. Diese decken eine Fläche von 2.500 Hektar ab und werden über eine Laufzeit von bis zu 100 Jahren voraussichtlich mehr als 1,2 Millionen Tonnen CO_2 binden. Weitere 129 Projekte sind bereits registriert, aber noch nicht zertifiziert, und haben – sofern sie den Zertifizierungsprozess erfolgreich durchlaufen – das Potenzial, weitere 4,4 Millionen Tonnen CO_2 zu binden. Von den insgesamt 192 registrierten Projekten sind 109 in England und 74 in Schottland verortet. In vielen Fällen vermitteln sogenannte Carbon Companies zwischen den Investoren und den Flächeneigentümern. Sie sprechen potenzielle Käufer und Flächeneigentümer an, initiieren und koordinieren die Projekte, kümmern sich um die Zertifizierung und das regelmäßige Monitoring.

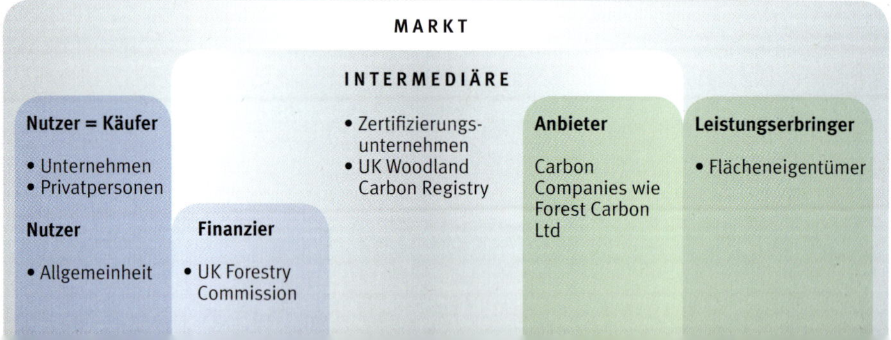

Die allererste Zertifizierung nach dem WCC erhielt ein Projekt auf der „Milton of Mathers Farm“ nahe Montrose, Angus, an der Ostküste Schottlands im September 2011. Dieses Aufforstungsprojekt wurde von der Forest Carbon Ltd (www.forestcarbon.co.uk) entwickelt, dem aktuell führenden Entwickler freiwilliger Kohlenstoffzertifikate in Großbritannien, verantwortlich für 47 der 63 im Dezember 2013 zertifizierten Projekte. Am Standort Milton of Mathers wurden auf 17,4 Hektar ehemaligem Weideland neue Ufergehölze gepflanzt, als Lebensraum für Tiere und Pflanzen sowie zu Freizeit- und Erholungszwecken. Die neuen Wälder folgen den Verläufen von zwei Bächen, die in den Tälern Den of Lauriston und Denfinella fließen und an der Küste bei Mill of Mathers zusammentreffen.

Abgesehen von den Zuschüssen, die der Flächeneigentümer für die Aufforstungen von der schottischen Regierung erhielt, wurde das Projekt von dem Versicherungsunternehmen „The Green Insurance Company“, kurz TGIC, finanziert. Das Unternehmen kaufte im Voraus alle durch die Aufforstungen im Zuge der Projektlaufzeit entstehenden Kohlenstoffeinsparungen auf, um seine freiwillige Selbstverpflichtung zur Kompensation von Emissionen einzuhalten. Die Einsparungen werden im Rahmen der Versicherungsverträge von TGIC genutzt, um die KfZ-Emissionen der Kunden auszugleichen.

Die neuen Aufforstungen wurden eingezäunt, um das Vieh des landwirtschaftlichen Betriebes fernzuhalten. Außerdem wurden Bäume und Sträucher durch entsprechende Schutzzäune vor Wildverbiss durch Rehe und Hasen bewahrt. Damit sich die Bäume gut entwickeln konnten, wurden Unkräuter entfernt, nicht angewachsene Bäume wurden ersetzt. Bis die Fläche vollständig durch ein schützendes Baumdach bedeckt ist und tatsächlich wie ein Wald aussieht, werden es etwa 1.600 Pflanzen pro Hektar sein. Allerdings wurden auch ausreichende Freiflächen gelassen, um Spaziergänge in den neuen Wäldern zu ermöglichen und Platz zu lassen für eine archäologische Grabungsstelle in dem Gebiet. In die neuen Wälder wird nur im geringen Maß eingegriffen, vor allem um den Zugang zu erhalten und kleine Mengen Brennholz zu entnehmen. Innerhalb von 70 Jahren werden geschätzte 6.662 Tonnen CO_2 für die Kunden von TGIC gebunden. Das berechnete CO_2-Bindungspotenzial wird sichergestellt durch einen durch alle WCC-Projekte geschaffenen Sicherheitspuffer und den firmeneigenen Pufferbestand von Forest Carbon Ltd.

Die Forest Carbon Ltd fungierte als Initiator und Vermittler und verhandelte den Vertrag zwischen der TGIC und den Besitzern des Landwirtschaftsbetriebs, J D Reid & Partners. Darüber hinaus führte sie die Schätzungen der künftigen Kohlenstoffbindungen durch und brachte das Projekt durch die WCC-Zertifizierung. Bei allen Projekten bietet Forest Carbon Ltd kontinuierliche Marketingunterstützung an, plant und veranstaltet Besichtigungen vor Ort und bietet den Zugang zum firmeneigenen Pufferbestand, der alle Projekte zur Kohlenstoffspeicherung absichert. Zudem übernimmt das Unternehmen die vorläufige Finanzierung von Projekten, für die noch kein Käufer gefunden werden konnte. In solchen Fällen tritt Forest Carbon Ltd zunächst selbst als Käufer auf, um die Kohlenstoffzertifikate später weiterzuverkaufen.

Am WCC können alle privaten oder öffentlichen Flächeneigentümer teilnehmen, die etwas zum Klimaschutz beitragen möchten. Zurzeit gilt der Code nur für die Anpflanzung neuer Wälder, aber er wird ständig weiterentwickelt und könnte künftig ausgeweitet werden auf die nachhaltige Bewirtschaftung bestehender Wälder. Um sämtlichen Anforderungen gerecht zu

Woodland Carbon Code (WCC)

Region (Fläche):
Nicht bewaldete Flächen in Großbritannien (die bis Dezember 2013 registrierten Projekte betreffen rund 15.200 ha)
Projektstart (Stadium):
2011 (laufend)
Ziel:
Kohlenstofffixierung
Nutzer:
Unternehmen und Privatpersonen als Käufer sowie die Allgemeinheit vertreten durch die staatliche UK Forestry Commission
Leistungserbringer:
Flächeneigentümer vertreten durch Carbon Companies (Projektentwickler) wie Forest Carbon Ltd
(Weitere) Intermediäre:
Akkreditierte Zertifizierungsunternehmen wie SGS und SFQC, UK Woodland Carbon Registry, betrieben durch die Firma Markit
Ausgestaltung der Zahlung:
Tendenziell ergebnisorientiert, Höhe richtet sich nach Opportunitäts- und Produktionskosten minus staatliche Fördermittel
Ansprechpartner:
Steve Prior
sdp@forestcarbon.co.uk
www.forestry.gov.uk/forestry/infd-84hl57

werden, muss jedes Projekt langfristige Ziele und Bewirtschaftungspläne in seiner Zertifizierungsdokumentation vorsehen. Nationale Forststandards müssen eingehalten und Standardverfahren für die Abschätzung der Höhe der Kohlenstoffbindung eingesetzt werden.

Nach der Zertifizierung werden die Projekte regelmäßig kontrolliert, um sicherzustellen, dass die Aufforstung erfolgreich verläuft und die Wachstumsraten der Bäume mit der prognostizierten Kohlenstoffbindung übereinstimmen. Wenn das Wachstum nicht wie erwartet voranschreitet, macht dies für den Projektmanager Handlungsbedarf deutlich. Das sogenannte „Carbon Assessment Protocol" beschreibt fünf verschiedene Methoden zur Messung des Holzvolumens und somit der Kohlenstoffmasse in einem Waldgebiet. Die Projekte nutzen dieses Protokoll als Leitfaden, um das geeignete Verfahren für ein bestimmtes Waldgebiet oder eine bestimmte Situation festzulegen. Außerdem wird die geschätzte Kohlenstoffbindung durch die britische Gesetzgebung sichergestellt, die die Wälder sehr stark schützt und durch die Schaffung eines gesunden Pufferbestandes, der als Voraussetzung für die Zertifizierung von jedem einzelnen Projekt eingeplant werden muss. Zusätzlich wurde ein gebündelter Sicherheitspuffer für alle WCC-Projekte angelegt, mit dem sich die zertifizierten Projekte gegenseitig absichern.

Alle externen Überprüfungen einschließlich der anfänglichen Projektvalidierung und sämtlicher laufenden, regelmäßigen Kontrollen werden von zwei unabhängigen Unternehmen – SGS und SFQS – ausgeführt, die von der zuständigen Behörde „UK Accreditation Service" zugelassen sind. Jede Kohlenstoffeinheit entspricht einer Tonne CO_2, die während der Laufzeit des Projektes gebunden wird. Für jedes Zertifikat eines Waldes gibt es einen „Jahrgang", das heißt einen Zeitpunkt, an dem der Kohlenstoff gespeichert sein wird. Die Kohlenstoffeinheiten sind handelbar, allerdings kann es für jede Kohlenstoffeinheit stets nur einen Endnutzer geben. Die „UK Woodland Carbon Registry", die durch die „Markit Environmental Registry" (www.markit.com) betrieben wird, weist stets den aktuellen Eigentümer einer Kohlenstoffeinheit aus. Das Register stellt eine offene und transparente Projektregistrierung sicher und ermöglicht die Ausgabe, das Nachverfolgen und die Ausbuchung jeder Kohlenstoffeinheit.

Der Kohlenstoffpreis für die kaufenden Unternehmen und Privatpersonen hängt ab von der Projektart, den gepflanzten Baumarten und dem Standort. Er spiegelt jedoch nicht die tatsächlichen Kosten für die Aufforstung wieder. Für Projekte, die für den WCC registriert werden, kann in England, Schottland, Wales und Nordirland ein staatlicher Aufforstungszuschuss beantragt werden, sofern das Kriterium der „Zusätzlichkeit" erfüllt ist. Als Nachweis für diese Zusätzlichkeit müssen die Einnahmen aus dem Verkauf von Kohlenstoffzertifikaten mindestens 15 Prozent der Gesamtprojektkosten ausmachen. Durch diese staatliche Mitfinanzierung der Projekte ergibt sich für die Käufer ein Preis von durchschnittlich weniger als 10 Pfund pro Tonne.

Gemäß der „Greenhouse Gas Reporting Guidelines" der Regierung können Unternehmen die Kohlenstoffeinsparungen aus einem WCC-zertifizierten Projekt ihren Netto-Emissionen gegenrechnen. Dadurch können sie dazu beitragen, dass Großbritannien seinen Verpflichtungen zur Reduzierung von Treibhausgasemissionen nachkommt. Allerdings erzeugen die Projekte keine international handelbaren Zertifikate für staatlich gesteuerte Kohlenstoffmärkte, wie das Emissionshandelssystem der EU.

Ein paar Tage in Berlin – Januar 2013

Ein Bericht von Steve Prior von Forest Carbon Ltd über die Entwicklung eines Carbon Codes für Moorlandschaften

Die letzte Januarwoche habe ich in Berlin verbracht und mich mit Wissenschaftlern und Entscheidungsträgern aus Großbritannien, Irland, Deutschland, den Niederlanden, Polen und weiteren Ländern ausgetauscht. Dabei ging es konkret um unsere Moorgebiete: Über drei Tage arbeiteten wir mit etwa vierzig Teilnehmern am nächsten Entwurf für den deutschen MoorFutures®-Standard und an der Entwicklung eines möglichen Peatland Carbon Code für die Moore in Großbritannien. Dabei gewann ich den Eindruck, dass derartige Standards sowohl in Großbritannien als auch in Deutschland auf einem guten Weg sind, um zuverlässige Mechanismen eines Kohlenstoffhandels für freiwillige Käufer zu werden.

Forest Carbon Ltd wurde eingeladen, weil wir auf diesem Gebiet viele Erfahrungen haben. Als „Architekten“ des UK Woodland Carbon Code und Berater bei der Abwicklung des ersten privaten Moor-Kohlenstoff-Geschäfts Großbritanniens 2011 ist unser Unternehmen mit den Erfordernissen und Herausforderungen der damit verbundenen Aufgaben vertraut. In Berlin habe ich durch die Zusammenarbeit mit zahlreichen Experten allerdings noch viel dazugelernt über die aktuellen wissenschaftlichen und politischen Entwicklungen bezüglich der Sanierung und des Schutzes von Moorlandschaften zum Zweck der Kohlenstoffbindung, der Förderung der Biodiversität wie auch der Wasserreinigung. Der Workshop war vor allem deswegen so konstruktiv, weil die Atmosphäre so entspannt und offen war. Wir konnten ehrlich und intensiv diskutieren und hatten gute, erhellende Ergebnisse. Es herrschte eine richtige Aufbruchstimmung.

Beim Vergleich eines Carbon Codes für Waldflächen und eines Standards für Moorflächen habe ich über die gemeinsamen zugrunde liegenden Prinzipien gesprochen, zum Beispiel, wie wichtig es ist, dass Projekte umweltverträglich sind; dass Kohlenstoffberechnungen exakt sind; dass wir zeigen können, dass sich die Projekte allein aufgrund der privaten Finanzierung der Kohlenstofffestlegung entwickelt haben und dass ein Projekt an anderer Stelle keine gegenläufigen Emissionen verursacht. Außerdem haben wir den wesentlichen Unterschied zwischen Aufforstung und Renaturierung von Moorlandschaften diskutiert: Während es bei der Aufforstung um die Speicherung der Treibhausgase geht, dreht es sich bei der Renaturierung von Moorlandschaften hauptsächlich um die Vermeidung des Verlusts von Treibhausgasen. Wälder nehmen durch die Photosynthese kontinuierlich CO_2 auf und speichern es, wohingegen Moore diesen Vorgang bereits abgeschlossen haben und – wenn sie gesund sind – den Kohlenstoff nun verschlossen halten und ihn weiterhin noch sehr langsam aufnehmen. Unsere austrocknenden, degradierten Moorflächen kehren *diesen Prozess um und entlassen ihre Treibhausgase zurück in die Atmosphäre. Eine Wiederherstellung der Flächen durch ihre Wiedervernässung und den entsprechenden Schutz kann diesen Verlust verhindern.*

Die Unterscheidung zwischen Kohlenstoffbindung und Vermeidung von Kohlenstofffreisetzung könnte für Moorprojekte zu einer völlig anderen Art von Kohlenstoffzertifikaten führen, die auf dem Konzept der Dauerhaftigkeit aufbauen: Projekte, bei denen Kohlenstoffdioxid durch neu geschaffene Wälder aufgenommenen wird, müssen die dauerhafte Einsparung dadurch sicherstellen, dass die Bäume sehr, sehr lange an diesem Standort bestehen bleiben. In Großbritannien wird dies zum einen durch langjährige Verträge gewährleistet, die die Bäume unter dem Woodland Carbon Code 50 bis 100 Jahre lang schützen und zum anderen durch die britische Gesetzgebung, die Fällungen untersagt beziehungsweise dann, wenn sie in Ausnahmen erlaubt ist, Neupflanzungen fordert. Hingegen werden vermiedene Kohlendioxidemissionen (wie es bei wiedervernässten Mooren der Fall wäre) zum Zeitpunkt der Vermeidung bereits als dauerhaft erachtet. Ein Beispiel: Wird eine Telefonkonferenz über Skype abgewickelt, anstatt mehrere Personen zu einem Meeting anreisen zu lassen, dann sind die dadurch vermiedenen Emissionen dauerhaft, da man nicht in der Zeit zurückreisen und dann die Reise antreten kann. Die gleiche Überlegung lässt sich für die Moore anwenden: Wird eine Moorfläche wiedervernässt, werden die Emissionen, die andernfalls entstanden wären, für immer vermieden; und selbst wenn man das Moor später wieder entwässert, kann man nicht zurück und ausstoßen, was vermieden wurde.

Das Besondere an diesen Überlegungen ist, dass sie dazu beitragen könnten, eines der größten Probleme der Moor-Kohlenstoffprojekte zu lösen. Bei Forstprojekten ist es in der Regel nicht schwer, Landwirte davon zu überzeugen, langfristige Verträge zu unterzeichnen, da neue Wälder sehr viele offenkundige ästhetische, ökologische und nutzungsbezogene Vorteile für den Grundbesitzer und die Nachbarn bieten. Mir kam in den Sinn, dass ein Moorprojekt vielleicht gar keine allzu langfristigen Verträge erfordert, da der Kohlenstoff bereits gespeichert ist und die Wiedervernässung sofort dauerhaft vermiedene Kohlenstofffreisetzungen mit sich bringt. Dies ist hilfreich, denn anders als die Besitzer der Waldflächen sind Eigentümer großer Moorflächen schwer zu überzeugen, wenn es um die Unterzeichnung von Verträgen geht, die ihnen die Nutzung ihrer Flächen langfristig verbietet. Ich glaube, dass Verträge mit kürzerer Laufzeit – vielleicht zehn Jahre oder mehr – künftig eine Rolle spielen könnten. Ergibt sich durch kürzere Verträge eine höhere Bereitschaft der Grundbesitzer zur Beteiligung, würden Moorrenaturierungen kurzfristig deutlich zunehmen – und damit genau dann, wenn das so dringend benötigt wird. In der Zukunft, wenn die Grundbesitzer Vertrauen in die Projekte gewonnen haben und in den Markt für die sich daraus ergebenden Zertifikate, würden sie ihre Verträge vielleicht verlängern.

Ich möchte noch schnell hinzufügen, dass diese Gedanken rein informativ sind und dass die initiale Erprobungsphase des UK Peatland Code stets auf der Art von Dauerhaftigkeit basieren sollte, die die ersten gewerblichen „Sponsoren“ der Moorwiedervernässungsprojekte voraussetzen würden, das heißt auf langfristigen Verträgen.

± CO_2
This Forest Was Part Funded by:
the green insurance company
In Partnership With:
FOREST CARBON

Trinkwasserwald®

Der Verein betreibt auf den Flächen privater und staatlicher Waldbesitzer gezielten Waldumbau, um die natürlichen Leistungen von Wäldern hinsichtlich der Bildung von Grundwasser zu steigern. Teilweise werden die Unterpflanzungen durch Unternehmen finanziert, die den im Rahmen ihrer Produktion entstehenden Wasserverbrauch kompensieren wollen.

Ökosystemleistung WASSER

Wälder tragen in großem Umfang zur Produktion von hochwertigem Grundwasser und somit Trinkwasser bei. Allerdings ist Deutschland heute vielerorts von Nadelwald-Reinkulturen geprägt, die nicht nur deutlich anfälliger für Schäden durch Stürme und Schädlinge sind, sondern unter denen auch Grundwasserqualität und -neubildung deutlich geringer sind als unter Laubbäumen. Laut wissenschaftlicher Studien werden unter Laubwäldern pro Hektar und Jahr im Bundesmittel etwa 800.000 Liter mehr Grundwasser gebildet als unter reinen Nadelwaldbeständen. Vor diesem Hintergrund gründeten 1995 zwei Forstingenieure und ein Wirtschaftsingenieur den gemeinnützigen Verein Trinkwasserwald®. Das erklärte Ziel des Vereins ist die systematische Unterpflanzung nicht standortgerechter Nadelwälder mit Laubbäumen und damit deren Umwandlung in Laubmischwälder. Dieser Waldumbau soll vor allem der Produktion von zusätzlichem, sauberem Trinkwasser dienen – dass mehr Kohlenstoffdioxid gespeichert oder die Artenvielfalt gesteigert wird, sind willkommene Nebeneffekte. Der Slogan des Vereins lautet daher: „Wir pflanzen Trinkwasser!“

Aktuell beschäftigt der gemeinnützige Umweltschutzverein drei angestellte Mitarbeiter sowie 15 Selbstständige. Zusätzlich engagieren sich bei den Pflanzaktionen bis zu zweitausend ehrenamtliche Pflanzhelfer. Finanziert wird der Waldumbau überwiegend durch Unternehmen und Privatpersonen, die der Verein im Rahmen verschiedener Kampagnen gewinnt. Hinzu kommen einige Fördermittel, vor allem für begleitende Umweltbildungsmaßnahmen.

Mit der 2008 gestarteten Kampagne „Ressourcen schaffen – Trinkwasser pflanzen“ richtet sich der Verein an Unternehmen, die für die Herstellung ihrer Produkte große Mengen Wasser verbrauchen. Diese können durch den gezielten Waldumbau, ähnlich wie bei Maßnahmen zur Kompensation von Treibhausgasen, den Wasserverbrauch für eines oder mehrere ihrer Produkte kompensieren. Dies nutzte zum Beispiel die Bionade GmbH, die alkoholfreie Erfrischungsgetränke aus kontrolliert-biologisch gewonnenen Rohstoffen herstellt. Die Firma finanzierte die Anpflanzung von mehr als sechzig Hektar neuen Trinkwasserwäldern® an mehreren Standorten in Deutschland, mit denen etwa fünfzig Millionen Liter zusätzliches Grundwasser generiert werden. Auf diese Weise möchte Bionade den gesamten Jahresverbrauch an Wasser für die Produktion ihrer Getränke kompensieren. Sollte der Wasserverbrauch steigen, will die Firma zusätzliche Wälder pflanzen.

Das jeweilige Unternehmen übernimmt sämtliche Kosten für die Entstehung der Trinkwasserwälder®. Diese variieren je nach Größe der aufzuforstenden Fläche. Allgemein veranschlagt werden 17.500 bis 20.000 Euro pro Hektar für die Auswahl und Vorbereitung der Flächen, das Pflanzmaterial und die Pflanzung, eine langjährige Pflege sowie eventuelle Nachpflanzungen. Trinkwasserwald® e.V. trägt die Verantwortung für die Umsetzung der Maßnahmen und bezahlt die Flächeneigentümer für die Instandhaltung der Flächen.

Einmal jährlich kontrolliert der Verein gemeinsam mit dem Waldbesitzer und einem örtlichem Förster die Bestände; gemeinsam wird über eventuell notwendige Nachpflanzungen entschieden. Zur Feststellung der forstwirtschaftlichen und ökologischen Effekte ihrer Projekte steht Trinkwasserwald® e.V. in engem Kontakt mit der Hochschule für nachhaltige Entwicklung in Eberswalde und der Hochschule für angewandte Wissenschaft und Kunst, Abteilung Ressourcenmanagement in Göttingen. Diese untersuchen die Effekte des gezielten Waldumbaus und ermitteln, welcher Trinkwassergewinn in bestimmten Regionen zu erwarten ist. Anhand von wissenschaftlich betreuten Vergleichsflächen wird die Grundwasseranreicherung auf den einzelnen unterpflanzten Flächen abgeschätzt.

Andere Aktivitäten des Vereins entsprechen deutlich weniger dem PES-Prinzip, sondern sind eher als klassische Finanzierungsinstrumente für Naturschutzmaßnahmen einzuschätzen, kreativ konzipiert und umgesetzt. So richtet sich beispielsweise die Kampagne „Blätterwälder® ... gemeinsam pflanzen", basierend auf einer engen Partnerschaft mit regionalen Medien, an die breite Bevölkerung. Geeignete Flächen für den Waldumbau werden nicht nur nach ökologischen und forstwirtschaftlichen, sondern auch infrastrukturellen und medialen Gesichtspunkten ausgewählt. Regelmäßig berichtet die Presse über das Projekt und ruft dazu auf, Baumpate zu werden und mittels Spenden und/oder persönlichem Engagement im Rahmen der Pflanzung einen Beitrag zum Entstehen des neuen Blätterwaldes® zu leisten. Angeboten werden Baumpatenschaften für 5 Euro pro Baum. Die so finanzierten Bäume werden dann im Rahmen eines medial groß angekündigten und viel besuchten Pflanzfestes in die Erde gebracht. Seit Beginn der Kampagne konnten über 70.000 Bäume gepflanzt werden.

Neben dem eigentlichen Waldumbau macht sich der Verein auch im Bereich der Umweltbildung verdient. Durch die Kooperation mit Multiplikatoren, wie Medien und Unternehmen – zum Beispiel einem regionalen Verkehrsunternehmen, das in seinen Zügen für die Blätterwälder® wirbt – werden große Bevölkerungskreise erreicht und über die Leistungen und Zusammenhänge von Wald und Wasser informiert. Die Pflanzaktionen motivieren eine Vielzahl von Teilnehmern und werden von Umweltbildungsmaßnahmen für Kinder und Erwachsene flankiert. Für dieses Engagement wurden der Verein und seine führenden Köpfe in den letzten Jahren mehrfach mit Umwelt- bzw. Ehrenamtspreisen ausgezeichnet, unter anderem als „Ausgewählter Ort" im Rahmen des Bundeswettbewerbes „Deutschland – Land der Ideen".

Trinkwasserwald® e.V.

Region (Fläche):
Deutschlandweit (aktuell tätig auf ca. 2.500 ha)
Startjahr (Stadium):
1995 (laufend)
Ziel:
Steigerung der Trinkwasserquantität und -qualität
Nutzer:
Unternehmen und Privatpersonen als Käufer
Leistungserbringer:
Private und staatliche Waldbesitzer vertreten durch Trinkwasserwald e.V. als Anbieter
(Weitere) Intermediäre:
Förster, Hochschule für nachhaltige Entwicklung Eberswalde (HNEE), Hochschule für angewandte Wissenschaft und Kunst (HAWK), Abteilung Ressourcenmanagement in Göttingen
Ausgestaltung der Zahlung:
Maßnahmenorientiert, Höhe richtet sich nach Produktionskosten
Ansprechpartner:
Alexander Pillath
alexander-pillath@trinkwasserwald.de
www.trinkwasserwald.de

Interview mit Alexander Pillath, geschäftsführender Vorstand des Trinkwasserwald® e.V.

»Ich kann nur jedem empfehlen, eine Balance und eine sichere Finanzierung der Projekte vor dem eigentlichen Start sicherzustellen.«

Gab oder gibt es konkrete Herausforderungen bei der Umsetzung der Projekte?

Es sind unglaublich viele Organisationen, die Sie alle erst mal überzeugen müssen; querbeet, von Behörden über Institutionen forstfachlicher Natur und Privatwaldbesitzer-Vertretungen bis hin zu Firmenvertretungen. Das Wichtigste ist: Hingehen, mit den Leuten reden, sie erst einmal informieren. Dann hoffen, dass sie das Projekt gut finden und mittragen, im schlimmsten Fall, es zumindest tolerieren.

Anhand der Region um Lüneburg herum, in der wir ja seit 2007 jedes Jahr ein Blätterwaldprojekt machen, stellten wir Folgendes fest: Das erste Jahr ist ein Schnupperjahr, im zweiten Jahr beteiligen sich schon mehr, aber es ist immer noch verhalten, und erstaunlicherweise, ab dem dritten Jahr, ich will nicht sagen, explodiert es, aber bekommt es einen enormen Zulauf und das bis heute. Es braucht also eine Anlaufphase von zwei bis drei Jahren. Das muss man wissen und darf sich davon nicht entmutigen lassen.

Eine konkrete Herausforderung ist es auch, überhaupt erst mal ein positives Handeln in die Welt zu tragen. Also einen Multiplikator zu finden, wie eine Zeitung zum Beispiel, die so etwas gut findet und dann mit in die Welt hinausträgt. Es ist ja schön, wenn man etwas Gutes tut, aber wenn es keiner weiß, beteiligt sich natürlich auch keiner. Das war sicherlich eines der Probleme, vor allem weil wir ja fast ausschließlich spendenbasiert agieren. Heutzutage hat sich einiges in der Spendenbereitschaft verändert. Man schaut leider häufig zunächst sehr stark auf den Mangel. Aber wir gestalten Dinge für die Zukunft. Es ist schwer zu vermitteln, dass die Effekte, die wir erreichen wollen, nachweisbar erst nach zehn oder zwölf Jahren eintreten, aber dann dauerhaft über Generationen hinweg bestehen. Es gibt diesen schönen Satz: „Denkst du in Jahren, pflanze ein Korn, denkst du in Jahrzehnten, pflanze einen Baum." Man darf also durchaus auch mal prophylaktisch tätig werden und nicht immer erst, wenn der Mangel schon eingetreten ist. Das glaubhaft zu transportieren, ist nicht so ganz einfach gewesen. Wir merken in den letzten Jahren immer stärker, dass es, auch bei seriösen Medien, einen Trend hin zu einer reißerischen Berichterstattung gibt. Also kurzfristig schnelle Effekte erzielen beim Bürger; schnell rein in den Kopf und schnell wieder raus. Da wurde über Projekte wie unsere wenig berichtet.

Wie funktioniert die Zusammenarbeit mit den Medien, die Sie als Multiplikatoren einsetzen?

Es läuft in der Regel so ab, dass die Presse sechs bis acht Wochen vor Projektstart kommuniziert, wo ein zukünftiger Blätterwald® entstehen soll und die Bevölkerung über wasser- und umweltschutzrelevante Themen aus der Region informiert. Die Berichterstattung sensibilisiert und informiert die Bevölkerung also für die Natur in ihrer Region. Und damit schaffen wir es dann offensichtlich, die Leute zu einer Spende zu motivieren. Das geht vom einzelnen Baum, den ein Großvater für seinen Enkel spendet, bis hin zu Firmen, die sagen: „Wir übernehmen eintausend Baumpatenschaften, weil wir der Wasserverbraucher hier in der Region sind." Es war uns wichtig, die Bevölkerung insgesamt mit einzubinden, von jung bis alt, Familien und Firmen. Wir sind fest davon überzeugt, dass es nicht durch eine Trennung und durch Schuldzuweisungen geht, sondern wir streben einen sinnvollen Brückenschlag zwischen Ökonomie und Ökologie an. Was wir überhaupt nicht wollen, ist eine Form von Greenwashing oder Ablasshandel.

Wie gehen Sie mit dem Thema Greenwashing um?

Mit Firmen, die sich gerne an dem Projekt beteiligen möchten, setzen wir uns sehr intensiv auseinander. Wir informieren uns über diese Unternehmen. Ist es einfach so eine Spende wie „Wir geben da mal was hin und kriegen dafür ein besseres Image", dann sagen wir: „Nein, schönen Dank. Sie können gerne daran teilnehmen, aber wir möchten nicht, dass sie sich als Partner präsentieren." Es gibt aber auch Firmen, bei denen wir merken, dass die auf dem Weg sind und Nachhaltigkeit wirklich ernst nehmen, sich darum bemühen und kümmern. Diese Firmen sind als Partner herzlich willkommen. So wie die Firma Bionade. Die wollte den gesamten Wasserbedarf für die Herstellung ihres Produkts kompensieren. Der Charme bei diesem Projekt ist ja die einmalige Investition. Wir machen natürlich auch Nachpflanzungen und stellen damit sicher, dass diese Kulturen auch anwachsen. Aber danach wirkt dieser Wald. Sie müssen nicht jedes Jahr neu pflanzen, sondern machen es einmalig und dann wirkt der Wald wie eine Grundwasserfabrik.

Was hat aus ihrer Sicht zum Erfolg des Vereins und seiner Projekte geführt?

Bei dem Verein Trinkwasserwald® e.V. ist es die einfache Idee, die hier vor Ort umgesetzt werden kann, die aber in einem überregionalen, vielleicht sogar internationalen, Kontext steht. Das Zweite ist, dass man es hier vor Ort tun kann und ganz klar messbare Effekte hat. Zudem ist es ein Thema, das die Menschen berührt, ein sehr emotionales Thema. Und die Sensibilität der Menschen zum Thema wächst mit den Diskussionen über die Privatisierung von Wasserrechten und z. B. Fracking. Und viertens brauchen Sie hochmotivierte, leiden-

schaftliche Leute. Es erfordert, gerade wenn Sie das ehrenamtlich machen, enorm viel Zeit und Einsatz.

Grundsätzlich ist wichtig, dass man die Sprache des anderen spricht und ihn dort abholt, wo er steht und nicht mit einer Ideologie überfällt nach dem Motto: „Du musst doch, du solltest doch und es ist deine Pflicht!“ Das klappt überhaupt nicht. Vielmehr ist es wichtig, dass wir Leute begeistern. Und Begeisterung muss seriöse Wurzeln haben. Leidenschaft muss da sein, aber die muss auch geführt werden, die muss auch wachsen dürfen.

Und was auch wichtig ist, dass Sie außen einen Partner haben, der begeistert mitzieht. Wenn zum Beispiel bei den Zeitungen nicht ein Redakteur ist, der sagt: „Das Thema schreib ich mir einmal im Jahr auf die Fahnen, das finde ich ganz toll und ich bin das Gesicht nach außen“, dann wird es sehr schwierig. Dann werden Sie auch in der Bevölkerung keinen Funken entzünden. Das gilt auch für öffentlichkeitswirksame „Zugpferde“. Deswegen haben wir in der Vergangenheit gerne mit seriösen Künstlern zusammengearbeitet. Das ist mittlerweile ein bisschen weniger geworden, weil die Medien das nicht so gerne möchten, aus Angst, dass die Künstler in ihrer Vita eventuell etwas verschwiegen haben. Daher haben wir vor ein paar Jahren selbst zwei Figuren kreiert, den „Herrn Wald“ und die „Frau Wasser“. Das sind sozusagen unsere künstlerischen Multiplikatoren. Die gehen entsprechend kostümiert in die Fußgängerzonen, machen eine nette kleine Performance und konfrontieren die Bevölkerung mit dem Thema, emotionalisieren das Thema auch.

„Herr Wald“ und „Frau Wasser“ tragen das Thema in die Öffentlichkeit.

Gibt es etwas, das Sie bei der Entwicklung eines neuen Projekts anders machen würden?

Wir sollten die Balance zwischen gemeinnützigem Engagement und Wirtschaftlichkeit besser hinkriegen. Wir haben eine Menge an Projekten angeschoben, bei denen wir privat mit nicht unwesentlichen Summen in Vorleistung beziehungsweise ins Risiko gegangen sind, sie unterstützt und finanziert haben. Und wir hatten da keinen Return on Investment, wie es klassisch heißt. Das kann man nur eine begrenzte Zeit machen. Ich kann nur jedem empfehlen, eine Balance und eine sichere Finanzierung der Projekte vor dem eigentlichen Start sicherzustellen. Und wenn die Finanzierung nicht gesichert ist, auch den Mut zu haben, das Projekt zurückzustellen oder abzusagen. Da sollte man einfach, so sehr auch Begeisterung und Leidenschaft da sind, konsequent wirtschaftliche Grundsätze ansetzen.

Westcountry Anglin[g]

Das PES wurde durch die Umweltorganisation Westcountry Rivers Trust und private Flächeneigentümer initiiert. Freizeitanglern wird gegen Gebühr Zugang zu privaten Fischgründen gewährt. Die Eigentümer haben zuvor in die Pflege und Aufwertung ihrer Gewässer investiert, um den Erholungswert für die zahlenden Gäste zu erhöhen. Damit einhergehend wird der ökologische Zustand der Gewässer insgesamt verbessert. Token, die bei der Umweltorganisation gekauft und eingelöst werden, dienen als Zahlungsmittel.

Ökosystemleistung ERLEBEN & ERHOLEN

Südwestengland ist eine der neun Verwaltungsregionen Großbritanniens mit einer Größe von knapp 24.000 km². Traditionell werden die hier liegenden Grafschaften als „Westcountry“ bezeichnet. Zahlreiche Flüsse, Bäche und Seen durchziehen die sattgrüne Hügellandschaft. Früher spielte hier die Fischerei eine große Rolle und auch heute sind die Gewässer reich an Lachsfischen, wie Äsche, Meer- und Bachforelle. Sie befinden sich jedoch oft auf land- und forstwirtschaftlichen Flächen im Eigentum privater Einzelpersonen und sind schlecht gepflegt. Vor diesem Hintergrund entwickelte die Naturschutzorganisation Westcountry Rivers Trust, kurz WRT, gemeinsam mit den Besitzern solcher Fischgründe den sogenannten „Westcountry Angling Passport“, einen Angelpass für die Region. Dieser bietet drei verschiedene Möglichkeiten, um Lachse, Bachforellen und andere Kaltwasserfische zu angeln: Erstens das sogenannte „Booking Office“, über das Interessierte das Angeln in aktuell 14 etablierten Fischgründen kostenpflichtig reservieren können, zweitens „Dartmoor Fishing“, bei dem eine Angelerlaubnis für bestimmte Zeiträume und Angelstrecken, insgesamt über 90 km, erworben wird, und drittens „Token Scheme Fishing“, ein Wertmarken-System, das flexiblen Zugriff auf zahlreiche private Fischgründe ermöglicht.

Aus PES-Perspektive ist vor allem das dritte Element interessant, die Token-Fischerei. Dessen Konzept ist einfach: Landwirte und Eigentümer von Acker-, Wald- und Moorflächen im Uferbereich von Flüssen, Bächen oder Seen gestatten Freizeitanglern – gegen Entgelt – den unkomplizierten Zugang zu ihren Fischgründen. Um die zahlenden Gäste mit bestmöglichen Angelbedingungen anzulocken, investieren die Besitzer in die Pflege der Gewässer und Uferbereiche: Sie beenden in den ufernahen Bereichen die überwiegend intensive landwirtschaftliche Nutzung, pflegen Bäume und Sträucher am Gewässerrand und vermindern so die Beschattung der Wasseroberfläche, legen Einfriedungen, Angelstege, Treppen und Wege an. Dadurch werden Erholungswert und Erlebnisfaktor der Landschaft verbessert; die Angler können die Natur genießen und ihrem Freizeitvergnügen nachgehen. Gleichzeitig können damit auch andere Ökosystemleistungen gesichert und verbessert werden, vor allem die Wasserqualität sowie Lebensräume diverser Tier- und Pflanzenarten in den Gewässern.

Das Besondere an der Token-Fischerei ist das Zahlungssystem: Seit 2003 können Angler an insgesamt neun Verkaufsstellen und unter www.westcountryangling.com sogenannte Token zu einem Einzelpreis von 2,50 Pfund kaufen. Nach dem Angeln werfen sie die Token in Briefkästen, die bei den am Projekt beteiligten Angelgründen aufgestellt sind. Die Token können

g Passport

das gesamte Jahr über eingesetzt werden, verfallen jedoch am 31.12. Die Fischgründe werden nach ihrer Gewässerqualität, den zu angelnden Fischarten und den zu erwartenden Fangerfolgen bewertet. Der Gewässereigentümer selbst legt die Anzahl der verlangten Token pro Nutzung fest – im Normalfall werden zwischen zwei und fünf Stück verlangt – sowie die Maximalzahl verkaufter Zugänge pro Jahr. Damit kann er den Wert seiner Gewässer und die Nachfrage nach dem Angebot mitgestalten. Die erhaltenen Token tauscht der Eigentümer beim WRT in bares Geld um und investiert es wiederum in die Instandhaltung der Fischgründe.

Der WRT berät die Eigentümer und Landwirte in allen Fragen zur Restaurierung und Instandhaltung. Er sammelt Informationen über die Anzahl der verkauften und tatsächlich genutzten Angelmarken und erhebt mit Hilfe von auszufüllenden Fangberichten auch Daten zum Zustand der Fischgründe. Aktuelle Informationen zu den Angelgründen und Fischpopulationen werden über die Projekt-Website verbreitet, Kartenmaterial wird sowohl online als auch in einer Broschüre zur Verfügung gestellt. Der WRT organisiert auch die Verteilung und Ausschüttung der Gelder, die einmal jährlich zu 100 Prozent erfolgt. Die anfallenden Kosten innerhalb der Organisation werden durch Werbung auf der Website und in der Broschüre gedeckt. Bei der Implementierung des Projektes 2003 und der Überarbeitung und Erweiterung im Jahr 2009 wurden außerdem Fördermittel der Europäischen Union zur Finanzierung genutzt.

Insbesondere in der Initiierungsphase des Projekts bestand die größte Herausforderung für die Organisatoren darin, die Flächenbesitzer und Landwirte zur Teilnahme zu gewinnen und sie zu überzeugen, den Erlös aus den Token in die Fischgründe zu investieren. Bedenken und Kritik gab und gibt es vor allem, weil die Landwirte befürchten, potenziell wertvolles Ackerland in den Uferbereichen zu verlieren. Deswegen bietet der WRT den Landwirten Beratungen und Maßnahmen zur Effizienz- und Produktivitätssteigerung an. Kritisiert wird die Tatsache, dass unterschiedliche Bedingungen für die Teilnahme am Projekt und dem Erzielen von Erlösen bestehen: Größere Flüsse sind besser zum Angeln geeignet, dort werden daher auch deutlich mehr Einnahmen generiert als in kleineren Gewässern; die Quellgebiete sind gar nicht zum Angeln geeignet, aber für die Qualität der Fischgründe am Unterlauf entscheidend. An einer Lösung dieser Gerechtigkeits- und Effektivitätsprobleme wird aktuell gearbeitet. Hier, wie auch in allen anderen Bereichen, spielt das nunmehr langjährige, gute Verhältnis zwischen dem WRT, den Flächeneigentümern und den Anglern eine wichtige Rolle.

Aktuell werden 41 zugängliche Angelgründe in Westcountry angeboten. Diese Zahl soll in den kommenden Jahren weiter steigen. Auch in anderen Regionen Großbritanniens hat das erfolgreiche Konzept Anklang und Nachahmer gefunden. Mittlerweile sind die Token in mehreren, miteinander verknüpften, Regionen einsetzbar. Die Angler, die aus ganz Großbritannien anreisen, bringen damit nicht nur Einnahmen für die Besitzer der Angelgründe, sondern auch für die regionale Tourismusbranche.

Westcountry Angling Passport

Region (Fläche):
South West England, Großbritannien
(ca. 190 km Angelstrecke)
Startjahr (Stadium):
2003, Überarbeitungen und Erweiterungen 2009 (laufend)
Ziel:
Verbesserung kultureller Ökosystemleistungen, insb. das Erleben und Erholen in der Landschaft
Nutzer:
Freizeitangler aus ganz Großbritannien als Käufer
Leistungserbringer:
Flächeneigentümer und Landwirte vertreten durch Westcountry Rivers Trust
(Weitere) Intermediäre:
Europäische Union
Ausgestaltung der Zahlung:
Tendenziell ergebnisorientiert, Höhe durch Flächeneigentümer bestimmt anhand der Anzahl und des Wertes verkaufter Zugänge
Ansprechpartner:
Bruce Stockley
bruce@wrt.org.uk
www.westcountryangling.com

Westcountry Rivers Trust

WESTCOUNTRY ANGLING PASSPORT

Blühendes Steinbur

Im Rahmen des Modellprojekts testen die Stiftung Naturschutz Schleswig-Holstein und der Kreisbauernverband Steinburg zwei innovative Mechanismen für PES. Landwirte werden ergebnisorientiert für die extensive Bewirtschaftung von Grünland honoriert. Dazu muss der Landwirt bestimmte Kennarten auf seinen Flächen nachweisen. Die Höhe der Zahlung hat er zuvor im Bieterverfahren selbst festgelegt.

BIODIVERSITÄT

Die Nutzung artenreicher Wiesen und Weiden wird – da diese oft auf wenig ertragreichen, unrentablen Böden liegen – immer häufiger entweder intensiviert oder aufgegeben. Beides führt zu einem Verlust der Artenvielfalt. Die früher typischen, bunten Grünlandpflanzen, wie Sumpfdotterblume, Wiesen-Schaumkraut oder Scharfer Hahnenfuß, sind immer seltener anzutreffen. Vor diesem Hintergrund riefen die Ende der 1970er Jahre durch das Land Schleswig-Holstein gegründete Stiftung Naturschutz und der Kreisbauernverband 2007 das Projekt „Blühendes Steinburg" ins Leben.

Ziel ist es, zwei in anderen Regionen erprobte PES-Ansätze in Schleswig Holstein zu testen und herauszufinden, ob durch ihren Einsatz artenreiches Grünland erhalten werden kann. Das ist zum einen die ergebnisorientierte Honorierung und zum anderen das Verfahren der Ausschreibung. Der Ansatz, Landwirte ergebnisorientiert zu honorieren, wird seit mehreren Jahren in einigen deutschen Bundesländern wie zum Beispiel Baden-Württemberg und Niedersachsen im Rahmen der staatlichen Agarumweltprogramme umgesetzt. Oftmals sind diese Zahlungen jedoch kombiniert mit Bewirtschaftungsauflagen oder funktionieren als kleinere Aufstockung auf maßnahmenorientierte Zahlungen. Insgesamt betrachtet gehört die ergebnisorientierte Honorierung nicht zum Standardwerkzeug der europäischen, nationalen und landesspezifischen Förderprogramme. Auch das Verfahren der Ausschreibung ist kein gänzlich neuer Ansatz für PES. In der Praxis jedoch wird er bisher wenig umgesetzt.

In Schleswig-Holstein sollen im Rahmen des Modellvorhabens die Effektivität und Effizienz beider Ansätze und die Resonanz der ansässigen landwirtschaftlichen Betriebe getestet werden. Zielkulisse sind Trockenstandorte und feuchtes Grünland im Kreis Steinburg. Der Landkreis liegt zwischen Unterelbe und Nord-Ostsee-Kanal und umfasst 1.056 km². Eines der bestimmenden Landschaftselemente ist die Flussmarsch entlang der Elbe mit einer Breite von 10 bis 15 Kilometern.

Im Rahmen des Projekts werden Landwirte dann honoriert, wenn sie artenreiche Wiesen weiterhin nutzen und damit deren Artenvielfalt erhalten. Konkrete Vorgaben zur Bewirtschaftung werden dabei nicht gemacht. Es zählt nur das Ergebnis: Kann der Landwirt bestimmte Kennarten, zum Beispiel Kuckuckslichtnelke, Hainsimse oder Rundblättrige Glockenblume nachweisen, wird er bezahlt. Die Höhe der Zahlung hat er zuvor selbst festgelegt: Per Ausschreibung werden Landwirte im Haupt- oder Nebenerwerb aufgefordert, Flächen anzugeben, mit denen sie beim Projekt „Blühendes Steinburg" teilnehmen möchten. Diese Flächen müssen zum Kreis Steinburg gehören und jedes Jahr landwirtschaftlich genutzt werden. Sie dürfen sich nicht in Stiftungseigentum oder im Eigentum anderer öffentlicher Träger befinden und sollen keinen natur-

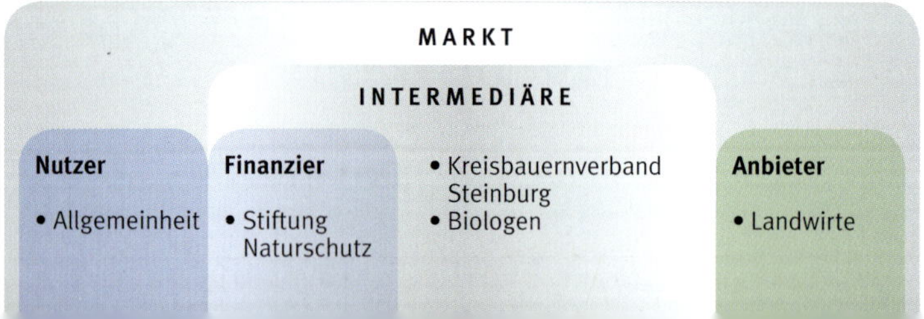

schutzrechtlichen Verpflichtungen – Vertragsnaturschutz oder Verpflichtungen im Zusammenhang mit der Eingriffs- und Ausgleichsregelung – unterliegen. Mittels eines einfachen, vorgefertigten Formulars gibt der Landwirt Details zu den entsprechenden Flurstücken. In dem Formular schlägt er auch den Preis pro Hektar vor, zu dem er diese Flächen anbieten möchte, und zwar in zwei Honorarstufen: Einmal für den Fall, dass mindestens vier Kennarten gefunden werden, zum anderen für das Auffinden von mindestens sechs entsprechenden Pflanzenarten.

Ein jährlich aktualisiertes Faltblatt informiert über die entscheidenden Pflanzen, die Erfassungsmethode und das Bieterverfahren. Die Kennarten, typische Vertreter für artenreiche Grünlandstandorte, oft Feuchte- oder Nässezeiger, sind leicht zu erkennen. Daher können die Landwirte gut einschätzen, inwieweit ihre Fläche förderfähig ist. Die Ausschreibungsfrist endet jeweils Mitte April. Nach Angebotseingang und -auswertung durch die Stiftung Naturschutz begutachten beauftragte Biologen gemeinsam mit dem Landwirt die Flächen. Genutzt wird dabei die Transektmethode, bei der die Fläche in drei festgelegten Abschnitten systematisch abgegangen wird, um die vorhandenen Arten zu zählen. Bei dieser jährlich einmal stattfindenden Begehung wird entschieden, ob die angebotenen Flächen förderfähig sind oder nicht. Nachdem alle Flächen begutachtet wurden, entscheiden Förderfähigkeit der Flächen und die Höhe des vorgeschlagenen Preises über die Annahme des Angebots. Zuerst berücksichtigt werden die niedrigsten Gebote, dann folgen die nächst höheren, bis das jährliche Gesamtbudget verbraucht ist. Es gibt keine Verträge, keine Bewirtschaftungsauflagen und dementsprechend auch keine Sanktionen.

Im Schnitt beteiligen sich pro Jahr 20 Landwirte mit insgesamt 120 bis 150 Hektar Grünland. Der Großteil der Flächen liegt im Marschland sowie an Fluss- und Bachläufen. Das Jahresbudget von insgesamt 10.000 Euro sowie das Honorar für die begutachtenden Biologen stammen allein aus Stiftungsmitteln. Der dort verantwortliche Mitarbeiter organisiert den gesamten Ablauf mitsamt jährlicher Ausschreibung, Entscheidung der Annahme der Angebote und Auszahlung. Der Kreisbauernverband unterstützt das Projekt durch seine gute Vernetzung in der Region und bewirbt es bei seinen Mitgliedern. Zu jedem Start der Ausschreibung wird eine Pressemitteilung herausgegeben und das Projekt in der regionalen Tageszeitung sowie im Bauernblatt publiziert.

Das Projekt „Blühendes Steinburg" gilt als eines der wenigen Beispiele für eine ergebnisorientierte Honorierung von Grünland in Kombination mit einem Ausschreibungsverfahren, das über einen längeren Zeitraum von mittlerweile sieben Jahren erfolgreich durchgeführt wird. Interessant ist, dass es nie das erklärte Ziel der Initiatoren war, Flächen mit sehr hohem naturschutzfachlichem Potenzial zu erreichen. Vielmehr ging es neben dem Testen und Bekanntmachen der beiden bisher wenig genutzten PES-Ansätze darum, Flächen ohne bereits existierende naturschutzfachliche Auflagen zu fördern.

Zahlreiche Veröffentlichungen bescheinigen dem Projekt, dass das Prinzip der ergebnisorientierten Honorierung in Kombination mit Bieterverfahren in Steinburg zu Erfolgen geführt hat. Das Projekt wird gelobt als unbürokratisches, ziel- und praxisorientiertes Förderinstrument. Die Beschäftigung mit den Kennarten wie auch der persönliche Kontakt zwischen Biologen und Landwirten habe zu mehr Verständnis für den Naturschutz geführt. Die Akzeptanz seitens der Landwirte und der Zuspruch für das Projekt sind hoch. Gleichzeitig wurde die Zusammenarbeit zwischen Kreisbauernverband und Stiftung gestärkt.

Blühendes Steinburg

Region (Fläche):
Kreis Steinburg, Schleswig-Holstein, Deutschland (120 bis 150 ha geförderte Fläche)
Startjahr (Stadium):
2007 (auslaufend, Ende voraussichtlich 2014)
Ziel:
Schutz und Entwicklung von Biodiversität
Nutzer:
Allgemeinheit vertreten durch die Stiftung Naturschutz Schleswig-Holstein als Finanzier
Leistungserbringer:
Landwirte
(Weitere) Intermediäre:
Kreisbauernverband Steinburg, Biologen
Budget:
Jährlich 10.000 Euro für Honorierung plus 1.500 bis 2.500 Euro für Gutachten
Ausgestaltung der Zahlung:
Ergebnisorientiert, Höhe vom Anbieter individuell bestimmt
Ansprechpartner:
Tobias Meier
meier@sn-sh.de
www.stiftungsland.de

Aufbauend auf dem Erfolg des Modellprojekts bemühten sich die Initiatoren, das Projektgebiet auf ganz Schleswig-Holstein auszuweiten. Dafür wurden Mittel bei der EU beantragt. Dort stieß das Projekt auf Zustimmung. Die zuständige EU-Kommission hat die Idee aufgegriffen und beschäftigt sich zurzeit mit den Möglichkeiten einer Ausweitung auf alle EU-Mitgliedstaaten. Entsprechende Vorbereitungen sind bereits angeschoben, eine Entscheidung steht bislang noch aus.

Die Heidenelke liebt magere, kalkarme Böden.

Interview mit Tobias Meier, für das Projekt verantwortlicher Mitarbeiter der Stiftung Naturschutz Schleswig-Holstein

„Ich glaube, dass mit diesem Projekt der Landwirt von einer anderen Stelle angesprochen wird. Er fühlt sich nicht als Dienstleister für den Naturschutz, sondern als ein Produzent von Naturschutz.“

Was waren wichtige Überlegungen und Schritte bei der Konzeption des Projekts?

Ich habe zunächst eine Veranstaltung besucht, auf der verschiedene Ansätze einer ergebnisorientierten Honorierung vorgestellt wurden und habe mir da viel angehört: Was läuft gut, was läuft nicht so gut? Unsere Idee war nicht, etwas Neues zu entwickeln, sondern bestehende Ansätze so zu kombinieren, dass möglichst wenig Verwaltungsaufwand produziert wird und auch die Landwirte nicht viel Zeit investieren müssen, um einen entsprechenden Antrag zu erstellen. Wir wollten also die Konzeption schlank halten und wir wollten auf jeden Fall das Thema Ausschreibungen mit reinnehmen.

Wir haben dann nur noch geschwankt, welche Methode wir verwenden wollen, das Konzept der Uni Göttingen mit den Dauerkreisen oder die Transektmethode, die in Niedersachsen angewandt wird. Beide haben wir in einer Vorstudie mit vier Landwirten und den Biologen ausprobiert. Danach wurde sowohl von Biologen als auch Landwirten gesagt, dass die Transektmethode einfacher und schneller ist. Außerdem mussten wir herausfinden, welche Pflanzenarten in Schleswig-Holstein als Kennarten geeignet sind. Auf Grundlage der Kennartenliste des Landes Niedersachsen haben wir dazu 100 Flächen in verschiedenen Landesteilen nach der Transektmethode begutachten lassen und anhand derer dann zusammen mit dem Landesamt eine Liste zusammengestellt.

Ja, und dann das Thema Honorierung, da haben wir es uns auch relativ einfach gemacht. Letztendlich stand uns ein bestimmtes Budget zur Verfügung und wir wollten Angebote von den Landwirten haben. Also haben wir ganz einfach gesagt: „Wenn deine Flächen vier Arten haben, was für einen Preis bietest du an? Wenn deine Fläche sechs Arten oder mehr hat, was für einen Preis bietest du dann an?" Und somit ist dieser Angebotsbogen relativ schnell ausgefüllt. Der Landwirt muss nur sagen, welche Flächen er mit rein bringt und wie viel Geld er haben möchte. Er muss aber nicht angeben, dass er für die Fläche X Honorarstufe zwei erwartet und dafür 100 Euro haben möchte und für die Fläche Y Honorarstufe eins zu 50 Euro. Die Honorierungsstufen wollten wir haben und für die haben wir vorher immer Teilbudgets angelegt, für Stufe eins 6.000 Euro, für Stufe zwei 4.000 Euro, und haben uns angeschaut, welche Flächen in welche Honorarstufe hineinkommen. Dann haben wir die Günstigsten honoriert, bis das Budget verbraucht war. Es ist natürlich klar, dass Landwirte für Flächen mit einer Honorarstufe zwei, also sechs Kennarten, mehr haben wollen, als für Flächen mit der Honorarstufe eins. Wenn wir kein Teilbudget festgelegt hätten, dann wären die mit Stufe zwei im Nachteil gewesen, weil Stufe eins immer zuerst bedient worden wäre.

Ist die Teilnahme an dem Projekt finanziell attraktiv für die Teilnehmer?

Es gab immer wieder Statements von den Landwirten, dass es ihnen gar nicht um den Geldbeutel ging, sondern sie die Idee gut fanden und auch das Gefühl haben: Ich kann damit zwar nicht reich werden, aber in irgendeiner Weise bekomme ich eine Aufmerksamkeit dafür, dass ich meine Flächen extensiver bewirtschafte, gerade in den Gebieten, wo es keine Chance auf eine andere Zusatzförderung gibt. Das war eher die Motivation. Kein Landwirt, mit dem ich darüber gesprochen habe, hat die Rechnung über Betriebskosten angestellt. Der hat einfach nur aus dem Bauch heraus gesagt: Mir ist das jetzt 50 Euro wert und das andere 100 Euro. Und wenn ich damit keinen Erfolg habe, das Projekt aber nach wie vor für spannend halte, dann gehe ich nächstes Jahr etwas niedriger. Die meisten Flächen, die vorgeschlagen werden, sind sowieso Grenzertragsflächen, die die Landwirte eh immer ein bisschen extensiver bewirtschaften oder wo sie aus historischen Gründen sagen, „Als ich noch ein kleiner Steppke war, habe ich hier immer Wiesen-Schaumkraut zum Muttertag gepflückt und so soll es auch bleiben." Da spielen also noch andere Motive eine Rolle als nur die ökonomischen.

Haben Sie das Gefühl, mit dieser Methode auch die Flächen mit dem höchsten Potenzial zu finden?

Wir haben nicht das Ziel gehabt, die Flächen mit dem höchsten Potenzial zu finden. Eine Sorge bei der ganzen Diskussion mit den Landwirten war, dass mit dem Projekt eben solche hochrangigen oder naturschutzfachlich wertvollen Flächen identifiziert werden. Wenn die Landwirte in den nächsten Jahren nun, sagen wir mal aus wirtschaftlichen Gründen, auf die Idee kommen, diese Fläche umzubrechen oder zu intensivieren, dann könnte ja die Fachbehörde einschreiten und sagen: „Nein, das könnt ihr nicht machen." Es war ihre ganz große Sorge, dass sie dann Schwierigkeiten bekommen. Diese Sorge mussten wir ihnen nehmen. Daher haben wir keine Vorgaben gemacht, wie die Flächen zu bewirtschaften sind und deswegen war es für uns auch gar nicht so wichtig, die Flächen mit dem höchsten Potenzial zu entdecken. Es war einfach nur wichtig, die Methode auszuprobieren und bekannt zu machen und zu schauen, ob es überhaupt eine interessante Variante der bisher existierenden Bausteine im Vertragsnaturschutz ist.

Was hat aus Ihrer Sicht dazu geführt, dass das Projekt so erfolgreich läuft?

Einfaches Design, wenig Aufwand für die Landwirte, sicherlich auch, dass die Ergebnisse sichtbar sind. Man kann auf die Fläche gehen und sagen, „ist vorhanden oder ist nicht vorhanden." Und die Landwirte sind nicht direkt in ihrer Bewirtschaftung eingeschränkt. Indirekt natürlich schon, da die Pflanzen eben nur eine gewisse Bewirtschaftung zulassen. Vielleicht ist es auch die Neugierde, bei so einer Art von Projekt dabei zu sein, mit ergebnisorientierter Honorierung und Ausschreibung. Denn das ist ja etwas, das für die Landwirte völlig neu ist, selbst zu entscheiden, wie viel Geld man dafür haben möchte. Das hat sie einerseits unsicher gemacht, weil sie es eigentlich anders gewöhnt sind. Aber es hat sie auch neugierig gemacht.

Häufig wird es auch als wichtig für den Erfolg angesehen, dass sich eine Person oder auch Organisation sehr stark für das Projekt engagiert. Gab es oder gibt es so etwas bei Ihnen auch?

Das würde ich nicht sagen. Das Projekt selbst ist relativ extensiv, ich will nicht sagen nebenbei, aber nicht mit so hoher Manpower bei uns bearbeitet worden. Daher kann man nicht sagen, „wenn die Stiftung oder der Kreisbauernverband sich nicht so dahinter geklemmt hätten, dann wär das Projekt nichts geworden." Ich denke, es war am Anfang relativ schnell ein Konsens da, dass wir dieses Projekt mal ausprobieren werden. Und wir hatten auch gleich einen Vertreter vom Kreisbauernverband, der in Steinburg gut vernetzt ist und der dann eben auch hier und da mal Werbung gemacht hat. Wir haben auch immer mal wieder überlegt, ob man das landesweit oder in anderen Kreisen anbietet, aber dafür haben uns die finanziellen Mittel gefehlt. Meiner Meinung nach gibt es jetzt keinen Fels in der Brandung, der dieses Projekt vorangetrieben hat. Aber es gab regelmäßig, einmal oder zweimal im Jahr, Gesprächsrunden mit der Unteren Naturschutzbehörde vom Kreis Steinburg, dem Vorsitzenden des Kreisbauernverbandes, dem Landesamt, dem Ministerium und der Stiftung.

Verbinden Sie mit dem Projekt besonders schöne oder besonders unangenehme Erfahrungen?

Schöne! Ich glaube, dass mit diesem Projekt der Landwirt von einer anderen Stelle angesprochen wird. Er fühlt sich nicht als Dienstleister für den Naturschutz, sondern als ein Produzent von Naturschutz. Sie werden nicht reglementiert durch den Naturschutz. Bei dem einen oder anderen hat man gesehen, dass ihn das motiviert hat. Schön ist auch, wenn dann einer herkommt und sagt: „Ich habe zu wenige Erfahrungen, so eine artenreiche Wiese zu produzieren, habt ihr eine Idee? Wie kann ich meine Fläche noch weiter naturschutzfachlich aufwerten und mit welchen Methoden ist das möglich?" Zu diesem Punkt sind wir ja gekommen. Es gab sogar Überlegungen, ob man Verfahren entwickeln kann, seine Flächen zu optimieren, Mahdgutübertragung, Impfen von Flächen oder ähnliches. Da haben wir auch mit dem Landesamt zusammengesessen und überlegt, wie man das aufbauen und strukturieren kann. Es gab auch einige Landwirte, die verschiedene Verfahren ausprobieren und umsonst mitmachen wollten, einfach weil sie Spaß daran hatten. Aber das ist leider an meiner beschränkten zeitlichen Kapazität gescheitert. Trotzdem ist das motivierend und ein schönes Ergebnis, dass es Landwirte gibt, die sich auch intensiver mit Biodiversität bzw. Naturschutz beschäftigen und mehr herausholen wollen. Sie werden anders angesprochen und nicht reglementiert, auf ihren Flächen können sie machen, was sie wollen. Wirklich entscheidend ist nur das Ergebnis. Damit ändert sich das Bewusstsein und das könnte, meiner Einschätzung nach, in dem einen oder anderen Part im Bereich Naturschutz durchaus förderlich sein.

Edwards Aquifer Pr

Die Stadt San Antonio gewinnt ihr Trinkwasser in erster Linie aus einem artesischen Grundwasserleiter. Um diesen zu schützen, verzichten die Eigentümer von Flächen in sensiblen Gebieten dauerhaft auf bestimmte Landnutzungen. Im Gegenzug erhalten sie attraktive Zahlungen, die über eine Erhöhung der lokalen Umsatzsteuer finanziert werden. Die Einführung und mehrmalige Fortsetzung des Programms wurde durch die Stadtbewohner per Wahlentscheid legitimiert.

Ökosystemleistung WASSER

Der Edwards Aquifer ist eine der wichtigsten Wasserressourcen in Texas und einer der größten artesischen Grundwasserleiter in der Welt. Er dient als primäre Quelle von Trinkwasser für die fast zwei Millionen Einwohner der Stadt San Antonio und die umliegenden Gemeinden. Zudem speist sein Wasser Flüsse und Seen in der Region und erhält eine vielfältige Tier- und Pflanzenwelt, darunter auch eine Vielzahl geschützter Arten. Der Edwards Aquifer und sein Wassereinzugsgebiet erstreckt sich unterhalb einer Fläche von etwa 10.000 km² und ist ein Karst-Grundwasserleiter. Durch die Poren, Spalten und Risse des porösen Kalkgesteins dringt Regenwasser in unterirdische Höhlen und Flussläufe. Das Selbstreinigungsvermögen solcher Grundwasserleiter ist sehr gering, Nähr- und Schadstoffe breiten sich schnell aus und werden nur in geringem Maß herausgefiltert. Karstgrundwasser und ihre Leiter sind daher sehr empfindlich gegenüber Störungen, vor allem gegenüber dem Eintrag von Nähr- und Schadstoffen. Zudem gefährden Bauvorhaben und die damit einhergehenden Versiegelungen wichtiger Flächen den Aquifer. Qualität und Menge des Grundwassers stehen in engem Zusammenhang mit den Landschaftsbereichen, in denen Regenwasser gesammelt wird und von wo es schließlich in den Aquifer versickert und damit den Grundwasserspeicher auffüllt. Diesen Wasserrückhalte- und Anreicherungsgebieten gilt daher die besondere Aufmerksamkeit der für den Grundwasserleiter verantwortlichen Behörde, der „Edwards Aquifer Authority“.

Angesichts des zunehmenden Wasserverbrauchs durch steigende Bevölkerungszahlen und einer wachsenden Industrie wurden schon in den 70er Jahren erste Regularien aufgestellt, um den Aquifer zu schützen. Allerdings betrafen viele der erarbeiteten Einschränkungen und Maßnahmen Flächeneigentümer, die das Grundwasser des Aquifers selbst gar nicht nutzten und daher den staatlich festgesetzten Nutzungseinschränkungen zu dessen Schutz oft ablehnend gegenüberstanden. Vor diesem Hintergrund entwickelten Wissenschaftler, Naturschützer, Stadteinwohner und Landbesitzer das „Edwards Aquifer Protection Program“, auch zu finden unter dem Namen „San-Antonio Aquifer Protection Initiative“.

Die grundsätzliche Idee des Programms besteht in der Erhöhung der lokalen Umsatzsteuer um 0,125 US-Cent, um damit den Schutz von wichtigen Flächen im Wassereinzugsgebiet des Aquifers zu finanzieren. Im Jahr 2000 konnten die Einwohner San Antonios über die Einführung dieser lokalen Steuererhöhung abstimmen – und befürworteten sie. Bis Anfang 2005 wurden über diese „Ökosteuer“ 45 Millionen US-Dollar eingenommen. Der Großteil des Geldes wurde für den

Ankauf von knapp 2.600 Hektar in Wassereinzugs- und Anreicherungsgebieten eingesetzt. In den Jahren 2005 und 2010 wurde unter großer Wahlbeteiligung die Fortführung des Programms bestätigt, jeweils mit dem Ziel 90 Millionen US-Dollar einzunehmen. Heute schützt das Edwards Aquifer Protection Program insgesamt über 45.000 Hektar Land im Einzugsgebiet des Grundwasserleiters.

In der ersten Phase des Programms wurden die Flächen über den direkten Ankauf gesichert, teilweise wurden sie auch gespendet. Seit 2005 erfolgt die Sicherung jedoch über sogenannte „Conservation Easements", eine rechtsgültige Vereinbarung, mit der Flächeneigentümer – hier vor allem Viehzüchter – zugunsten des Naturschutzes dauerhaft auf bestimmte Nutzungsrechte verzichten. Dazu gehören vor allem intensive Landwirtschaft, Bebauung und Versiegelung der Fläche. Traditionelle landwirtschaftliche Nutzungsformen wie Beweidung, Jagen und Fischen sind weiterhin gestattet, ebenso wie Radfahren und Wandern in dem Gebiet. Die Zahlung wird individuell verhandelt und richtet sich nach dem ursprünglichen Grundstückswert und dem Wertverlust des Landes, der mit den dauerhaften Auflagen einhergeht.

Die Flächen werden jährlich begutachtet und evaluiert, um die Einhaltung der individuell vereinbarten Bewirtschaftungsauflagen im Sinne des Grundwasserschutzes zu sichern. Die Finanzierung dieses Monitorings erfolgt ebenfalls ausschließlich über den Aufschlag auf die Umsatzsteuer. Zu Beginn des zweiten Programmteils, der 2005 gestartet wurde, hatten Wissenschaftler mit Hilfe von Modellen geologische, biologische und hydrologische Kriterien erarbeitet, mit deren Hilfe diejenigen Flächen identifiziert werden sollten, die für das Ziel des verbesserten Grundwassers am besten genutzt werden können. Die Stadt San Antonio ist verantwortlich für die langfristige Überwachung des Programms. Die Stadt begutachtet die individuellen Flächen und überprüft die Einhaltung der im Easement verabredeten Auflagen. Insbesondere bei der Identifizierung geeigneter Flächen und den Verhandlungen mit privaten Landbesitzern wird die Stadt unterstützt von den Naturschutzorganisationen „The Nature Conservancy" und „Green Spaces Alliance". Involviert sind zudem privatwirtschaftliche Partner, vor allem Rechtsanwälte und Immobilienmakler, die in einigen Fällen Landbesitzer hinsichtlich ihrer Optionen beraten.

Das Edwards Aquifer Protection Program zeichnet sich insbesondere dadurch aus, dass die Zahlenden zum großen Teil identisch mit den Nutznießern der Ökosystemleistung sind: Die Bevölkerung selbst autorisiert per Abstimmung das Programm mitsamt der Umsatzsteuererhöhung und entscheidet damit mehr oder minder freiwillig über die eigene Zahlungsverpflichtung. Die Stadt fungiert als Intermediär. Durch den Steueraufschlag steht eine beständige und umfangreiche Finanzierung zur Verfügung. Der Schutz der Ländereien in den sensiblen Zonen über dem Grundwasserleiter – ergänzt durch weitere Maßnahmen, insbesondere Einsparungsbemühungen im Verbrauch – gilt als wesentlich kostengünstiger im Vergleich zu anderen Optionen, wie der Zuleitung von Wasser aus anderen, entfernteren Gebieten oder der technischen Reinigung des Wassers nach entstandenen Verunreinigungen. Der Staat bzw. die Stadt San Antonio spielt als Initiator und Koordinator die entscheidende Rolle, NGOs und andere Partner unterstützen den Prozess. Positiver Nebeneffekt des Programms ist der Schutz bedrohter Tier- und Pflanzenarten, deren Lebensraum durch einen sinkenden Wasserstand oder die Verschmutzung des Edwards Aquifer gefährdet wäre.

Edwards Aquifer Protection Program

Region (Fläche):
San Antonio, Bexar County, Texas, USA
(insg. 79.000 ha; aktuell ca. 45.000 ha geschützt)
Startjahr (Stadium):
2000 (laufend)
Ziel:
Bereitstellung von sauberem Trinkwasser
Nutzer:
Die Bevölkerung der Stadt San Antonio vertreten durch die Stadt über Einnahmen aus der lokalen Umsatzsteuer
Leistungserbringer:
Flächeneigentümer und Landwirte
(Weitere) Intermediäre:
Edwards Aquifer Authority, The Nature Conservancy, Green Spaces Alliance, Rechtsanwälte, Immobilienmakler und andere privatwirtschaftliche Partner
Budget:
2000-2005: 45 Mio. $
2005-2010: 90 Mio. $
2010-2015: 90 Mio. $
Ausgestaltung der Zahlung:
Maßnahmenorientiert, Höhe der Zahlung richtet sich nach Grundstückswert und Opportunitätskosten für abgetretene Nutzungsrechte
Ansprechpartner:
Grant Ellis (grant.ellis@sanantonio.gov)
www.sanantonio.gov/EdwardsAquifer.aspx

Pumlumon Project

Das PES wurde von einer regionalen Umweltschutzorganisation ins Leben gerufen und verfolgt neben ökologischen auch soziale Zielstellungen. Landwirte werden motiviert, ihre derzeitige Bewirtschaftung so zu verändern, dass Ökosystemleistungen bereitgestellt werden. Um eine Doppelförderung mit Agrarumweltprogrammen zu vermeiden, werden die Landwirte für den Erhalt von Infrastrukturmaßnahmen bezahlt, die durch die Organisation implementiert wurden.

Der Pumlumon ist ein Gebirgszug in Mittel-Wales, im Südwesten Großbritanniens. Wie der größte Teil des walisischen Berglandes hat sich auch der ökologische Zustand des Pumlumon-Gebietes aufgrund jahrzehntelanger intensiver Bewirtschaftung verschlechtert. Dazu hat vor allem die Schafhaltung beigetragen, über Jahrzehnte die wichtigste landwirtschaftliche Nutzung in Wales. Der großflächige Rückgang von Heideland- und Sumpfgebieten und das Aussterben von Tierarten wie dem schottischen Moorschneehuhn und der Kornweihe sind eine Folge davon. Als Sumpfgebiete trockengelegt und Bäume gefällt wurden, verschwand nicht nur die dort lebende Tier- und Pflanzenwelt, es kam auch zu einer verschlechterten Bodenqualität, zur Erosion und einem erhöhten Risiko für Sturzfluten und Überschwemmungen. Durch die Entwässerung des Hochlandes trocknet der Torfboden aus, wodurch Kohlenstoff in die Atmosphäre freigesetzt wird. Die Erosion der Böden beeinträchtigt die Wasserqualität, die jedoch für das Pumlumon-Gebiet von großer Wichtigkeit ist. Denn es ist das größte Wassereinzugsgebiet in Wales und Quellgebiet für fünf Flüsse, die 4 Millionen Menschen mit Wasser versorgen. Gleichzeitig haben die Schäfereien mit sinkenden Einkommen, steigenden Kraftstoffpreisen und einem Rückgang der europäischen Fördermittel zu kämpfen. Beide Seiten – die Umwelt und die Landwirte – brauchen also Hilfe.

Das Pumlumon Project wurde entwickelt, um die derzeitigen Formen der Landbewirtschaftung im Hochland zu verändern und eine gesunde und artenreiche Umwelt zu schaffen. Es ist Teil des Naturschutzprogramms „Living Landscape" der britischen „Wildlife Trusts" (http://www.wildlifetrusts.org/living-landscape), durch das nachhaltig lebenswerte Landschaften sowohl für Tiere und Pflanzen als auch den Menschen geschaffen werden sollen. Entsprechend versteht sich das Pumlumon Project nicht als reines Naturschutzprojekt: Es zielt darauf ab, die lokale Bevölkerung mit ihrer Umgebung wieder in Verbindung zu bringen, sie bekanntzumachen mit der „Natur vor ihrer Haustür" und dadurch neue Kompetenzen, Arbeitsplätze und eine sicherere, lebenswertere Zukunft in den örtlichen Gemeinden zu schaffen.

Der „Montgomeryshire Wildlife Trust", kurz MWT, ist einer von insgesamt sechs Wildlife Trusts in Wales, die sich unter dem Dach der „Wildlife Trusts Wales" zusammengeschlossen haben. Im Nahmen der Wildlife Trusts Wales entwickelte MWT das Pumlumon Project, weil man erkannt hatte, dass Landwirte nicht nur Nahrungsmittel liefern, sondern auch zur Verbesserung von Biodiversität beitragen und Ökosystemleistungen bereitstellen können, wie furchtbare Böden und Hochwasserschutz. Die

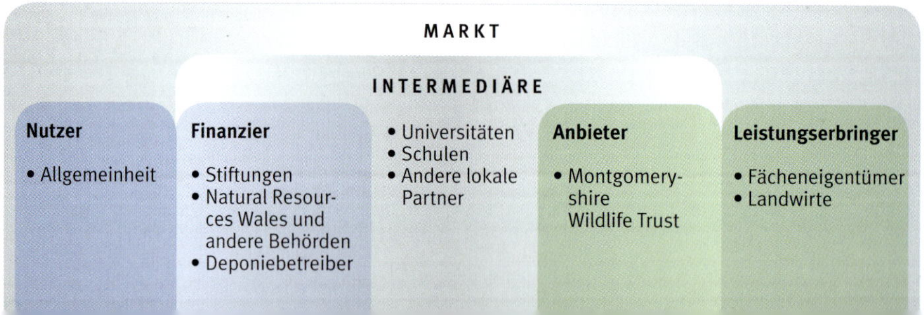

Organisation befragte alle Landwirte, ob sie Interesse hätten, an solch einem neuen Programm teilzunehmen. Mit den interessierten Landwirten begann das Team zusammenzuarbeiten, indem es ihnen half, ihre Landbewirtschaftung umzustellen und neue Produkte zu vermarkten. Nachdem diskutiert worden war, welche Möglichkeiten es gibt und mit welchen Flächen die Landwirte teilnehmen möchten, begann man mit sechs Pilotprojekten. Im Fokus standen dabei drei Vorgehensweisen zur Renaturierung beziehungsweise zur Veränderung der Nutzung:

- Das Verschließen von Entwässerungsgräben, um das Moor wiederzuvernässen und so die Emission von Kohlenstoff zu vermindern sowie langfristig die Fähigkeit zur Kohlenstofffixierung wiederherzustellen.
- Die Anpflanzung von Weiden, Birken und Ebereschen, um bewaldete Korridore zwischen den Lebensräumen der Hochebene und den Wäldern im Tiefland zu schaffen und langfristig das Hochwassermanagement zu verbessern.
- Die Veränderung der bisherigen Weidewirtschaft mit Schafen in eine extensive Rinderhaltung, was zu einer Verbesserung bestehender Lebensräume und damit zu mehr Biodiversität führen soll.

Die Vorhaben sind flächenspezifisch, die Verträge daher von Betrieb zu Betrieb verschieden. Sie bestehen aus zwei Elementen: Ein Teil betrifft die direkten Maßnahmen zur Veränderung der Landbewirtschaftung, ein zweiter die fortdauernde Bewirtschaftung über den gesamten Förderzeitraum. Aktuell beläuft sich dieser Zeitraum auf maximal fünf Jahre, soll zukünftig jedoch auf bis zu 30 Jahre erweitert werden.

Um dem Problem der Doppelfinanzierung zu entgehen – falls der Landwirt an Agrarumweltmaßnahmen teilnimmt oder künftig teilnehmen will – bezahlt der MWT den Landwirt nicht für die Umsetzung der Maßnahmen, sondern für den Erhalt der durch MWT neu geschaffenen Infrastruktur im Betrieb. Für deren Realisierung übernimmt der MTW alle Investitionen und Aufwendungen. Die Landwirte werden jährlich für die Bereitstellung der Ökosystemleistung honoriert, mit jeweils 50 Pfund pro Hektar. Dieser Wert orientiert sich an den Bewertungsmethoden der walisischen Regierung. Entscheidet sich also ein Flächeneigentümer, 10 Hektar Moorfläche auf seinem Land für die Wiedervernässung zur Verfügung zu stellen, verdient er 500 Pfund pro Jahr für die Bereitstellung seines Landes und den Erhalt der durch den MWT realisierten Wiedervernässungsmaßnahmen. Der MWT übernimmt das Verschließen der Entwässerungsgräben, bietet aber auch Weiterbildungen für Flächeneigentümer und Landwirte an, in denen sie diese Fertigkeiten selbst erlangen können. Wenn der Landwirt zudem einen Hektar Bäume pflanzen möchte, erhält er zusätzlich 50 Pfund pro Jahr für dieses Vorhaben. Während der Laufzeit des Vertrages inspizieren Projektverantwortliche einmal pro Jahr den Betrieb. Ein wissenschaftlich basiertes Monitoring der Auswirkungen auf Hydrologie und Lebensräume stellt sicher, dass jede Veränderung in der Bereitstellung der Ökosystemleistung quantifiziert werden kann.

Das Pumlumon Project wird unterstützt von den Umweltbehörden „Countryside Council for Wales“ und „Environment Agency“ sowie von der zuständigen Forstverwaltung, der „Forestry Commission Wales“. Alle drei Organisationen wurden mittlerweile zur „Natural Resource Wales“ zusammengelegt. Finanziert wird das PES von einer Reihe gemeinnütziger Stiftungen und mit Mitteln aus der Landfill Tax, einer Steuer auf Deponieabfälle. Über das „Landfill Tax Credit Scheme“ können Deponiebetreiber einem Teil ihrer Steuerpflicht nachkommen,

Pumlumon Project

Region (Fläche):
Wales, Großbritannien (ca. 40.000 ha)
Startjahr (Stadium):
2007 (laufend)
Ziel:
Bereitstellung von mehreren Ökosystemleistungen und Biodiversität
Nutzer:
Allgemeinheit vertreten durch gemeinnützige Stiftungen wie die Waterloo Foundation, nationale und regionale Behörden wie Natural Resources Wales und Deponiebetreiber (durch das Landfill Tax Credit Scheme)
Leistungserbringer:
Flächeneigentümer und Landwirte vertreten durch den Montgomeryshire Wildlife Trust im Namen der Wildlife Trusts Wales
(Weitere) Intermediäre:
Regionale Partner wie Universitäten und Schulen
Budget:
2008-2013: 625.000 £
Ausgestaltung der Zahlung:
Maßnahmenorientiert, Höhe orientiert sich an Zahlungshöhen der staatlichen Agrarumweltprogramme und dem verfügbarem Gesamtbudget
Koordination/Intermediär:
Montgomeryshire Wildlife Trust
Ansprechpartner:
Liz Lewis-Reddy
liz@montwt.co.uk
www.montwt.co.uk/pumlumon.html

indem sie Umweltschutzprojekte registrierter Organisationen finanzieren. Der MWT fungiert als Broker und übernimmt das Monitoring und die Evaluierungen innerhalb des Projektgebietes. Die Stiftung arbeitet partnerschaftlich mit den Landwirten und Landbesitzern zusammen und setzt sich direkt mit ihnen auseinander, wenn es um das Verhandeln von Plänen, Möglichkeiten und Verträgen geht. Die Palette der freiwilligen Vereinbarungen vergrößert sich stetig. Ein Schlüsselfaktor für den erfolgreichen Kontakt mit den Landwirten war die Einbeziehung einer ortsansässigen Landwirtin gleich zu Beginn des Projekts. Als direkte Verbindungsperson zu den Landwirten konnte sie dabei helfen, Barrieren und Zweifel unter den Landwirten abzubauen.

Die größte Herausforderung für das Pumlumon Project war, sowohl Landwirte als auch Umweltschützer von der Realisierbarkeit der auf Ökosystemleistungen basierenden Geschäftsmodelle zu überzeugen und aufzuzeigen, dass die Bereitstellung dieser Leistungen ein wichtiger Baustein zum Schutz der biologischen Vielfalt für die Zukunft ist. In den ersten fünf Jahren nach seinem Start wurde das PES mit 13 Landwirten auf insgesamt 500 Hektar erfolgreich eingeführt. Die Kosten für die Umsetzung der Infrastrukturmaßnahmen und für die Honorierung der Landwirte lagen zusammengenommen bei durchschnittlich 265 Pfund pro Hektar jährlich. Das hydrologische Monitoring zeigt, dass in einem der Gebiete durch die Absperrung der Gräben der Grundwasserspiegel um 5 cm angehoben wurde. Die Population der Moorschneehühner in diesem Gebiet waren die größten, die 2011 in Wales registriert wurden. Nun sind Firmen, Organisationen und Einzelpersonen eingeladen, dem WRT dabei zu helfen, innerhalb der nächsten zehn Jahre die anderen Flächen im Pumlumongebiet zu renaturieren.

Das Gebiet des Pumlumon Projects ist in etwa so groß wie die Stadt Birmingham. Hier liegen unter anderem die Quellen der Flüsse Severn, Wye und Rheidol (Pilotprojekte rot hervorgehoben).

Interview mit Clive Faulkner, Ökologe im Pumlumon-Project, Montgomeryshire Wildlife Trust

»Wir müssen die Landwirte dazu bringen, zu erkennen, dass sie für die Bereitstellung von Ökosystemleistungen bezahlt werden und nicht unbedingt dafür, dass sie nicht so viele Kühe oder Schafe halten.«

Wie ist es Ihnen anfangs gelungen, das Projekt voranzutreiben?

Traditionelle Agrarumweltprogramme schauen immer auf die entgangenen Gewinne. Unsere Herangehensweise war nun eher das Entwickeln neuer Produkte durch die Landwirtschaft. Wir wussten, dass wir den Landwirten finanzielle Anreize bieten mussten, für das was wir wollten, denn das war der einzig vernünftige Weg. Es geht immer um die wirtschaftliche Stabilität ihrer Familienunternehmen, außerdem haben sie oft eine starke Verbindung zu ihrem Land und zu der Geschichte ihres Betriebes. Sie wollen weitermachen und sie wünschen sich etwas, mit dem auch ihre Kinder noch etwas anfangen können. Daher war eines unserer wichtigsten Anliegen, einen Weg zu finden, die Landwirtschaft im Hochland ökonomisch und ökologisch tragbarer zu machen.

Warum ist das Programm für Landwirte wichtig?

Wir erkannten, dass es der einzige Weg ist, Menschen zum Umdenken zu bewegen. Wir erkannten, dass Ökonomie die Antwort ist. Unser zentrales Anliegen ist der Schutz der biologischen Vielfalt und der Tier- und Pflanzenwelt – was bisher nicht gelungen ist. Wir müssen diesen Ansatz umsetzen und uns in viel größerem Umfang damit befassen, um überhaupt eine Chance zu haben, den Artenschutz zu verbessern. Die meisten NGOs hier tun das nicht, weil es innerhalb der Agrarumweltprogramme in Wales und England (den „Higher Level Schemes“), diese Unterscheidung von Ökosystemleistungen noch nicht gibt. Bei einem Großteil dreht es sich nur um den Artenschutz, ohne anzuerkennen, dass es auch andere Aspekte der ökologischen Leistungen gibt, wie z. B. Wasser und Kohlenstoff. Diese neuen Güter bereitzustellen, kann tatsächlich von größerem Wert sein als die Herstellung traditioneller landwirtschaftlicher Produkte und dem Landwirt eine verbesserte ökonomische Stabilität bringen, denn durch die Preisschwankungen auf den traditionellen Märkten schwanken die Einkünfte der Landwirte von Jahr zu Jahr. Für Landwirte kann es wirtschaftlich sinnvoll sein, diese Güter wertzuschätzen, ihre Landbewirtschaftung zu verändern und ihr Land aus einer multifunktionaleren Perspektive heraus zu betrachten, wenn sie dafür anständig bezahlt werden. Dies erhöht teilweise die Akzeptanz des Programms.

Denken Sie, es gibt eine allgemeine Akzeptanz in der Region oder ein Verständnis für diesen Ansatz?

Teilweise! Wir besitzen in dieser Gegend sowieso Land. Daher hatten wir eine ziemlich starke Präsenz und das hat uns geholfen. Wir haben die örtlichen Landbesitzer kontaktiert, um herauszufinden, ob überhaupt jemand Lust hat, sich solche Projekte im größeren Maßstab anzusehen. Und es stellte sich heraus, dass dem so war. Wir hielten uns an einige wichtige Leute hier, die eher Wohlgesonnenen, die schon eine Verbindung zu uns hatten. Das hat tatsächlich funktioniert und zu einer Art Schneeball-Effekt geführt. Wissen Sie, wenn die Leute sehen, dass ihre Nachbarn anfangen, bei etwas mitzumachen, denken sie: Also gut, die werden dafür sogar bezahlt, dann wollen wir das auch.

Gibt es etwas, was Sie gern ändern würden?

Die Art, wie Subventionszahlungen für Agrarumweltmaßnahmen vergeben werden, denn das würde auch unsere Arbeit sehr erleichtern. Das ist natürlich eine Angelegenheit der EU, aber das ist der zentrale Punkt. Ich möchte weg von der Vorstellung, verlorene Gewinne ausgleichen zu müssen, hin zu einer echten Wertschätzung der Ökosystemleistungen. Und wir müssen die Landwirte dazu bringen, zu erkennen, dass sie für die Bereitstellung von Ökosystemleistungen bezahlt werden und nicht unbedingt dafür, dass sie nicht so viele Kühe oder Schafe halten. Unsere Zukunftsvision für die CAP ist, dass Landwirte einen direkten Anspruch darauf haben, für die Bereitstellung von Ökosystemleistungen bezahlt zu werden. Es würde vieles leichter machen, wenn die EU beginnen würde, die Privatindustrie dazu anzuhalten, Problemlösungen in der Bereitstellung von Ökosystemleistungen statt in technischen Anlagen zu suchen und wenn die EU den privaten Sektor dazu bringen könnte, die betriebswirtschaftliche Rentabilität dessen, was wir tun, zu erkennen. Und wenn Subventionszahlungen nicht nur Agrarumweltzahlungen wären, sondern eher eine formalisierte Kanalisierung von Geldern zurück zu Organisationen wie unserer oder direkt an Landwirte und alle, die die Arbeit machen. Ich möchte ein Umdenken: Weg davon, dass es ein vom Wildlife Trust finanziertes Projekt ist oder ein staatliches Agrarumweltprogramm, dahin, dass es wirklich Teil des wirtschaftlichen Systems wird. Das ist wirklich notwendig.

Wer sollte für die Finanzierung der neuen Güter verantwortlich sein, sprich die Ökosystemleistungen?

Es ist offensichtlich keine ideale Lösung, wenn wir die Landwirte bezahlen, denn das ist an sich nicht zukunftsfähig. Wir sind abhängig von finanziellen Zuschüssen. Und diese Fördermittel sind nicht unbedingt auf Zahlungen für Ökosystemleistungen ausgerichtet. Daher würden wir gerne den privaten Sektor einbinden, zum Beispiel Wasserversorger oder Versicherungsfirmen, die bei Überschwemmungen aufkommen. Das könnte einige Zeit dauern. Die Verbindung zu Menschen herzustellen, ist schwer genug, doch zur Wirtschaft ist das in mancherlei Hinsicht noch schwieriger. Das Beste, das wir tun können, ist, die Leistungen nachzuweisen und sie wissenschaftlich basiert zu überwachen. Es handelt sich hier um einen neu entstehenden Wirtschaftszweig – aber wenn jemand für Güter und Dienstleistungen bezahlen soll, muss man Fakten vorlegen können, die beweisen, dass das, was man getan hat, auch wirklich einen Einfluss auf das Gut oder die Dienstleistung hatte.

Könnten Sie bitte den Erfolg des Projekts in ökologischer und sozialer Hinsicht bewerten?

Wir haben in den letzten paar Jahren Hunderte Hektar Feuchtbiotop wiederhergestellt. Vor diesem Projekt haben wir in einem ähnlichen Zeitraum nur einen oder zwei Hektar renaturiert. Wir haben die Qualität des Lebensraums verbessert und wirklich die Populationen von Arten, zum Beispiel des Moorschneehuhns, erhöhen können. Ich glaube, in dieser Hinsicht haben wir wirklich etwas erreicht.

Die gesellschaftliche Frage ist eine andere. Wir haben hier eine geringe Bevölkerungsdichte in einem großen Landkreis: Wir haben 40.000 Hektar, aber darauf leben nur ungefähr 200 Menschen. Wir können also auf einen bedeutenden Anteil die-

ser Menschen Einfluss nehmen, indem wir die Einstellung derjenigen ändern, mit denen wir zusammengearbeitet haben und haben trotzdem nur einen minimalen Effekt in Bezug auf die gesellschaftlichen Auswirkungen. Das ist einer unserer nächsten Schritte.

Es ist kurios, dass wir viel mehr ökologische Wirkungen erzielen als gesellschaftliche – wenn man bedenkt, dass es beim Entstehen des Projekts um soziale Nachhaltigkeit ging. Aber wir mussten uns erst um die ökologische Seite kümmern, denn jetzt können wir sagen: „Schau mal, so funktioniert das, dafür ist es da, da ist was passiert und das ist nicht beängstigend, das ist machbar." Jetzt haben wir eine Geschichte, die wir den Leuten erzählen können und das macht einen Unterschied.

Freiwillige staatliche

Die folgenden Beispiele stellen staatlich finanzierte PES dar. Die Finanzierungsquellen sind dabei staatliche Agrarumwelt- oder Vertragsnaturschutzprogramme. Diese Programme entwickelten sich im Zusammenhang mit den großen Subventionsprogrammen im Bereich der Landwirtschaft.

Gemeinschaftlicher Wiesenvogelschutz, Deutschland

Das Programm zum Schutz von Wiesenbrütern wurde von einem regionalen Naturschutzverein initiiert und später vom Bundesland Schleswig-Holstein übernommen. Landwirte werden ergebnisorientiert honoriert, wenn sie ihre Bewirtschaftung so anpassen, dass Wiesenbrüter und ihr Nachwuchs nicht zu Schaden kommen. Eine entscheidende Rolle spielen ehrenamtliche Gebietsbetreuer, die eng mit den Landwirten kooperieren.

BIODIVERSITÄT

Florida Ranchlands Environmental Services Project (FRESP), USA

Das Pilotprojekt wurde von den Organisationen World Wildlife Fund und Resources For the Future sowie ortsansässigen Viehzüchtern angestoßen. Gefördert durch Bundes- und Landesmittel wurde ein PES für effektives Wassermanagement auf landwirtschaftlichen Flächen entwickelt und erprobt. Aufbauend auf der erfolgreichen Umsetzung in Modellbetrieben wurde 2011 ein staatliches PES-Programm eingeführt, das ergebnisorientierte Zahlungen umsetzt und die Auswahl der Teilnehmer über ein Ausschreibungsverfahren organisiert.

Ökosystemleistung WASSER

Niedersächsisches Kooperationsmodell Trinkwasserschutz, Deutschland

Im Rahmen des vom Bundesland Niedersachsen initiierten Programms bilden Wasserversorgungsunternehmen und Landwirte eigenverantwortliche Kooperationen, um die Qualität des Grundwassers sicherzustellen und zu verbessern. Gleichberechtigt vereinbaren sie entsprechende Ziele und Maßnahmen, die von den Landwirten im Trinkwassergewinnungsgebiet durchgeführt werden. Finanziert werden die Maßnahmen durch die von den Wasserversorgungsunternehmen zu zahlende Wasserentnahmegebühr.

Ökosystemleistung WASSER

Zahlungen

Performance-based Environmental Policies for Agriculture Initiative (PEPA), USA

PEPA wurde von der Umweltschutzorganisation Winrock International in Zusammenarbeit mit verschiedenen Universitäten initiiert. Ziel ist es, die Kosteneffizienz staatlicher Agrarumweltprogramme zu verbessern. Daher entwickelt und testet die Initiative verschiedene Ansätze für die ergebnisorientierte Honorierung. Diese Ansätze sollen die teilnehmenden Landwirte motivieren, die ökologischen Auswirkungen ihres Handelns stärker in die betrieblichen Entscheidungsprozesse einfließen zu lassen.

Naturschutzgerechte Bewirtschaftung von Grünland in der nordrhein-westfälischen Eifel, Deutschland

Seit Mitte der 1980er Jahre werden in der nordrhein-westfälischen Eifel Landwirte für die Pflege und extensive Bewirtschaftung von naturschutzfachlich wertvollen Flächen honoriert. Initiiert wurde das damals deutschlandweit erste Projekt zum Vertragsnaturschutz durch einen engagierten Hochschullehrer. Mittlerweile läuft es seit 30 Jahren, heute als staatliches Vertragsnaturschutzprogramm, koordiniert durch die Biologischen Stationen in Zusammenarbeit mit den Landschaftsbehörden der Landkreise.

Conservation Reserve Enhancement Program (CREP) in Vermont, USA

Ziel dieses staatlichen PES ist die Verringerung der Phosphoreinträge in Gewässer des Bundesstaates Vermont, darunter des bedeutenden Lake Champlain. Landwirte, die auf naturschutzrelevanten Flächen die Produktion einstellen und dort spezielle Schutz- und Pflegemaßnahmen umsetzen, erhalten attraktive Zahlungen. Neben Bundes-, Landes- und kommunalen Behörden sind auch Umweltschutzorganisationen involviert, die für die Akquise und persönliche Beratung der Landwirte zuständig sind.

Bei den folgenden Beispielen handelt es sich um staatlich finanzierte PES. Finanzierungsquellen sind staatliche Agrarumwelt- oder Vertragsnaturschutzprogramme. Diese Programme gibt es vom Ansatz her schon seit geraumer Zeit. Sie entwickelten sich im Zusammenhang mit den großen Subventionsprogrammen im Bereich der Landwirtschaft. In den letzten Jahren wurde ein Teil der Subventionen immer gezielter für Zahlungen eingesetzt, die wir heutzutage im Zusammenhang mit PES diskutieren. Bei unseren erfolgreichen Beispielen handelt es sich jedoch nur teilweise um erfolgreiche landesweite PES. Oft sind es regionale PES, die diese Programme nutzen. Bei den staatlichen Zahlungen erfolgt der Transfer Geld gegen Leistung auf beiden Seiten freiwillig. In dieser Hinsicht entsprechen sie also dem idealtypischen Prinzip eines PES. Als Nachfrager tritt jedoch der Staat auf, quasi als Stellvertreter für die gesellschaftliche Nachfrage.

Die zwei deutschen Beispiele „Naturschutzgerechte Bewirtschaftung von Grünland in der nordrhein-westfälischen Eifel“ und „Gemeinschaftlicher Wiesenvogelschutz“ widmen sich dem Schutz der Biodiversität und haben vor Jahren als kleine, teils privat finanzierte Projekte begonnen. Nach einem erfolgsversprechenden Start im Kleinen hat der Staat ihre Finanzierung übernommen und sie ausgebaut. Im Laufe der Zeit haben sie sich zu staatlichen PES mit Vorbildcharakter weiterentwickelt. Bei dem amerikanischen Beispiel „Florida Ranchlands Environmental Services Project“, kurz FRESP, handelt es sich um ein Pilotprojekt, auf dessen Erkenntnissen basierend ein staatliches Programm eingeführt wurde. Und die „Performance-based Environmental Policies for Agriculture Initiative“, kurz PEPA, aus den USA wurde explizit mit dem Ziel gestartet, durch das Testen neuer Ansätze die staatlichen Agrarumweltprogramme zu verbessern. Beide amerikanischen Beispiele widmen sich Ökosystemleistungen im Zusammenhang mit guter Wasserqualität und versammeln neben staatlichen auch einige wenige nicht-staatliche Finanziers. Deshalb streifen sie in unserem Typisierungsquadranten die Grenze zu den freiwilligen nicht-staatlichen Zahlungen. Ähnliches gilt für das „Niedersächsische Kooperationsmodell Trinkwasserschutz“: Im Rahmen des landesweiten Programms werden Maßnahmen zum Schutz der Trinkwasserqualität unterstützt, die zum großen Teil aus der von den Wasserversorgungsunternehmen entrichteten Wasserentnahmegebühr finanziert werden. Zu deren Abgabe sind die regionalen Unternehmen jedoch per Gesetz verpflichtet und die Einnahmen werden nicht ausschließlich in das PES investiert. Von daher ähnelt dieser Ansatz – im Gegensatz zum „Edwards Aquifer Protection Program“ – eher einem über Steuern finanzierten staatlichen Agrarumweltprogramm als den Beispielen des Typs „Freiwillige nicht-staatliche Zahlungen“. Das Beispiel zeigt darüber hinaus, dass der Staat hoheitlich die Nutznießer der Ökosystemleistung über Abgaben dazu verpflichten kann, für die Nutzung zu zahlen – und nicht, wie in unseren Beispielen des Typs „unfreiwillige verursacherfinanzierte Zahlungen“, die Verursacher von externen Effekten belastet. Und schließlich beschreiben wir das amerikanische Beispiel „Conservation Reserve Enhancement Program“, kurz CREP, in Vermont, das ebenfalls auf eine Verbesserung der Wasserqualität abzielt. Aufgrund seiner klaren Finanzstruktur entspricht es eindeutig dem Typ „Freiwillige staatliche Zahlungen“.

Naturschutzgerechte

Naturschutzgerechte Bewirtschaftung von Grünland in der nordrhein-westfälischen Eifel

Seit Mitte der 1980er Jahre werden in der nordrhein-westfälischen Eifel Landwirte für die Pflege und extensive Bewirtschaftung von naturschutzfachlich wertvollen Flächen honoriert. Initiiert wurde das damals deutschlandweit erste Projekt zum Vertragsnaturschutz durch einen engagierten Hochschullehrer. Mittlerweile läuft es seit 30 Jahren, heute als staatliches Vertragsnaturschutzprogramm, koordiniert durch die Biologischen Stationen in Zusammenarbeit mit den Landschaftsbehörden der Landkreise.

Jahrhundertelang verbreitete, traditionell extensive Nutzungsformen der Landwirtschaft haben in Deutschland zu einer großen biologischen Vielfalt auf Äckern und Grünland geführt. Mit zunehmender Technisierung und veränderten Landnutzungen ab den 1960er Jahren wurden immer mehr blüten- und artenreiche Wiesen und Weiden durch hochproduktive, artenarme Grasbestände ersetzt. Andere Grünlandflächen fielen brach, wurden in Äcker umgewandelt oder aufgeforstet. Doch blütenreiches Grünland ist nicht nur ein ästhetisch schöner und wichtiger Teil der Kulturlandschaft, es spielt auch und vor allem eine zentrale Rolle für die Erhaltung der Biodiversität in Mitteleuropa. Rund 30 Prozent der in Deutschland beheimateten Farn- und Blütenpflanzen sind auf Wiesen, Weiden, Magerrasen und Heiden angewiesen. Gleiches gilt für zahlreiche Tierarten, insbesondere Vögel, Kleinsäuger und Insekten. Heute gilt die biologische Vielfalt des Grünlandes vielerorts als stark gefährdet.

Im Kreis Euskirchen in der nordrhein-westfälischen Eifel erkannte der Geobotaniker Professor Wolfgang Schumacher bereits Mitte der 1970er Jahre, dass biologische Vielfalt und Blütenreichtum in der Kulturlandschaft nur durch eine extensive Bewirtschaftung der Bauern erhalten werden kann. Auf kleinen Flächen von zehn, zwanzig, manchmal fünfzig Hektar führte er zunächst eigene Versuche durch, die landwirtschaftliche Nutzung mit dem Erhalt der Biodiversität zu kombinieren. Von 1985 bis 1987 finanzierte dann das Land Nordrhein-Westfalen ein Pilotprojekt, in dessen Rahmen das Konzept auf größere Flächen übertragen wurde. Dabei wollten Schumacher und seine Kollegen von der Landesanstalt für Ökologie und der Landwirtschaftskammer vor allem erkunden, ob und inwieweit Landwirte die Biotoppflege naturschutzfachlich wertvoller und geschützter Flächen übernehmen können und welche Kosten dabei entstehen.

Zur Teilnahme an diesem bundesweit ersten Projekt zum sogenannten Vertragsnaturschutz konnten zunächst 40 Landwirte auf insgesamt 200 Hektar gewonnen werden; in den folgenden zwei Jahren bereits die doppelte Anzahl. Die Teilnehmer verpflichteten sich, Wiesen, Weiden, Magerrasen und Heiden nach Naturschutzkriterien zu bewirtschaften und den artenreichen Bestand zu erhalten oder wiederherzustellen. Diese Arbeiten wurden entsprechend honoriert. **Die konkrete Herausforderung bestand darin, die erforderlichen Arbeiten und Auflagen so zu definieren, dass sie aus naturschutzfachlicher Sicht zum Erfolg führten. Gleichzeitig sollten die Arbeiten für die Bauern auch wirtschaftlich interessant sein. Wichtig war den Initiatoren zudem, dass die breite Bevölkerung mit Hilfe einer guten Öffentlichkeitsarbeit über das Konzept und die erzielten Erfolge informiert wurde.**

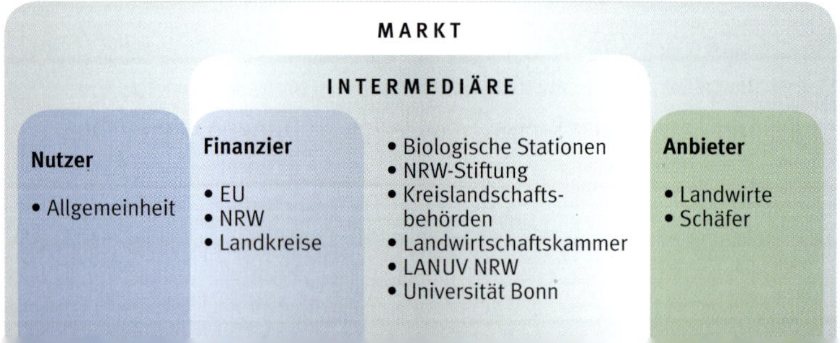

Grünlandbewirtschaftung

Zeitgleich zur Durchführung des Pilotprojektes wurden in Nordrhein-Westfalen landesweite Vertragsnaturschutzprogramme zum Schutz der Wiesen und Weiden im Flachland und im Mittelgebirge geschaffen. Dies schaffte 1988 günstige Voraussetzungen für die Ausweitung des Pilotprojektes auf ein Vertragsnaturschutz-Programm für die gesamte nordrhein-westfälische Eifel. Heute läuft es unter dem Namen „Programm zur naturschutzgerechten Bewirtschaftung von Grünland“ und wird finanziert von der Europäischen Union, dem Bundesland Nordrhein-Westfalen und den beteiligten Kreisen.

Landwirtschaftliche Haupt- und Nebenerwerbsbetriebe – in der Mehrzahl Milchviehbetriebe, aber auch Wanderschäfer – bewirtschaften die Flächen nach Maßgaben des Naturschutzes. Die Teilnehmer verzichten, je nach Biotoptyp, beispielsweise auf Dünge- und Pflanzenschutzmittel, verpflichten sich zu einer späteren Mahd oder zu einer geringeren Anzahl von Weidevieh auf den Flächen. Im Gegenzug erhalten sie 260 bis 390 Euro pro Hektar und Jahr. Das Geld bietet einen finanziellen Ausgleich für Ertragsausfälle, die mit der veränderten Bewirtschaftungsform einhergehen. Die exakte Höhe ist abhängig von den jeweiligen Pflegemaßnahmen. Ausgezahlt wird die Prämie am Ende des Bewirtschaftungsjahres. Außerdem können die Milchviehbetriebe das Heu der Vertragsnaturschutzflächen anstelle von Stroh für Jungtiere und Trockensteher nutzen oder als Strukturfutter in der Tagesration von Milchkühen.

Die Teilnahme am Programm ist für die Landwirte freiwillig. Die entsprechenden Verträge haben eine Laufzeit von fünf Jahren und werden regelmäßig verlängert. Bevorzugt ausgewählt werden Flächen in Naturschutz- und FFH-Gebieten sowie gesetzlich geschützte Biotope. Viele dieser Flächen sind Eigentum des Landes, der Kreise, Gemeinden, Stiftungen und Kirchen. Rund 600 Hektar sind beispielsweise im Besitz der 1986 von der Landesregierung zum Zweck des Naturschutzes sowie der Heimat- und Kulturpflege gegründeten Nordrhein-Westfalen-Stiftung. Ihre Flächen verpachtet die Stiftung zu günstigen Konditionen an die Landwirte (in der Regel für 50 Euro pro Hektar und Jahr) unter der Voraussetzung, dass diese naturschutzfachlich bewirtschaftet und optimiert werden. Bei (selten vorkommenden) Verstößen gegen die Auflagen des Vertragsnaturschutzes werden die Verträge aufgelöst bzw. die Pacht der Flächen nicht verlängert. In einzelnen Fällen bringen Landwirte auch ihre eigenen Flächen in das Programm ein. Dabei handelt es sich jedoch oft um schwierig zu bewirtschaftende Flächen, wie Hanglagen, feuchte, flachgründige oder geschützte Flächen.

Für das Einwerben der Flächen sind die Biologischen Stationen zuständig, die in den 1990er Jahren als gemeinnützige Vereine gegründet wurden. Die teils ehrenamtlichen Mitarbeiter der Biologischen Stationen sind nicht nur Ansprechpartner und Berater für die Landwirte, sie kontrollieren auch die Flächen und geben den Bauern ein Feedback zur Wirksamkeit ihrer Pflegemaßnahmen. Die wissenschaftliche Begleitung, Kontrolle und Evaluierung des Programms wurde zunächst von Wolfgang Schumacher und der Landwirtschaftlichen Fakultät der Universität Bonn durchgeführt. Seit 1993 jedoch ist auch dies Aufgabe der Biologischen Stationen.

Heute betreiben allein im Kreis Euskirchen fast 400 Betriebe auf rund 3.500 Hektar Fläche Vertragsnaturschutz und das zum Teil seit fast drei Jahrzehnten. Das jährliche Zuwendungsvolumen liegt in den drei genannten Kreisen bei rund 1,5 Millionen Euro. Der einzelne Landwirt kann in den Hügelland- und Berglandregionen der Eifel durch Flächenprämie und Vertragsnaturschutz Zahlungen in Höhe von insgesamt 600 bis 700 Euro pro

Naturschutzgerechte Bewirtschaftung von Grünland in der nordrhein-westfälischen Eifel

Region (Fläche):
Die Landkreise Euskirchen, Düren und Aachen in der Eifel, Nordrhein-Westfalen, Deutschland (aktuell ca. 5.000 ha geförderte Fläche)
Startjahr (Stadium):
1988 (laufend)
Ziel:
Schutz und Entwicklung von Biodiversität
Nutzer:
Allgemeinheit vertreten durch die Europäische Union (EU), das Bundesland Nordrhein-Westfalen (NRW) und die genannten Landkreise als Finanziers über ein Vertragsnaturschutzprogramms im Rahmen des Kulturlandschaftsprogramms Nordrhein-Westfalens
Leistungserbringer:
Landwirte, Schäfer
(Weitere) Intermediäre:
Biologische Stationen in Euskirchen, Düren und Aachen, Nordrhein-Westfalen-Stiftung Naturschutz, Heimat- und Kulturpflege (NRW-Stiftung), Landschaftsbehörden der Kreise, Landwirtschaftskammer, Landesamt für Natur-, Umwelt- und Verbraucherschutz (LANUV NRW) und Landwirtschaftliche Fakultät der Universität Bonn
Budget:
Aktuell ca. 1,5 Mio. Euro pro Jahr
Ausgestaltung der Zahlung:
Maßnahmenorientiert, Höhe richtet sich nach Opportunitäts- und Produktionskosten, hinzu kommt in vielen Fällen eine verminderte Pachtzahlung für die Flächen
Ansprechpartner:
Prof. Dr. em. Wolfgang Schumacher
dr.wolfgang.schumacher@web.de
Stefan Meisberger
s.meisberger@biostationeuskirchen.de
www.biostationeuskirchen.de
www.bs-aachen.de
www.biostation-dueren.de
www.nrw-stiftung.de

Hektar erhalten – das ist für viele Landwirte finanziell durchaus attraktiv.

Der naturschutzfachliche und ökologische Erfolg des Programms ist unbestritten: Die Populationen vieler seltener Pflanzenarten auf den extensiv bewirtschafteten Wiesen, Weiden und Magerrasen hat stark zugenommen. Arnika, Katzenpfötchen, Enziane, Schlüsselblumen, wilde Narzissen und viele Orchideen wachsen heute wieder in großer Zahl in der Region. Insgesamt hat die Biodiversität der Flächen deutlich zugenommen. Aber nicht nur in der nordrhein-westfälischen Eifel, sondern mittlerweile auch in anderen Regionen Nordrhein-Westfalens sowie anderen Bundesländern gilt der Vertragsnaturschutz heute als wichtiges Instrument, um die biologische Vielfalt der Kulturlandschaften zu erhalten.

Interview mit
Prof. Dr. em. Wolfgang Schumacher,
Initiator des Programms

»Die Bauern müssen das Gefühl haben, die Projektplaner und -akteure sind an uns interessiert, wissen aber auch, dass wir ökonomisch wirtschaften müssen und dass wir nicht alles so machen können, wie es aus Naturschutzsicht vielleicht wünschenswert wäre.«

Auf einer halbintensiven Weide blüht der Löwenzahn – im Frühjahr eine wichtige Bienenweide.

Sie haben den Vertragsnaturschutz in der nordrhein-westfälischen Eifel von Anfang an begleitet und vorangetrieben. Können Sie kurz beschreiben, was konkret Ihre Aufgaben beim Pilotprojekt waren?

Ich habe damals gemeinsam mit der Landwirtschaftskammer NRW, dem Rheinischen Landwirtschaftsverband sowie der Landesanstalt für Ökologie zunächst rund 40 Bauern ausgesucht, die bereit und in der Lage waren, die naturschutzfachlich wertvollen Flächen extensiv zu nutzen. Andere Landwirte haben dann in den Folgejahren ihr Interesse angemeldet. Die Landwirte wurden zunächst vor Ort in die Flächen und die Arbeiten eingewiesen. Im Rahmen des Pilotprojekts wurde dann die Machbarkeit überprüft, viele Maßnahmen fotografisch festgehalten und die ersten Ergebnisse dokumentiert, und zwar gemeinsam mit Mitarbeitern und Hilfskräften. Meine Aufgabe bestand darin, die Landwirte zu motivieren, und zu überprüfen, ob und in welchen Umfang die Maßnahmen naturschutzkonform durchgeführt werden können oder ob sie modifiziert bzw. differenziert werden müssen. Da ich eine Reihe der teilnehmenden Landwirte bereits aus früheren Projekten kannte, war von Anfang an eine gute Vertrauensbasis gegeben. Ziel war es, Naturschutz auf hohem Niveau umzusetzen, aber dabei die Landwirte mit ihren Betrieben als Partner zu sehen. Das waren zugleich auch günstige Voraussetzungen, um neue Landwirte für das Projekt zu gewinnen.

Was waren oder sind denn typische Konflikte, die Sie bei der Konzeption des Programms und seiner Einführung beachten mussten?

Richtige Konflikte hat es hier eigentlich nicht gegeben, vielleicht weil in dieser Region das Verhältnis zwischen Naturschutz und Landwirtschaft deutlich besser war als in anderen Kreisen. Im Gegenteil: Durch das Projekt konnte das Image der Landwirtschaft verbessert werden. Es ist natürlich auch so, dass alternative Nutzungen im Hügelland und den Berglandregionen nur in geringem Umfang gegeben sind und daher Konflikte wie in Maisanbauregionen oder Bördelandschaften kaum eine Rolle spielen. Da die Flächen entweder unter Schutz stehen und/oder in öffentlichem Besitz sind, kommen sie auch für konkurrierende Nutzungen durch Biogasanlagen nicht in Betracht. Das ist sehr wichtig, denn es wäre für Natur und Umwelt ausgesprochen schlecht, wenn nach Jahrzehnten des Naturschutzes mit hoher Effizienz von heute auf morgen wieder Schluss wäre. Das hat es meines Wissens bisher auf keiner bedeutenden Fläche in der Region gegeben. Wir haben die günstige Ausgangssituation, dass viele größere Milchviehbetriebe in der Eifel seit langer Zeit beim Vertragsnaturschutz mitmachen und diese dringend die überwiegend öffentlichen Flächen benötigen. Heute ist es natürlich schwieriger, an neue Flächen zu kommen, weil der Konkurrenzdruck, vor allem durch die Biogasanlagen sehr stark ist.

Die entscheidende Frage war damals und ist es auch heute: Kann ein erfolgreicher Milchviehbetrieb das Heu von den Vertragsnaturschutzflächen sinnvoll verwerten? Wir wissen seit langem, dass dies problemlos für Jungtiere oder Trockensteher möglich ist. Hochleistungstiere brauchen in der Futterration in jedem Fall ausreichend Strukturmaterial. Dafür wird meistens Stroh verwendet, das unter Umständen zugekauft werden muss. Das Vertragsnaturschutz-Heu ist jedoch allemal besser als Stroh und wird von Betrieben mit Milchleistungen von 9.000 bis 10.500 Litern pro Kuh und Jahr seit langem erfolgreich eingesetzt.

Ein Meer aus duftenden Schlüsselblumen auf gemähtem Kalkmagerrasen.

Vorausgesetzt, Sie würden über die Entwicklung eines neuen Programms nachdenken, würden Sie dann etwas anders machen?

Ich glaube, ich würde es vom Grundsatz her ähnlich machen. Allerdings könnte die Einbeziehung weiterer Akteure sicher noch früher und effizienter gestaltet werden. Ich habe damals gemeint, es reicht, zunächst die einzelnen Bauern anzusprechen. Aber parallel dazu sollte man auch die Landwirtschaftsverbände, die Naturschutzverbände und die Gemeinden vor Ort mit einbeziehen.

Was hat Ihrer Meinung nach zu dem Erfolg des Projekts geführt?

Vielleicht sind es drei wichtige Aspekte.

Erstens, die persönliche Ansprache: Die Bauern müssen das Gefühl haben, die Projektplaner und -akteure sind an uns interessiert, wissen aber auch, dass wir ökonomisch wirtschaften müssen und dass wir nicht alles so machen können, wie es aus Naturschutzsicht vielleicht wünschenswert wäre. Das habe ich übrigens auch immer den Studenten nahegebracht: Man muss versuchen, sich in die Denkweise der Landwirte hineinzuversetzen und ihre betrieblichen Herausforderungen zu sehen statt leichtfertig und oberlehrerhaft wie manche Naturschützer vorzugehen.

Zweitens: Es ist ganz wichtig, dass man neben dem ökologischen auch den ökonomischen Aspekt berücksichtigt. Es muss für die Landwirte finanziell attraktiv sein, sich am Vertragsnaturschutz zu beteiligen, zugleich muss dieser aber auch in die Betriebsstruktur passen.

Drittens: Es muss eine öffentliche Anerkennung damit verbunden sein. Die Bauern sollten wissen, dass die Erhaltung der biologischen Vielfalt durch ihre Arbeit von Bedeutung für die Gesellschaft ist. Das heißt, es muss eine entsprechende Öffentlichkeitsarbeit stattfinden. Das damit einhergehende positive Image ist für viele Bauern heutzutage nicht ganz unwichtig.

Auf langjährig ungedüngten Goldhaferwiesen wachsen viele Arten, z. B. Wald-Storchschnabel, Frauenmantel und Scharfer Hahnenfuß.

Gemeinschaftlicher

Das Programm zum Schutz von Wiesenbrütern wurde von einem regionalen Naturschutzverein initiiert und später vom Bundesland Schleswig-Holstein übernommen. Landwirte werden ergebnisorientiert honoriert, wenn sie ihre Bewirtschaftung so anpassen, dass Wiesenbrüter und ihr Nachwuchs nicht zu Schaden kommen. Eine entscheidende Rolle spielen ehrenamtliche Gebietsbetreuer, die eng mit den Landwirten kooperieren.

Die Flusslandschaft Eider-Treene-Sorge ist ein weitgehend unzerschnittenes, feuchtes Niederungsgebiet im Norden Deutschlands. Ein großer Teil der Flächen ist unter der Natura 2000-Kulisse als Vogelschutzgebiet ausgewiesen. Aufgrund der feuchten Bodenverhältnisse gibt es kaum ackerfähige Standorte, der Anteil des Grünlandes ist sehr hoch. Die hier ansässigen Landwirte – in der Mehrheit kleinere und mittlere Familienbetriebe – betreiben hauptsächlich Milchviehwirtschaft.

In den 1990er Jahren etablierte sich hier auf dem privaten Grünland eine stabile Kolonie von Wiesenbrütern, eine hoch bedrohte, für die Region typische Vogelgilde. Zu deren Schutz initiierte 1997 der Naturschutzverein Meggerdorf, geleitet durch die Landwirtin Dagmar Bennewitz, Kooperationen mit Landwirten. Das Ziel: Die Bewirtschaftung der Flächen sollte so angepasst werden, dass die Vögel auf den Flächen brüten können, Gelege und Jungvögel nicht zu Schaden kommen. Der zusätzliche Aufwand der – zunächst zwei – teilnehmenden Landwirte wurde über Spenden von lokalen Betrieben und Banken honoriert.

Zwei Jahre nach der erfolgreichen Initiierung beschloss das Land Schleswig-Holstein, die Finanzierung des Projektes „Gemeinschaftlicher Wiesenvogelschutz“ als neue Variante des Vertragsnaturschutzes zu übernehmen. Seit 2007 koordiniert der Verein Kuno e.V. („Kulturlandschaft nachhaltig organisieren“) das ergebnisorientierte, regionale Programm. Kuno e.V. ist eine sogenannte Lokale Aktion – vergleichbar mit einem Landschaftspflegeverband – verantwortlich unter anderem für die Managementplanung im Vogelschutzgebiet. Die Landesregierung und die EU fördern zu zwei Dritteln die hauptamtliche Geschäftsführung des Vereins. Diese ist im Rahmen des Wiesenvogelschutzprogramms verantwortlich für die Organisation und Koordination. Hier laufen alle Fäden zusammen, werden Gelder beantragt, Anliegen und Fragen geklärt.

Maßgeblich gestützt wird das Projekt zudem durch eine Vielzahl ehrenamtlicher Gebietsbetreuer, die eine entscheidende Rolle am Projekt spielen: Sie halten Ausschau nach Gelegen der Wiesenbrüter, sprechen die Landwirte auf Möglichkeiten der Teilnahme am Projekt an. Sie erarbeiten gemeinsam mit den Landwirten die Bewirtschaftungsauflagen und überprüfen deren Einhaltung. Die erforderliche Qualifikation der Gebietsbetreuer ist hoch: Sie müssen die Vögel identifizieren, ihre Gelege ausmachen, mit landwirtschaftlichen Abläufen gut vertraut sein und über ausgezeichnete kommunikative Fähigkeiten verfügen. Entsprechend groß ist die Herausforderung, geeignete Ehrenamtliche zu gewinnen. Angesprochen werden ehemalige Landwirte und Jäger aus den entsprechenden Gebieten. Machen sie mit, werden sie von Kuno e.V. eingearbeitet und erhalten für ihre Tätigkeit eine geringe Aufwandsentschädigung.

Teilnehmen am Projekt Gemeinschaftlicher Wiesenvogelschutz können faktisch alle Landwirte, auf deren Grünland-Flächen inner-

halb und außerhalb des Vogelschutzgebietes Wiesenvogelbruten zu finden sind. Die Gelege werden markiert, um sie beim Walzen, Schleppen oder der Mahd umfahren zu können. Alle Absprachen zur Teilnahme und den Bewirtschaftungsauflagen erfolgen mündlich und im direkten Gespräch mit den Landwirten. Zu den Maßnahmen gehören das Umfahren der Gelege bei der Frühjahrsbewirtschaftung, das Auszäunen von Gelegen auf Weiden, das Verschieben der Mahd für einzelne Teilstücke oder ganze Flächen. Die Honorierungshöhe wird aus der Anzahl intakter Gelege pro Hektar der beteiligten Fläche ermittelt, dem Landwirt mitgeteilt und in einem Erhebungsbogen dokumentiert. Die Landwirte erhalten 150 Euro für Einzelgelege bzw. 350 Euro für zwei und mehr Gelege pro Hektar. Ist eine Mahdeinschränkung notwendig, so wird auch bei Einzelgelegen 350 Euro pro Hektar gezahlt, da der Arbeitsaufwand und der wirtschaftliche Verlust höher sind als bei anderen Auflagen. Im Fall zerstörter Gelege durch „höhere Gewalt" – bspw. wenn Füchse oder andere Raubsäuger vor dem Schlupf die Gelege ausräumen – wird die Zahlung trotzdem gewährt.

Die Beantragung der Gelder beim Land und ihre Auszahlung an die Landwirte wird von Kuno e.V. übernommen und erfolgt jährlich neu, basierend auf den Vorjahreszahlen. Auch die Landwirte entscheiden sich jedes Jahr aufs Neue, ob sie an dem Programm teilnehmen möchten, und gehen keine längerfristigen Verpflichtungen ein. Mit Hilfe einer wissenschaftlichen Begleituntersuchung durch das Michael-Otto-Institut im NABU (http://bergenhusen.nabu.de/institut/) wird anhand des Bruterfolges kontinuierlich die Effizienz des Artenschutzprogramms kontrolliert.

Heute ist das Projekt in der Region gut etabliert und wird nach Einschätzung von Kuno e.V. von der Öffentlichkeit als sehr positiv angesehen. Auch wenn teilweise noch Berührungsängste bestehen, nimmt die Mehrheit der angesprochenen Landwirte am Projekt teil. Jedes Jahr kommen ein oder zwei Teilgebiete neu hinzu. 2013 nahmen 88 Landwirte am Projekt teil und schränkten zum Schutz von insgesamt 417 Wiesenvogelgelegen die Bewirtschaftung der betroffenen Flächen ein, insgesamt 310 Hektar. Absichtliche Vertragsverletzungen sind bisher nicht aufgetreten. Allerdings wächst auch hier, durch die Konkurrenz zum Maisanbau für Biogasanlagen und entsprechend hohe Landpreise und Pachten, der Druck auf die Grünlandflächen.

Neben der transparenten, ergebnisorientierten Honorierung individuell abgesprochener Maßnahmen und der kurzfristigen, flexiblen Bindung der Landwirte, ist die starke Verankerung des Projekts in der Region bemerkenswert. Aufgrund des Engagements ehrenamtlicher, regional ansässiger Gebietsbetreuer und der persönlichen, direkten Ansprache potenzieller Teilnehmer entsteht eine große Nähe zu den Landwirten. Durch die Teilnahme am Gemeinschaftlichen Wiesenvogelschutz werden Berührungsängste mit dem Naturschutz überwunden und in einigen Fällen erwächst daraus die Bereitschaft zum Einstieg in den handlungsorientierten Vertragsnaturschutz.

Inzwischen breitet sich das Programm auch in andere Regionen Schleswig-Holsteins aus, in denen Wiesenvogelvorkommen vorliegen: Praktiziert wird es aktuell auch auf Föhr, auf Pellworm, in der Haaler Au-Niederung, in der Oberalster-Niederung und in der Miele-Niederung. Auch in diesen Fällen sind zivilgesellschaftliche Akteure involviert; die Koordination erfolgt durch das Michael-Otto-Institut im NABU.

Gemeinschaftlicher Wiesenvogelschutz

Region (Fläche):
Flusslandschaft Eider-Treene-Sorge, Schleswig-Holstein, Deutschland (ca. 7.000 ha betreute Fläche)
Startjahr (Stadium):
2007; Vorläufer von 1997 bis 2007 (laufend)
Ziel:
Schutz und Entwicklung von Biodiversität
Nutzer:
Allgemeinheit vertreten durch das Bundesland Schleswig-Holstein als Finanzier über eine Sondervariante des Vertragsnaturschutzes
Leistungserbringer:
Landwirte
(Weitere) Intermediäre:
Der lokale Verein „Kulturlandschaft nachhaltig organisieren", kurz Kuno e.V., eine Lokale Aktion; ehrenamtliche Gebietsbetreuer; Michael-Otto-Institut im NABU
Budget:
Aktuell ca. 90.000 Euro pro Jahr für die Honorierung der Landwirte (jährliche Neuberechnung)
Ausgestaltung der Zahlung:
Ergebnisorientiert, Höhe richtet sich nach Opportunitäts- und Produktionskosten
Ansprechpartner:
Martina Bode
kuno.bode@t-online.de
www.kunoev.de

Interview mit Martina Bode, Geschäftsführerin von KUNO e.V.

»Es ist wichtig, Naturschutz für Landwirte attraktiv zu machen. Deshalb müssen die Einschränkungen für die Landwirte machbar und die Honorierungen angemessen sein.«

Was sind die konkreten Herausforderungen und Probleme bei der Umsetzung des Projekts?

Eine Herausforderung besteht darin, ehrenamtliche Gebietsbetreuer zu finden. Es ist von KUNO nicht zu leisten, die gesamte Gebietskulisse abzudecken. Außerdem kommen immer mehr Bereiche dazu. Aus dem Grund haben wir in jedem Teilgebiet – zwischen 200 und auch 600 Hektar groß – ehrenamtliche Gebietsbetreuer vor Ort. Mit ihnen steht und fällt das ganze Projekt. Im Idealfall stammen die Personen aus dem entsprechenden Gebiet und verfügen bereits über Kontakte zu Landwirten. Gleichzeitig müssen sie bereit sein, während der Brutsaison von Mitte März bis Mitte Juni viel Zeit zur Verfügung zu stellen und auch schon gewisse Kenntnisse über Wiesenvögel haben. Solche Personen, die über die entsprechenden Qualifikationen und Zeit verfügen, sind nicht leicht zu finden. Wir sprechen ehemalige Landwirte oder auch Jäger an und schulen sie. Das heißt, wir sind in der ersten Saison für sie Ansprechpartner und machen die Begehung oder das Befahren des Gebietes gemeinsam. Als Honorierung erhalten die Betreuer eine Aufwandsentschädigung.

Eine weitere Schwierigkeit besteht in der Flächenverknappung und den dadurch gestiegenen Nutzungsdruck im Grünland im Zuge des vermehrten Maisanbaus zur Biogasgewinnung. Die daraus resultierenden hohen Pachtpreise können von den Grünlandbauern häufig nicht gezahlt werden und ihnen stehen weniger Flächen zur Verfügung. Der Druck, die verbleibenden Grünlandflächen intensiver zu bewirtschaften, wächst durch diese Flächenkonkurrenz. Damit wird es für Landwirte immer schwieriger, Bewirtschaftungseinschränkungen bei der Mahd,

Die Eier des Kiebitz galten lange Zeit als Delikatesse. Heute ist das Sammeln in der gesamten EU verboten.

vor allem beim ersten Schnitt, hinzunehmen, da es sich um das besonders energiereiche Futter für die Milchkühe handelt. Bei einer Mahdeinschränkung ist inzwischen die Entschädigung nicht immer ausreichend, um den Verlust und den Aufwand für den Landwirt voll zu kompensieren. Eine höhere Zahlung kann aber seitens des Landes zur Zeit nicht gewährt werden. Dies führt dazu, dass die Attraktivität des Programms im Falle von Mahdeinschränkungen leidet und auch eine Portion „guter Wille“ und Enthusiasmus seitens des Landwirtes erforderlich ist, um mitzumachen.

Es ist wichtig, Naturschutz für Landwirte attraktiv zu machen. Deshalb müssen die Einschränkungen für die Landwirte machbar und die Honorierungen angemessen sein. Die Rahmenbedingungen bzw. die Situation der Landwirtschaft ist momentan nicht günstig, die Pachtpreise gehen enorm in die Höhe, die Milchpreise schwanken und viele landwirtschaftliche Betriebe sind gezwungen, aufzugeben, weil sie nicht mehr konkurrenzfähig sind. Daher versucht KUNO, den Naturschutz als ein zusätzliches finanzielles Standbein für Landwirte zu entwickeln. Das beginnt mit dem Gemeinschaftlichen Wiesenvogelschutz, der je nach Betrieb und Flächen mal mehr, mal weniger ausmacht, geht dann weiter über einzelflächenbezogene Vertragsnaturschutzprogramme und kann bis zu unserem neu entwickelten, in Erprobung befindlichen Vertragsnaturschutzmuster gehen, das wir den Landwirten nahelegen. Es ist gesamtbetrieblich ausgerichtet, d. h., alle Dauergrünlandflächen eines Betriebes gehen ein, was eine wesentlich größere, über mindestens 5 Jahre gesicherte finanzielle Einnahme für einen Betrieb bedeutet. So findet der Eine oder Andere über den Gemeinschaftlichen Wiesenvogelschutz den Weg zum Naturschutz als einer Alternative zum „Wachsen oder Weichen“.

Wann oder wo treten Konflikte mit den Teilnehmern auf?

Konflikte treten dann auf, wenn die mündlichen Absprachen mit den Landwirten nicht sauber durchgeführt wurden oder es zu Missverständnissen gekommen ist. Um dem entgegenzusteuern, bespricht jeder Gebietsbetreuer vor der Auszahlung noch einmal die Honorierung mit den Landwirten. Außerdem erhalten alle Landwirte eine schriftliche Aufstellung über die beteiligten Flächen, die gefundenen Wiesenvogelreviere und -familien, die Art der Bewirtschaftungseinschränkungen und die daraus resultierende Vergütung.

Was macht das Projekt so erfolgreich?

Der wesentliche Faktor ist die persönliche Ansprache des Landwirtes. Man kommuniziert nicht per Telefon, sondern trifft sich draußen im Gelände, steht sich gegenüber und spricht miteinander mögliche Bewirtschaftungseinschränkungen ab. Hier wirkt sich auch positiv aus, dass die Gebietsbetreuer häufig selbst aus der Region kommen und Praxisbezug haben. Es sind Leute, die die Landwirte manchmal schon seit Jahren kennen, es bestehen keine Berührungsängste. Das erleichtert das Mitmachen erheblich. Eine zentrale Betreuung aus großer Entfernung, zum Beispiel aus der Landeshauptstadt, wäre wesentlich anonymer und dadurch weniger effektiv.

Die hohe Flexibilität des Programms wird ebenfalls sehr positiv gesehen. Der Landwirt muss sich nicht mit einem Vertrag über mehrere Jahre binden, sondern nur für die laufende Saison und die entsprechende Fläche, die besiedelt ist. Er kann sich sozusagen vorsichtig an den Naturschutz herantasten.

Ein weiterer Faktor ist die besondere Situation der Landwirte hier in der Region: Sie mussten schon immer in von der Natur gegebenen engen Grenzen arbeiten, da es sich um Betriebe in

Im Februar und März halten sich bis zu 4.000 Zwergschwäne in der Niederung auf. Das entspricht einem Viertel der weltweiten Population.

einer nassen Flussniederung mit schwierigen Bewirtschaftungsbedingungen handelt. Viele haben auch schon vor dem Projekt Gemeinschaftlicher Wiesenvogelschutz auf die Gelege und Küken Rücksicht genommen. Außerdem handelt es sich mehrheitlich um kleine und mittlere Familienbetriebe, in denen die Struktur und Art zu arbeiten, eine Bewirtschaftungseinschränkung eher möglich machen als bei einem Großbetrieb. Diese Familienbetriebe sind es, die sich dem Gemeinschaftlichen Wiesenvogelschutz zuwenden, neben einzelnen Großen. Vor allem die kleineren mittelständischen Familienbetriebe tragen das Projekt.

Verbinden Sie mit dem Projekt besonders schöne oder unangenehme Erfahrungen?

Die unangenehmste Erfahrung ist, wenn die Absprachen, die man mit den Landwirten getroffen hat, dadurch hinfällig werden, dass Gelegeverluste durch Prädation auftreten. Man hat viel Zeit und Energie in die Suche der Gelege investiert und mit dem Landwirt Absprachen getroffen, und dann, bevor es zum Schlupf kommt, werden manche Gelege durch Füchse oder andere Raubsäuger ausgeräumt. Das ist sehr frustrierend. Glücklicherweise gibt es aber immer noch genügend Gelege, die dank der Schutzbemühungen schlüpfen und zum Bruterfolg der Wiesenvögel beitragen. Das bedeutet für uns, die anderen Gebietsbetreuer und die beteiligten Landwirte ein großartiges Erfolgserlebnis, das nur durch die gemeinsame Arbeit erreicht werden konnte. Besonders belohnt werden wir, wenn wir nach den Absprachen Wiesenvogelfamilien im Gebiet beobachten können und so konkret erleben, dass unsere Arbeit Erfolg hatte.

Kiebitze brüten auf offenem, flachem, feuchtem Grünland, oft in Gesellschaft mit Uferschnepfen und anderen Wiesenvögeln.

FRESP

Das Pilotprojekt wurde von den Organisationen World Wildlife Fund und Resources For the Future sowie ortsansässigen Viehzüchtern angestoßen. Gefördert durch Bundes- und Landesmittel wurde ein PES für effektives Wassermanagement auf landwirtschaftlichen Flächen entwickelt und erprobt. Aufbauend auf der erfolgreichen Umsetzung in Modellbetrieben wurde 2011 ein staatliches PES-Programm eingeführt, das ergebnisorientierte Zahlungen umsetzt und die Auswahl der Teilnehmer über ein Ausschreibungsverfahren organisiert.

Ökosystemleistung WASSER

Im äußersten Südosten der USA erstreckt sich mit den Everglades ein riesiges, subtropisches Feuchtgebiet. Es reicht von Orlando im Norden bis zur Florida Bay im Süden und schließt den Kissimmee River und den Lake Okeechobee ein, einst das „flüssige Herz“ des Everglades-Ökosystems, sowie die im Osten und Westen angrenzenden Ästuare. In den 1940er Jahren begannen staatliche Stellen und private Grundbesitzer mit der Umgestaltung der Everglades. Um die Besiedlung und landwirtschaftliche Produktion zu ermöglichen, entwässerten sie die Region stark. Ursprüngliche Wasserzuflüsse wurden abgeschnitten, Flächen zerstückelt, künstliche Kanäle und Pumpsysteme angelegt. Dies führte zu drastischen Veränderungen des Wasserhaushalts und der Wasserströme sowie zu großen Problemen mit der Qualität von Oberflächen- und Grundwasser. Vor allem die nördlich und südlich des Lake Okeechobee intensiv betriebene Landwirtschaft sorgt für hohe Nährstoffeinträge in stromabwärts gelegene Flüsse, Seen und Feuchtgebiete. In Zeiten starker Niederschläge wird nährstoffreiches Süßwasser über das künstliche Schleusensystem zügig in die Küstengewässer gespült. Die erhöhten Süßwassereinspeisungen beeinflussen den Salzgehalt und die Wasserqualität in den Ästuaren, was zu Umweltschäden führt und sich unter anderem negativ auf Seegras und Austerpopulationen auswirkt. Gleichzeitig geht dem Ökosystem der Everglades das Frischwasser verloren; hierher gelangt nur noch ein Bruchteil des benötigten Wassers, von dem wiederum ein großer Teil stark mit Nährstoffen belastet ist, insbesondere mit Phosphor und Stickstoff. Dies führt zum Verlust von Lebensräumen für gefährdete Pflanzen- und Tierarten.

Vorherrschende Form der Landnutzung in den Northern Everglades ist die Viehhaltung. Nördlich des Lake Okeechobee sind es vor allem Rinderzuchtbetriebe auf 500 bis 5.000 Hektar, in einigen Fällen sogar auf mehr als 100.000 Hektar. Diese großen landwirtschaftlichen Flächen bieten Lebensraum für viele Wildtiere und -pflanzen, darunter auch bundesweit gefährdete Arten, sie dienen als wichtige Wildtierkorridore und sind wichtig für die Wasserneubildung und -speicherung. Allerdings erzeugen niedrige Verdienstspannen immer stärkeren Druck auf die Landbesitzer, ihre Flächen für eine intensivere landwirtschaftliche Produktion zu nutzen oder für Immobilienprojekte zu verkaufen.

Um die ernsthaften Probleme bezüglich des Wasserhaushalts und der Wasserqualität anzugehen, gründeten die Umweltschutzorganisation „World Wildlife Fund“, kurz WWF, und sechs Viehzüchter 2004 eine Ad-hoc-Gruppe. Diese wollte

Lösungswege entwickeln und prüfen, mit denen sowohl die Ökosystemleistungen der eher extensiven Viehhaltung für die Region hervorgehoben als auch deren Wirtschaftlichkeit erhöht werden sollten. Konkret hinterfragt wurde, ob und wie die Landwirte im Rahmen eines PES mit der Bereitstellung von Ökosystemleistungen Geld verdienen können. Vor diesem Hintergrund untersuchte die Gruppe, inwieweit die Viehzüchter kosteneffizient Wasser und Phosphor auf ihren Flächen zurückhalten könnten und verglich dies mit anderen technischen Optionen zur Bewältigung der bestehenden Probleme. Die Untersuchungen zeigten ein bedeutendes Potenzial solch eines Wassermanagements auf den landwirtschaftlichen Flächen. Gleichzeitig wurden die zentralen Herausforderungen für die Konzeption und Umsetzung eines entsprechenden PES offenbar: (i) Definition der zu honorierenden Ökosystemleistung, (ii) Entwicklung von Methoden, die dokumentieren, dass die Ökosystemleistung tatsächlich erbracht wird und (iii) Festlegung, in welcher Form und Höhe die Honorierung erfolgen soll. Gleichzeitig mussten beim Design des PES verschiedene Überschneidungen mit bestehenden staatlichen Programmen berücksichtigt werden.

Um diese Herausforderungen erfolgreich zu meistern, nahmen die Viehzüchter und der WWF, Wissenschaftler verschiedener Forschungseinrichtungen sowie Behörden auf der Staats- wie auch der Landesebene die Zusammenarbeit auf. Letztere traten als diejenigen auf, die für die Bereitstellung der Dienstleistung zahlen wollten. Im Jahr 2005 unterzeichneten alle Akteure eine Absichtserklärung zur gemeinsamen Erarbeitung eines PES-Programms und zum Start des „Florida Ranchlands Environmental Services Project“, kurz FRESP. **Ein wichtiges Ziel war die Schaffung eines ergebnisorientierten PES. Entsprechend sollten die Leistungen transparent und unter den realen Bedingungen der Landwirtschaftsbetriebe messbar sein. Diese Forderung führte zur Identifikation von zwei Ökosystemleistungen, die auf den Flächen der Betriebe erbracht und nachgewiesen werden können: Erstens die Speicherung von Wasser, indem Regenwasser durch die Maximierung der Versickerung zurückgehalten wird und zweitens der Entzug von Nährstoffen aus dem Wasser, insbesondere Phosphor. Dazu wird das Wasser von öffentlichen Kanälen oder Flüssen, die an das Betriebsgelände anschließen, auf ungenutzte oder beweidete Flächen des Betriebs umgeleitet, dort gespeichert und langsam abgegeben. Später wird es mit vermindertem Nährstoffgehalt wieder zurückgeführt.**

Um beide Leistungen kosteneffizient anzubieten, sollte auf die bestehende wasserwirtschaftliche Infrastruktur zurückgegriffen werden, wenn nötig mit kleinen Anpassungen. Entwickelt wurden sogenannte Wassermanagement-Alternativen (WMA), eine Kombination aus bestimmten Bewirtschaftungsmaßnahmen und einfachen technologischen Verfahren zur Wasserregulierung. Diese Konzepte wurden dann auf acht Betrieben mit Flächen von 315 bis 138.400 Hektar getestet. Um die zwei anderen wesentlichen Design-Herausforderungen zu meistern – Nachweis der erbrachten Leistungen und Bemessung der Honorierungshöhe – beabsichtigten die FRESP-Entwickler zunächst, die Zahlungen an die tatsächlich im Verlauf eines Jahres zurückgehaltene Menge Wasser beziehungsweise an die reduzierten Nährstoffgehalte zu koppeln. Dementsprechend wurden Instrumente entwickelt, um zu analysieren, wie viel Wasser auf den Flächen der Viehzüchter zurückgehalten und welche Verminderung der Nährstoffbelastung im Laufe eines Jahres erreicht wurde. Allerdings hatten Käufer und Anbieter gleichermaßen Bedenken, dass die Bereitstellung beider Leistungen aufgrund

Florida Ranchlands Environmental Services Project (FRESP)

Region (Fläche):
Die nördlichen Everglades in Florida, USA (insgesamt 1,4 Mio ha; umgesetzt auf rund 4.700 ha)
Startjahr (Stadium):
2005 (ab 2012 fortgesetzt durch das staatliche Northern Everglades Payment for Ecosystem Service Program)
Ziel:
Steigerung der Wasserqualität und -quantität
Nutzer:
Einwohner Floridas vertreten durch South Florida Water Management District (SFWMD), the Florida Department of Agriculture and Consumer Services (FDACS), the Florida Department of Environmental Protection (FDEP), the US Department of Agriculture (USDA) Natural Resources Conservation Services (NRCS) und W. K. Kellogg Foundation
Leistungserbringer:
Landwirte
(Weitere) Intermediäre:
World Wildlife Fund (WWF), Resources For the Future (RFF), Institute of Food and Agricultural Sciences (IFAS) an der University of Florida, MacArthur Agro-Ecology Research Center (MAERC), Archbold Biological Station, University of Central Florida, Florida's Cattlemen's Association
Budget:
7 Mio $ für die sechsjährige Pilotphase
Ausgestaltung der Zahlung:
Ergebnisorientierte Zahlung angestrebt, letztlich eher maßnahmenorientiert umgesetzt; Höhe richtete sich nach den Opportunitäts- und Produktionskosten, individuell verhandelt
Ansprechpartner:
Sarah Lynch und Benita Whalen
sarah.lynch@wwfus.org
bmwhalen@comcast.net
www.fresp.org

Viele Reptilien (wie Schlangen und Alligatoren) und Amphibien (wie der Grüne Baumfrosch) finden in dem einmaligen Feuchtgebiet der Everglades ihre Heimat.

des starken Zusammenhangs mit der jährlichen Niederschlagsmenge unvorhersehbaren Schwankungen unterliegen würde. Die zahlende Landesbehörde hätte keine Finanzplanung aufstellen können, die derartige Schwankungen berücksichtigt. Gleichzeitig bevorzugten die anbietenden Viehzüchter eine feststehende jährliche Einnahmequelle, um andere, noch stärker variierende Einnahmen ausgleichen zu können.

Um diesen Bedenken zu begegnen, wurde an einem Modell gearbeitet, mit dem der jährliche Wasser- beziehungsweise Nährstoffrückhalt auf der Grundlage der durchschnittlichen 10-Jahres-Niederschlagsmenge berechnet werden kann. An dieser Vorhersage sollte sich eine feststehende jährliche Zahlung orientieren. Ziel war es, ein genaues, gleichzeitig aber einfaches, für jedermann nutzbares Modell zu entwickeln, das die standortspezifischen Bedingungen ebenso berücksichtigt wie die bestehende und die geplante Landnutzung und Infrastruktur. Zur Entwicklung und Anpassung des Modells wurden die Daten und Informationen aus den acht Pilotprojekten genutzt.

Letztlich basierten die Zahlungen für die an FRESP teilnehmenden Viehzüchter jedoch auf individuellen Verhandlungen zwischen den staatlichen Stellen und den Anbietern. Die Höhe der Zahlung richtete sich dabei nach der für FRESP genutzten Fläche und der durch die Viehzüchter aufgewendeten Zeit für Treffen, Telefonate und Einzelgespräche. Die Laufzeiten der geschlossenen Verträge beliefen sich auf fünf bis zehn Jahre. Die Abwicklung und Verwaltung der Verträge mit den teilnehmenden Viehzüchtern oblag den staatlichen Behörden. Alle Erfahrungen mit den FRESP-Teilnehmern flossen in die Weiterentwicklung und Verbesserung des PES-Designs ein. Außerdem untersuchten Wissenschaftler mögliche Zielkonflikte mit anderen Ökosystemleistungen.

Die Umsetzung von FRESP wurde ermöglicht durch Fördermittel des „National Resources Conservation Service“, des „South Florida Water Management Districts“, des „Florida Department of Agriculture and Consumer Services“ und der „W.K. Kellogg Foundation“. Diese Gelder wurden verwendet, um die notwendige Infrastruktur in den Betrieben einzurichten sowie die Daten jedes einzelnen Standortes zu erfassen und zu verwalten. Das Projektmanagement lag in den Händen der engagierten WWF-Mitarbeiterin Sarah Lynch, unterstützt durch das gemeinnützige Forschungsinstitut „Resources for the Future“.

Basierend auf dem ökologischen Erfolg von FRESP und den Learning-By-Doing-Erfahrungen der teilnehmenden Viehzüchter entstand das „Northern Everglades Payment for Environmental Services Programm“, kurz NE-PES (siehe Infokasten), das im Januar 2011 startete. Die Verantwortlichen für das NE-PES glauben, dass sich durch FRESP die Chancen für ein von Käufern und Anbietern gleichermaßen akzeptiertes Programm deutlich erhöht haben. Sie hoffen nun auf eine größere öffentliche Unterstützung für PES-Ansätze, bei denen Landwirte für die Bereitstellung wasserbezogener Ökosystemleistungen honoriert werden.

FRESP unterscheidet sich dahingehend von anderen PES-Beispielen, dass es über ausreichende Ressourcen und breite Unterstützung verfügte. Dadurch war eine ausführliche Analyse schwer messbarer Ökosystemleistungen ebenso möglich wie das Austesten der verschiedenen Gestaltungsmöglichkeiten und Handlungsoptionen. Die Transaktionskosten des auf FRESP aufbauenden NE-PES-Programms minimierten sich dadurch deutlich.

Das Northern Everglades Payment for Environmental Services (NE-PES) Programm

Das Programm „Northern Everglades Payment for Environmental Services“ (NE-PES) baut auf FRESP auf, hat das PES-Design aber in einigen Teilen erweitert: Es beinhaltet ein Ausschreibungsverfahren und eine modellbasierte, ergebnisorientierte Honorierung.

Das NE-PES Programm fordert teilnahmeberechtigte Viehzüchter in den Northern Everglades im Rahmen einer Ausschreibung dazu auf, Wassermanagement-Alternativen auf ihren Ländereien vorzuschlagen, mit denen die Ökosystemleistungen Wasserrückhalt oder Nährstoffreduktion (bezogen auf Phosphor oder Stickstoff) bereitgestellt werden. Die interessierten Landwirte reichen einen Entwurf der von ihnen geplanten Management-Alternative mitsamt einer entsprechenden Zahlungsforderung ein. Die Angebote werden anhand festgeschriebener Bewertungskriterien verglichen, zu denen auch der Einzelpreis für die Bereitstellung der Leistung gehört. Nach der sich daraus ergebenden Rangliste werden direkte Verhandlungsgespräche zwischen dem Käufer und dem potenziellen Anbieter geführt.

Im Januar 2011 führte die zuständige Behörde South Florida Water Management District die erste Ausschreibung durch. Insgesamt wurden 14 Angebote unterbreitet mit jeweils einer zweiteiligen Zahlungsaufforderung: (a) der Schätzung aller zu erwartenden Kosten für die Planung und Umsetzung der Managementalternative, die als tatsächlich angefallende Kosten erstattet werden sollen und (b) die Höhe der jährlichen Honorierung, die im Rahmen eines Zehnjahresvertrages für die Leistungserbringung erwartet wird. Acht dieser Angebote wurden ausgewählt und umgesetzt. Das Budget für die acht, über zehn Jahre ausgestellten Verträge mit den teilnehmenden Landwirten beläuft sich auf rund 7 Millionen Dollar.

Die zu erwartenden Ökosystemleistungen werden anhand der standortspezifischen Gegebenheiten und der angebotenen Maßnahmen mit Hilfe eines Modells berechnet. Die Landwirte müssen ihre Maßnahmen und die Bereitstellung der vereinbarten Ökosystemleistung dokumentieren, um ihre jährliche Zahlung zu erhalten. Zudem müssen sie jedes Jahr anhand von Vor-Ort-Überprüfungen die Einhaltung ihrer vertraglichen Verpflichtungen nachweisen.

Das NE-PES verpflichtet sich zur Erhaltung der bewirtschafteten Landschaft. Landwirte werden angehalten, bestehende Systeme zu nutzen und so abzuwandeln, dass ihr Land die gewünschten Leistungen so effizient und effektiv wie möglich erbringen kann. Die Bereitstellung dieser Ökosystemleistungen stärkt und vermehrt zudem den Lebensraum vieler wilder Arten in den Feuchtgebieten. Die Honorierung der Leistungsbereitstellung dient wiederum als Einnahmequelle für die Landwirte und bietet damit einen Anreiz für die Fortführung der extensiven Rinderzucht. Dies soll den Wandel hin zu einer intensiveren Landwirtschaft oder aber Bebauung aufhalten.

Interview mit Benita Whalen, ehemalige Leiterin der Abteilung für landwirtschaftliche Wasserprogramme im „South Florida Water Management District" und verantwortlich für das NE-PES

Welche Gründe gab es für die Schaffung des Northern Everglades Payment for Ecosystem Services Program (NE-PES) und welche Rolle kam Ihnen dabei zu?

Hauptgrund für die Schaffung des NE-PES war, dass wir ein kosteneffektives Programm zur Verbesserung der Wasserressourcen einführen wollten, mit dem mehr Wasser in die Landschaft zurückgeführt werden kann und das auch für die Landbesitzer im Wassereinzugsgebiet nützlich ist. Ich entwickelte das „Dispersed Water Management Program" für den South Florida Water Management District (SFWMD), das die Beteiligung an der gemeinsamen Initiative FRESP beinhaltet, und ich war verantwortlich für die Entwicklung und Umsetzung des NE-PES-Programms. Meine Aufgabe war es dabei, das Gelernte einzusetzen und aus FRESP ein PES-Programm für den SFWMD zu entwickeln.

FRESP war ein Pilotprojekt, bei dem staatliche und bundesstaatliche Mittel erfolgreich kumuliert wurden, um die Idee weiterzuentwickeln und zu untermauern, dass Leistungen wie Wasserrückhaltung und Wasserqualitätsverbesserung durch die Viehzüchter in den Northern Everglades erbracht werden können. Die FRESP-Landwirte wurden daher nicht für die Erbringung der Leistungen bezahlt, sondern für die Beteiligung an den Forschungstätigkeiten zum PES-Entwicklungsvorhaben: Planung, Bau und Überwachung wasserwirtschaftlicher Anlagen, um bei der Entwicklung eines PES-Programms zu helfen. Ganz wichtig dabei war, dass alle mitwirkenden Einrichtungen und Organisationen, und damit all die unterschiedlichen Interessenslagen in Florida, über die gesamte Dauer an dem Pilotprojekt teilnahmen. Dadurch konnte sich jeder bei den aufkommenden Fragen oder Themen einbringen. Der FRESP-Rahmen half dem SFWMD anschließend bei der Bildung und Einführung des staatlichen PES-Programms. Zwei staatliche Behörden hatten die Verträge über die FRESP-Pilotprojekte mit den teilnehmenden Viehzüchtern geschlossen, aber das waren noch keine eigentlichen PES-Verträge, denn der Zweck von FRESP war ja die Entwicklung der einzelnen Bestandteile des PES-Programms.

Die Absicht, aus dem Pilotprogramm ein staatliches Programm zu machen, bestand also bereits vor Beginn des Pilotprojekts?

Die Behörden verfügten bereits über verschiedene Programme zur Zusammenarbeit mit Grundbesitzern, um die Probleme bezüglich der Wasserressourcen zu lösen. Allerdings ging es in diesen Programmen nicht gezielt um Zahlungen für Ökosystemleistungen. Ich glaube nicht, dass es weltweit sehr viele PES gibt, die sich auf solch eine Weise entwickelt haben wie NE-PES. Ziel von FRESP war es, herauszufinden, ob in den Northern Everglades ein funktionierendes PES-Programm eingeführt werden kann. Grundsätzlich aber ging es darum, eine marktbezogene Theorie in ein tatsächlich funktionierendes Programm umzuwandeln. Denn zum Zeitpunkt der Einführung von FRESP existierten nicht viele funktionierende Programme, insbesondere im Hinblick auf Wasserressourcen. FRESP war also die Untersuchung und der Testeinsatz, die Überwachung,

Versammlung der Akteure und Ermittlung der Schwerpunktthemen, um letztlich das Konzept zu formulieren und zu prüfen, mit dem die wasserbezogenen Ökosystemleistungen erhalten werden können. Darauf aufbauend wurde NE-PES das eigentliche Programm zur Ausschreibung für Leistungen zum Wasserrückhalt und zur Nährstoffreduktion in den Northern Everglades. Dadurch, dass dies Teil des Prozesses war, dass also das bei FRESP Erlernte die Grundlage für das NE-PES war, wurde das Programm besser angenommen. Die Beteiligten konnten sich darauf verlassen, dass die während FRESP angesprochenen Punkte im NE-PES berücksichtigt wurden.

Allerdings muss eine staatliche Behörde als Käufer bestimmte Anforderungen einhalten. Um also gerecht und wettbewerbsorientiert vorzugehen, musste der SFWMD eine Ausschreibung erarbeiten. Beim FRESP gab es kein förmliches Ausschreibungsverfahren; FRESP hatte das Glück, dass es innovative Viehzüchter gab, die gewillt waren, Pilotprojekte umzusetzen.

Was glauben Sie, warum FRESP ein so erfolgreiches Pilotprojekt war?

Ich glaube, der Schlüssel war die Zusammenarbeit. Es war eine Vielzahl an Akteuren mit unterschiedlichen Interessen am Prozess beteiligt und damit war gewährleistet, dass auf die Bedenken aller eingegangen wurde. Alle erforderlichen Personen und Organisationen waren beteiligt und hatten das Ziel, das Projekt wirklich umzusetzen und es erfolgreich abzuschließen. Alle Akteure müssen sich wohl fühlen mit der Idee und ihrer Verwirklichung zuversichtlich entgegensehen. Es gab mehrere Absichtserklärungen und Vereinbarungen, die sehr wichtig waren für den Prozess. Anfangs kamen alle zusammen und bestätigten ihre Teilnahme; dadurch entstand eine besondere Art der Verpflichtung und es wurden die verschiedenen Rollen definiert.

Seit dem Start von NE-PES wurden zwei Ausschreibungen veröffentlicht. Wie war die Reaktion?

Nach der ersten Ausschreibung vom November 2011 erhielten wir 14 Angebote. Acht Projekte wurden im Rahmen dieser Ausschreibung vergeben. Bisher wurden also bereits acht NE-PES Projekte realisiert bzw. befinden sich kurz vor der Umsetzung. Die Projekte laufen seit einem oder zwei Jahren, je nach der Dauer für Genehmigung, Bau und Aufstellung der Überwachungseinrichtungen. Die zweite veröffentlichte Ausschreibung des SFWMD führte zu 19 Angeboten. Derzeit werden Gespräche über die Höhe der verfügbaren Finanzmittel für diese Projekte geführt. Der SFWMD hat einen Verwaltungsrat, der alle strategischen und finanziellen Entscheidungen für die Behörde trifft. Der Verwaltungsrat hat zunächst zwei Millionen Dollar vorgesehen, damit Gespräche und Verhandlungen mit den Anbietern starten können, die auf der Rangliste ganz oben sind. Derzeit wird noch ermittelt, welche zusätzlichen Finanzmittel vorhanden sind und wie viele Verträge dann wirklich geschlossen werden können.

Wie sieht die Zukunft für NE-PES aus, welche Entwicklungen wünschen Sie sich?

Nach wie vor findet das Programm weitreichende Unterstützung. Ich nehme an, es wird kontinuierlich evaluiert, vor allem hinsichtlich der Kosten-Nutzen-Relation. Denn PES entspricht eben nicht einem typischen Ansatz regionaler öffentlicher Einrichtungen. Grundsätzlich sollte wohl jedes Programm stets Verbesserungen und weitere Rationalisierungen anstreben, sollte Gelerntes umsetzen, Ergebnisse auswerten und Methoden aktualisieren. Das alles haben wir nach der ersten Ausschreibung und vor Veröffentlichung der zweiten getan. Einige Instrumente wurden überarbeitet, an den Ausschreibungsunterlagen wurden Änderungen vorgenommen. Auch in Zukunft muss sich das Programm immer in diesem Kreislauf der Weiterentwicklung bewegen. Vor allem sind bei all diesen Programmen bewusste Anstrengungen erforderlich, die Verwaltungskosten und alle sonstigen Kosten – auch für das Monitoring – auf ein Minimum zu beschränken. Nur dann können mit einem Programm mehrere Projekte durchgeführt und die Geldmittel für die Umsetzung und die bereitgestellten Leistungen maximiert werden.

Kann NE-PES als Vorbild für andere PES-Programme dienen?

Ich denke schon, dass es ein Vorbild für andere Programme sein kann, allerdings gibt es sicherlich nicht viele Gebiete, für die man das Programm eins zu eins übernehmen und anwenden kann. Ich habe 21 Jahre lang für den SFWMD gearbeitet, weitere fünf Jahre für die US-Bundesregierung. Dabei war ich schon immer involviert in Initiativen von und mit Viehzüchtern und habe, um entsprechende Ergebnisse zu erzielen, immer eng mit den Menschen zusammengearbeitet, die tatsächlich in dem jeweiligen Wassereinzugsgebiet leben. Ich bin überzeugt davon, dass dies ein wichtiger Aspekt für jedes Programm ist. Öffentliche Einrichtungen, große regionale öffentliche Einrichtungen sind wichtig, aber die Landwirte vor Ort müssen mit einbezogen und beteiligt werden, damit die Ziele für das Wassereinzugsgebiet erreicht werden können. Um also ein Programm wie das NE-PES anzuwenden, muss man Vertrauen aufbauen, zusammen arbeiten, Gespräche führen, Daten sammeln und Prozesse vergleichen. Dann wird das Programm, wenn man es einführt, auch positiv von allen Akteuren aufgenommen. Ist im Entwicklungsprozess des Programms keine frühzeitige Einbindung der Betroffenen vorgesehen, ist das Risiko weitaus höher, dass das Programm Fehler enthält und damit gegebenenfalls nicht erfolgreich sein wird.

„NE-PES was successful because it went through the FRESP project and made sure that any question or concern was addressed. If you leave anything out, if people don't think you have adequately addressed it, you are not going to get the participation from either the ranchers or the stakeholder groups."

PEPA

Performance-based Environmental Policies for Agriculture Initiative

PEPA wurde von der Umweltschutzorganisation Winrock International in Zusammenarbeit mit verschiedenen Universitäten initiiert. Ziel ist es, die Kosteneffizienz staatlicher Agrarumweltprogramme zu verbessern. Daher entwickelt und testet die Initiative verschiedene Ansätze für die ergebnisorientierte Honorierung. Diese Ansätze sollen die teilnehmenden Landwirte motivieren, die ökologischen Auswirkungen ihres Handelns stärker in die betrieblichen Entscheidungsprozesse einfließen zu lassen.

Ökosystemleistung WASSER

In den USA, wie in vielen anderen Ländern auch, ist die Landwirtschaft hauptverantwortlich für diffuse Nährstoffeinträge in Gewässer. Die existierenden staatlichen Programme zur Eindämmung des Problems konzentrieren sich überwiegend auf die Einführung umweltverträglicher Managementmaßnahmen und entschädigen Landwirte dafür, dass sie ausgewählte Ackerflächen brach liegen lassen. Die Zahlungen sind an spezielle Bewirtschaftungsmaßnahmen gebunden, ein klarer Bezug zwischen der honorierten Landnutzung und den konkreten Umweltzielen besteht nicht immer. Nicht zuletzt deswegen wird die Effektivität und Effizienz dieser Programme bisweilen in Frage gestellt. 2001 initiierte Jonathan Winsten, Agrarökonom bei der gemeinnützigen Umweltschutzorganisation „Winrock International", eine Initiative, die sich der Entwicklung und dem Einsatz ergebnisorientierter Anreize widmet, um etwas zur Verbesserung der Kosteneffizienz staatlicher Agrarumweltprogramme beizutragen.

Mit einem durch die „Farm Foundation" finanzierten nationalen Workshop startete 2003 die „Performance-based Environmental Policies for Agriculture Initiative", kurz PEPA. Die Veranstaltung brachte Landwirte aus ausgewählten Wassereinzugsgebieten, Vertreter von Bundes- und Landesbehörden, Wissenschaftler, Mitarbeiter von Umweltverbänden und politische Entscheidungsträger zusammen. Vorgestellt und diskutiert wurden die Möglichkeiten und Hemmnisse bei der Umsetzung effektiver, ergebnisorientierter PES, um die Gewässerverschmutzungen durch diffuse Quellen zu vermindern. Dann konzipierten Arbeitsgruppen praxisnahe Ansätze ergebnisorientierter Zahlungen, die anschließend erprobt werden sollten. Zu diesem Zweck erhielt Winrock International eine Förderung aus dem „Conservation Innovation Grant" des Natural Resources Conservation Service vom U.S. Department of Agriculture, kurz USDA. 2006 starteten die Pilotprojekte in den kleinen Wassereinzugsgebieten des Upper Mississippi River und des Lake Champlain in Iowa und Vermont. Umgesetzt wurden zwei verschiedene Ansätze, in deren Rahmen die teilnehmenden Landwirte flexible, ergebnisorientierte Zahlungen erhielten. Anschließend wurden die verschiedenen Umsetzungsstrategien und die Kosteneffizienz der umgesetzten Maßnahmen beurteilt.

Ansatz 1 versuchte, die Umweltziele direkt in die Entscheidungsfindung der Landwirte einzubeziehen. Daher wurden die Teilnehmer gezielt für das Erreichen festgelegter Umweltziele honoriert. Die Zahlungen waren nicht an die Umsetzung bestimmter Maßnahmen oder Verfahren gebunden, sondern wurden geleistet (i) bei einer gemessenen Verminderung des diffusen gesamtbetriebsbezogenen Phosphoraustrags, (ii) bei einem flächenbezogenen Phosphoraustrag auf allen landwirt-

schaftlichen Flächen von unter drei Pfund pro Acre (modellbasierte Schätzung anhand des landeseigenen Phosphorindex, mit dem die meisten Landwirte vertraut sind) und (iii) beim Nachweis eines angemessenen Stickstoff-Managements (ermittelt anhand der Messung der Stickstoffwerte durch den „Cornstalk Nitrate Test“). Interessierte Landwirte trafen sich zunächst mit Projektmitarbeitern oder einem landwirtschaftlichen Berater, um die betriebliche Phosphorbilanz zu aktualisieren oder zu erstellen. Dann wurden verschiedene Szenarien mit einer oder mehreren Maßnahmen erarbeitet, um den voraussichtlichen Phosphoraustrag zu reduzieren. Für seine im Rahmen dieses ersten Schritts eingebrachte Arbeitszeit erhielt der Landwirt eine Aufwandsentschädigung von 400 bis 800 Dollar. In der zweiten Phase wurden die mit jeder Maßnahme verbundenen Ausgaben des Landwirtes und die Kosten für jedes Pfund reduzierten Phosphoraustrag sowie der sich daraus ergebende Gewinn oder Verlust aus dem jeweiligen Szenario ermittelt. Damit wurde für den Landwirt ersichtlich, welche Maßnahmen eine gute unternehmerische Entscheidung wären. Zu den möglichen Maßnahmen zur Verringerung der Phosphorausträge gehörten die Änderung der Fruchtfolge, Dung- und Düngemittelwirtschaft, sogenannte Sediment- oder Sinkstofffallen sowie die Erneuerung oder Neu-Bepflanzung von Uferrandstreifen. Maßnahmen, bei denen die Kosten für den Landwirt unterhalb der gezahlten Erfolgsprämie lagen, wurden als gute ökonomische Entscheidungen bewertet. Da für die Landwirte in Iowa eine Reduktion der Phosphorgehalte zu geringeren Kosten möglich war als für die Landwirte in Vermont, wurden zwei unterschiedliche Zahlungshöhen festgelegt: In Iowa erhielt ein Betrieb 10 Dollar, in Vermont 25 Dollar pro Pfund (0,45 kg) reduziertem Phosphoraustrag. Ansatz 1 wurde im Quellgebiet von North Fork im östlichen Iowa und in den Wassereinzugsgebieten Hungerford Brook und Rock River im Nordwesten von Vermont getestet. Zwischen 2007 und 2009 beteiligten sich 27 Landwirtschaftsbetriebe an dem Projekt.

Im Rahmen von Ansatz 2 wurden sogenannte „Watershed Councils“ gegründet, eine Art Gruppenrat, der über Programmregeln und Zahlungsbeträge entschied. Die Councils wurden von Landwirten geleitet und durch Berater unterstützt. Bezahlt wurden die beteiligten Betriebe in Abhängigkeit davon, wie stark sie den Austrag von Phosphor und Stickstoff sowie den Sedimentverlust vermindern konnten. Die Zahlungen wurden auf einem Konto hinterlegt und jedem Council zur Verfügung gestellt. Jeder Landwirt konnte sich für verschiedene Reduktionsziele entscheiden und geeignete Maßnahmen wählen. Reduktionsziele und dafür notwendige Maßnahmen waren in einer einfachen Matrix zusammengestellt. Ausgewählt und honoriert werden konnten einzelne oder alle gelisteten Punkte. Die jeweilige Zahlung des Landwirtes war an das Erreichen einer festgelegten Zielvorgabe gebunden und wurde bestimmt anhand der Kombination von Maßnahmen und Ergebnissen. Die Zahlungen lagen zwischen 2,72 Dollar und 3,20 pro Acre (= ca. 0,40 ha) für die Verringerung der Phosphor- und Stickstoffausträge sowie des Abtrags von Sedimenten. Der Ansatz 2 wurde in Iowas Wassereinzugsgebieten Coldwater-Palmer, Lime Creek und Hewitt Creek getestet. Etwas mehr als 100 Landwirtschaftsbetriebe beteiligten sich daran.

Die Ergebnisse der PEPA-Pilotprojekte wurden ausführlich ausgewertet und dokumentiert. Für Ansatz 1 zeigen sie große Schwankungen hinsichtlich der Kosteneffizienz der Maßnahmen. Diese unterscheidet sich sowohl innerhalb als auch zwischen den verschiedenen Maßnahmen, hängt stark

Performance-based Environmental Policies for Agriculture Initiative (PEPA)

Region (Fläche):
Wassereinzugsgebiete in Iowa, Vermont, Maryland, Wisconsin in den USA sowie in Puerto Rico (jeweils eine Fläche von rund 13.000 ha)
Startjahr (Stadium):
2003 (laufend)
Ziel:
Verbesserung der Wasserqualität
Nutzer:
Allgemeinheit vertreten durch das United States Department of Agriculture (USDA)
Leistungserbringer:
Landwirte
(Weitere) Intermediäre:
Winrock International finanziell unterstützt durch die Farm Foundation; lokale Akteure wie Universitäten, Schutzgebietsverwaltungen u. a.
Budget:
3,5 Mio. $ für mehrere Projekte
Ausgestaltung der Zahlung:
Ergebnisorientiert, Höhe richtet sich nach Opportunitäts- und Produktionskosten
Ansprechpartner:
Jonathan R. Winsten
jwinsten@winrock.org
www.uvm.edu/~pepa/

vom jeweiligen Betrieb ab und variiert sogar von Fläche zu Fläche. Die Ergebnisse zeigen auch, dass sich die Landwirte nicht grundsätzlich für die kostengünstigste Option entscheiden; vielmehr spielen persönliche Präferenzen des Landwirtes, die Besonderheiten seines Betriebes und die unterschiedliche Risikobereitschaft der Teilnehmer eine entscheidende Rolle. Das PEPA-Team schlussfolgert daraus unter anderem, dass ein flexibler, feldbezogener PES-Ansatz erforderlich ist. Darüber hinaus zeigen die Ergebnisse der Pilotprojekte, dass flexible, ergebnisorientierte Zahlungen die Landwirte durchaus motivieren, Umweltbelange bei ihren Betriebsentscheidungen zu berücksichtigen und die betriebsspezifisch effizientesten Maßnahmen umzusetzen. Langfristig kann dies helfen, die Rentabilität der Landwirtschaftsbetriebe zu verbessern. Des Weiteren fördert das Konzept die Teilhabe und den Enthusiasmus der Landwirte sowie ihre Bereitschaft, eine Vorreiter- oder Führungsrolle im Sinne von Leadership einzunehmen. Dies wurde insbesondere durch die in Ansatz 2 genutzten Watershed Councils deutlich und scheint besonders nützlich zu sein, um eine breitere Beteiligung der Landwirte an Umweltschutzmaßnahmen zu erreichen.

Die PEPA-Initiative hat in den USA umfassende Aufklärungs- und Öffentlichkeitsarbeit zu diesem Thema betrieben. Inzwischen führt Winrock International angewandte Forschungsprojekte über ergebnisorientierte PES in Maryland und Puerto Rico durch, bei denen Zahlungen für die Reduzierung von Treibhausgasemissionen und die Verminderung von Nährstoffeinträgen kombiniert werden. PEPA hat zudem das USDA dazu veranlasst, ergebnisorientierte PES in ausgewählten kleinen Wassereinzugsgebieten zu testen. Die Versuche sollen 2014 beginnen und können ein wichtiger Schritt zur Etablierung des Ansatzes auch in staatlichen Agrarumweltprogrammen darstellen.

„The farmers need to see clearly that their actions affect the outcome and ideally only their actions. This means quantifying at the farm level. And there you often need to use models because measurement at the edge of fields is not practical on every farm.“

Interview mit Jonathan R. Winsten, Projektleiter der PEPA-Initiative

»Ich glaube, es ist immer besser, alle Akteure von Anfang an zu beteiligen. Dabei stellen die Landwirte sicher die wichtigste Gruppe dar. Allerdings glaube ich nicht, dass, wenn man einfach anfangen und ohne die Mitwirkung der Landwirte etwas entwickeln würde, es bedeutet, dass das PES nicht funktioniert.«

Was führt Ihrer Erfahrung nach dazu, dass über die Entwicklung eines neuen PES-Projekts nachgedacht wird?

Das Erste, was mir einfällt, ist: Gelegenheit. Wenn Menschen nach einem Weg suchen, wie sie bestmöglich ein Umweltproblem angehen können, dann ziehen sie wahrscheinlich auch PES als eine Option in Betracht. Wenn zum Beispiel Leute, die für ein Schutzgebiet arbeiten, mit einem Umweltproblem kämpfen und versuchen, die Nährstoffbelastung zu reduzieren und ihnen dann jemand PES vorschlägt, werden sie vielleicht sagen „Okay, lasst uns einen Blick drauf werfen". Mitunter gibt es aber auch richtige PES-Menschen, Menschen wie mich. Ich bin eher ein Mensch, der ein Instrument im Kopf hat und schaut, wo er das anwenden kann. Ich bin da nicht räumlich gebunden. Ich habe schon an den unterschiedlichsten Orten an diesem Thema gearbeitet und ehrlich gesagt, bin ich sehr fokussiert auf das Thema ergebnisorientierte Zahlungen. Aber ich betrachte es eigentlich nicht so sehr als PES-System. Für mich geht es eher darum, wie wir die fünf Milliarden Dollar aufbessern können, die wir, die USA, jedes Jahr für die Verminderung der diffusen Verschmutzung aus landwirtschaftlichen Quellen ausgeben und wie wir die Ergebnisse verbessern können. Derzeit zahlen wir für Maßnahmen, bei denen wir nicht sicher wissen, was die Ergebnisse sind. Das ist meines Erachtens etwas skurril.

Sind Sie der Meinung, dass man die Zielgruppe, d.h. die Landwirte, von Anfang an in ein neues PES-Projekt einbeziehen sollte?

Ich glaube, es ist immer besser, alle Akteure von Anfang an zu beteiligen. Dabei stellen die Landwirte sicher die wichtigste Gruppe dar. Allerdings glaube ich nicht, dass, wenn man einfach anfangen und ohne die Mitwirkung der Landwirte etwas entwi-

ckeln würde, es bedeutet, dass das PES nicht funktioniert. Wir haben es bei unserer Arbeit immer so gemacht, dass wir Gebiete herausgesucht haben, in denen die durch die Landwirtschaft bedingten Probleme mit der Wasserqualität bekannt waren. Für uns war das ganz wichtig. Wird das Problem nicht ausreichend anerkannt, sagen die Landwirte „Das betrifft uns nicht, das sind die Leute mit den defekten Klärtanks usw.“. Und wenn es gerade einen Rechtsstreit zum Thema Wasserqualität gibt, dann finden Sie wahrscheinlich keine Teilnehmer, weil dann niemand Informationen preisgeben möchte. Solch eine Situation hatten wir im Nordwesten von Arkansas.

Wenn aber das Problem anerkannt ist und die Landwirte wissen, okay, wir können das tatsächlich beeinflussen, dann sind sie auch bereit, darüber zu reden. An solchen Standorten haben wir mit Akteuren vor Ort zusammengearbeitet, das konnten Universitätsinstitute sein oder ein Schutzgebiet, je nachdem welche Gruppe von Leuten am meisten im Thema Wasserqualität drin steckte. Mit denen haben wir zusammengearbeitet und sie gebeten, Landwirte einzuladen, daran teilzunehmen. Wir trafen uns in einem Raum für 20 bis 25 Personen. Wir versuchten, zehn Landwirte zu gewinnen, Vertreter aller zuständigen Behörden und einen politischen Entscheidungsträger, damit er nachvollziehen kann, was wir tun und dann auch mitmacht. Das U.S. Department of Agriculture ist sehr wichtig, vor allem für die Art von Arbeit, die wir tun. Hätten wir das Projekt ohne sie entwickelt, wären sie vermutlich nicht eingestiegen. Außerdem muss man Wissenschaftler ins Boot holen, in der Regel von staatlichen Universitäten, die die wissenschaftlichen Zusammenhänge zwischen den Vorgängen im Landwirtschaftsbetrieb und den Vorgängen im Wasser verstehen. Ich finde, wir haben es gut hinbekommen, von Anfang an die richtigen Leute zusammenzubringen.

Wie haben Sie dann weitergemacht? Könnten Sie den Entwicklungsprozess kurz beschreiben?

In der Regel haben wir eine Reihe von Treffen mit derselben Gruppe von Menschen in dem jeweiligen Wassereinzugsgebiet. Wir erklären den Hintergrund und das Konzept und warum wir ergebnisorientierte Zahlungen für eine gute Idee halten. Wir fragen, wie wir ein System entwickeln können, bei dem wir nach Ergebnissen zahlen. Und dann ist es Aufgabe der Gruppe, mit uns eine Idee zu entwickeln, wie die Umsetzung vor Ort erfolgen könnte. Es stellen sich also folgende Fragen: Welche Probleme hinsichtlich der Wasserqualität müssen wir angehen und wie quantifizieren wir die Leistung? Damit ganz klar ist, dass es auch eine geschätzte Leistung sein kann. Aber du brauchst eine Art wissenschaftlich begründete Zahl, eine Art Quantifizierung. Und dann ist da noch die Frage, was für ein Anreiz es sein soll: Sprechen wir von einer finanziellen Vergütung, die im direkten Zusammenhang mit der erbrachten Leistung steht, oder von einem anderen Anreizsystem?

Alle diese Punkte müssen in mehreren Besprechungen, manchmal zwei, manchmal drei, über einige Monate hinweg abgestimmt werden. Vor allem beim ersten Treffen gibt es viele, die zum ersten Mal von diesem Konzept hören. Es ist ein bisschen schwierig, umzudenken von den Zahlungen für bestimmte Tätigkeiten hin zum Konzept der ergebnisorientierten Honorierung. Das kann verwirrend sein. Idealerweise geben Sie den Leuten einige Zeit, um das Besprochene zu durchdenken. Das verschafft uns oder den jeweiligen Organisatoren dann auch genug Zeit, die jeweiligen Hausaufgaben zu erledigen, die beim ersten Treffen aufkommen, zum Beispiel zu prüfen, was es für Vorhersagemodelle gibt und so weiter.

Angenommen, es ginge nur um Phosphor, dann würde die

wichtigste Frage sicher lauten: Wie können wir die Leistung quantifizieren? Werden wir versuchen, etwas zu messen oder werden wir Modelle anwenden? Tun wir es an der Mündung des Wassereinzugsgebietes? Beinahe alle Gruppen, mit denen wir arbeiten, haben gesagt, dass dies auf Ebene der Landwirtschaftsbetriebe erfolgen muss. Ansonsten wäre für die Landwirte der Zusammenhang nicht klar. Der Landwirt würde sich immer fragen: „Gut, ich könnte jetzt alle diese Veränderungen vornehmen, aber wenn die Leistung stromabwärts gemessen wird, wird das Ziel gegebenenfalls nicht erreicht." Die Landwirte müssen deutlich erkennen, dass ihre Maßnahmen das Ergebnis beeinflussen und idealerweise nur ihre Maßnahmen. Das bedeutet Quantifizierung auf Ebene der Landwirtschaftsbetriebe und da braucht man oft Modelle, weil Messungen am Feldrand nicht auf jedem Betrieb umsetzbar sind.

Wir haben Modelle genutzt, um die Höhe der Zahlungen zu bestimmen. Wir haben also den Phosphor-Index bei einer Reihe von Landwirtschaftsbetrieben genutzt, die gern etwas unternehmen wollten und mit diesen Landwirten haben wir Szenarios modelliert. Wir kalkulierten die Kosten für die Veränderungen und haben uns die Kosteneffizienz angesehen, also die Kosten im Sinne von Dollar pro Pfund reduziertem Phosphoraustrag. Und dann wollten wir, weil das Budget sehr beschränkt war, den Preis so niedrig wie möglich festlegen, gleichzeitig aber hoch genug, damit sich die Umsetzung einiger der Szenarios auch als gute unternehmerische Entscheidungen für die Landwirtschaftsbetriebe erweisen würden. Und das war es. Allerdings sollte man an dieser Stelle darauf hinweisen, dass in dem hier besprochenen Kontext die Käuferseite komplett vernachlässigt wird, weil wir davon ausgehen, dass staatliches Geld aus der farm bill kommt, also aus den US-Agrarumweltprogrammen, und wir versuchen nur einen Weg zu finden, es effektiver auszugeben.

Kooperationsmodell

Niedersächsisches Kooperationsmodell Trinkwasserschutz

Im Rahmen des vom Bundesland Niedersachsen initiierten Programms bilden Wasserversorgungsunternehmen und Landwirte eigenverantwortliche Kooperationen, um die Qualität des Grundwassers sicherzustellen und zu verbessern. Gleichberechtigt vereinbaren sie entsprechende Ziele und Maßnahmen, die von den Landwirten im Trinkwassergewinnungsgebiet durchgeführt werden. Finanziert werden die Maßnahmen durch die von den Wasserversorgungsunternehmen zu zahlende Wasserentnahmegebühr.

Ökosystemleistung WASSER

In Niedersachsen, einem der flächen- und bevölkerungsmäßig größten Bundesländer Deutschlands, kommen 85 Prozent des Trinkwassers aus dem Grundwasser; mehr als 370 Trinkwassergewinnungsgebiete sind landesweit eingerichtet. Gleichzeitig spielt die Landwirtschaft in Niedersachsen eine sehr wichtige Rolle, knapp zwei Drittel der Landesfläche bestehen aus Landwirtschaftsflächen. Deren intensive Nutzung, insbesondere der hohe Einsatz stickstoffhaltiger Dünger, hat deutlichen Einfluss auf die Grundwasser- und damit die Trinkwasserqualität. Um die Qualität des Grundwassers zu sichern und zu verbessern, wurde 1992 im Niedersächsischen Wassergesetz das Kooperationsmodell festgeschrieben. Das Gesetz führte eine Wasserentnahmegebührenpflicht ein und schuf damit die Grundlage für eine organisierte Zusammenarbeit zwischen Wasserwirtschaft und Landwirtschaft in Trinkwassergewinnungsgebieten im Rahmen von Kooperationen.

Die Wasserentnahmegebühr, umgangssprachlich auch „Wasserpfennig“ oder „Wassergroschen“ genannt, wird in mehreren deutschen Bundesländern für die Entnahme von Grund- und Oberflächenwasser erhoben. In Niedersachsen müssen die Wasserversorger – genauso wie Industrie und Kraftwerke – für entnommenes Wasser je nach Herkunft und Verwendungszweck Gebühren in unterschiedlicher Höhe an das Land zahlen: zwischen 0,0026 Euro und 0,06 Euro pro Kubikmeter. Insgesamt belaufen sich die jährlichen Einnahmen aus der Wasserentnahmegebühr auf aktuell rund 47 Millionen Euro. Die eingenommenen Mittel werden für Maßnahmen des Naturschutzes, der Wasserwirtschaft sowie für Maßnahmen zum Schutz der Gewässer und des Wasserhaushaltes verwendet. Ein großer Teil des Geldes fließt in die Kooperationen zum Trinkwasserschutz.

Ziel des niedersächsischen Kooperationsmodells ist die Sicherung und Verbesserung der Qualität des Grundwassers, konkret sollen die Nitratgehalte reduziert, und die Belastung mit Pflanzenschutzmitteln und Sulfat vermindert werden. **Finanziell gefördert werden Kooperationen, bei denen ein Wasserversorgungsunternehmen gleichberechtigt mit Landwirten im Trinkwassergewinnungsgebiet zusammenarbeitet. Dem Wasserversorgungsunternehmen obliegt die Geschäftsführung dieser Kooperation. Es schließt einen Finanzhilfevertrag mit dem Land Niedersachsen.** Der Vertrag regelt die formellen und inhaltlichen Anforderungen an die Arbeit der örtlichen Kooperationen und legt Ziele und Höhe der Finanzhilfe fest. Er wird in der Regel für fünf Jahre abgeschlossen. Das Wasserversorgungsunternehmen und die Landwirte einigen sich auf ein Arbeitsprogramm und das Schutzkonzept ihrer jeweiligen

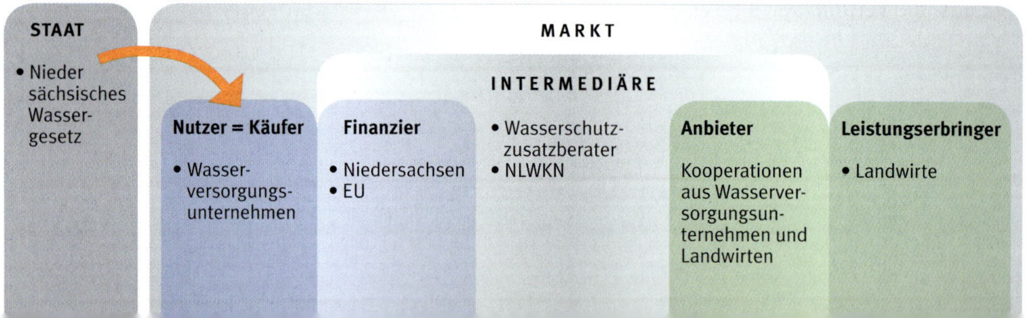

Kooperation. Letzteres beinhaltet Ziele, detaillierte Maßnahmen, die Höhe der Zahlungen an die Landwirte und Erfolgskenngrößen für das entsprechende Gebiet. Das Schutzkonzept ist zentraler Bestandteil des Finanzhilfevertrages und bildet den Rahmen, in dem die Akteure einer Kooperation eigenverantwortlich handeln. Regelmäßige Sitzungen und Arbeitstreffen der Kooperation ermöglichen die Anpassung der Maßnahmenkataloge und das Erfassen der langfristigen Entwicklungen im Gebiet.

Zentrales Werkzeug der Trinkwasserschutzkooperationen sind freiwillige Vereinbarungen, die zwischen dem Wasserversorger und wirtschaftenden Landwirten geschlossen werden. Die Vereinbarungen beschreiben vertraglich vereinbarte und geförderte landwirtschaftliche Bewirtschaftungsmaßnahmen, die über die regulären Anforderungen an eine ordnungsgemäße Landwirtschaft hinausgehen. Zu diesen Flächenmaßnahmen gehören zum Beispiel die Reduktion der Stickstoffdüngung und der Anbau von Zwischenfrüchten. Die dadurch entstehenden Ertragseinbußen bzw. der notwendige Mehraufwand werden finanziell zu 100 Prozent aus der Finanzhilfe des Landes, also über die Wasserentnahmegebühr ausgeglichen. Für den Verzicht auf die Ausbringung tierischer Wirtschaftsdünger beispielsweise erhalten die Landwirte bis zu 250 Euro pro Hektar. Die Zahlungen sollen jedoch explizit keine Anreizwirkung entfalten und nicht als Bonus wirken, sondern nur einen finanziellen Verlust der Landwirte vermeiden. Die Teilnehmer wählen aus dem Maßnahmenkatalog ihrer Kooperation einzelne Maßnahmen aus und verpflichten sich vertraglich zur Einhaltung der Auflagen über fünf Jahre.

Zweites wichtiges Werkzeug der Kooperationen ist die sogenannte Wasserschutzzusatzberatung. Sie ist für die Landwirte kostenlos und berät zu allen praktischen Fragen des Grundwasserschutzes. Dazu gehören auch Veranstaltungen, Rundschreiben, Feldversuche und -besichtigungen sowie Gruppen- und einzelbetriebliche Beratung, unter anderem zur Düngeplanung. Neben der Beratung unterstützen die Wasserschutzzusatzberater die lokalen Kooperationen, indem sie die Aktivitäten der Kooperation inhaltlich und organisatorisch begleiten. **Die Berater sind vornehmlich Agraringenieure und kommen meist aus langjährig involvierten Ingenieurbüros oder der Landwirtschaftskammer des Landes. Sie kennen die Region und die Flächen, pflegen den Kontakt zu den Landwirten und haben ein enges Vertrauensverhältnis zu den Flächenbewirtschaftern aufgebaut.** Die Wasserschutzzusatzberatung wird finanziert durch das Land Niedersachsen und den „Europäischen Landwirtschaftsfond für die Entwicklung des ländlichen Raums“, kurz ELER.

Der „Niedersächsische Landesbetrieb für Wasserwirtschaft, Küsten- und Naturschutz“, kurz NLWKN, gibt den fachlichen Rahmen des Kooperationsmodells vor und ist mit der verwaltungsseitigen Abwicklung und der Evaluierung der Maßnahmen betraut. Hier laufen finanzielle und ökologische Daten zusammen und werden ausgewertet. Die Wasserversorgungsunternehmen überprüfen und dokumentieren detailliert die Grundwassergüte ihrer eigenen Messstellen und Brunnen. Sie sind auch verantwortlich für jährliche Vor-Ort-Kontrollen in den landwirtschaftlichen Betrieben. Werden Vertragsverstöße festgestellt, müssen erhaltene Beträge zurückgezahlt werden; zusätzliche Sanktionen gibt es nicht. Die finanzielle Evaluierung erfolgt über die jährlichen Jahresberichte der einzelnen Kooperationen.

Niedersächsisches Kooperationsmodell Trinkwasserschutz

Region (Fläche):
Trinkwassergewinnungsgebiete in Niedersachsen, Deutschland (ca. 300.000 ha)
Startjahr (Stadium):
1992 (laufend)
Ziel:
Bereitstellung von sauberem Trinkwasser
Nutzer:
Wasserversorgungsunternehmen, vertreten durch das Bundesland Niedersachsen als Finanzier über Einnahmen aus der Wasserentnahmegebühr sowie die Europäische Union (EU) im Rahmen von Agrarumweltprogrammen
Leistungserbringer:
Landwirte in einer Kooperation mit Wasserversorgungsunternehmen
(Weitere) Intermediäre:
Wasserschutzzusatzberater, Niedersächsischer Landesbetrieb für Wasserwirtschaft, Küsten- und Naturschutz (NLWKN)
Budget:
Aktuell ca. 18 Mio. Euro jährlich
Ausgestaltung der Zahlung:
Maßnahmenorientiert, Höhe richtet sich nach Opportunitäts- und Produktionskosten
Ansprechpartner:
Dr. Markus Quirin
markus.quirin@nlwkn-goe.niedersachsen.de
www.nlwkn.niedersachsen.de

Für die Finanzierung der Maßnahmen im Rahmen der freiwilligen Vereinbarungen und die Beratung stehen jährlich 18 Millionen Euro zur Verfügung. Davon stammen 15 Millionen Euro aus der Wasserentnahmegebühr und 3 Millionen Euro von der Europäischen Union. Die gebietsgenaue Zuteilung der verfügbaren Finanzmittel erfolgt im Rahmen eines Prioritätenprogramms. Dabei werden die einzelnen Trinkwassergewinnungsgebiete anhand von bodenkundlichen Standortgegebenheiten, den vorhandenen Grund- und Rohwasserbelastungen und anderen fachlichen Gesichtspunkten in Handlungsbereiche eingruppiert.

2013 existierten 73 lokale Kooperationen, mittels derer die wasserschonende Bewirtschaftung von rund 304.000 Hektar Land gefördert wird. Damit sind nahezu alle in Frage kommenden niedersächsischen Flächen erfasst. Das Kooperationsmodell Trinkwasserschutz gilt trotz der fünfjährigen Vertragslaufzeit als sehr flexibel. Die Maßnahmenkataloge der Kooperationen können jährlich angepasst und auch bestehende Verträge innerhalb der Laufzeit geändert werden. Interessant ist, dass das Land nur einen allgemeinen Rahmen hinsichtlich der Maßnahmen und Zahlungen vorgibt. Diese können dann regional ausgestaltet und so an die örtlichen Verhältnisse angepasst werden. Bescheinigt werden dem Projekt die hohe Akzeptanz der Beteiligten und eine nachweisbare ökologische Wirkung. Die Nitratbelastung in den Trinkwassergewinnungsgebieten ist seit Jahren rückläufig, genauso wie der Mineraldüngerzukauf und die Hoftorbilanzsalden der Betriebe. Neben den freiwilligen Vereinbarungen der Kooperationen werden in den Trinkwassergewinnungsgebieten auch allgemeine Agrarumweltmaßnahmen durchgeführt, die ebenfalls eine positive Wirkung auf die Sicherung und Verbesserung der Grundwasserqualität haben. Die Verantwortlichen für die Trinkwasserschutzkooperationen prüfen derzeit im Rahmen eines Modell- und Pilotvorhabens, ob neben den flächenbezogenen Maßnahmen die Einführung betriebsbezogener Maßnahmen und damit eines stärker ergebnisorientierten Ansatzes möglich ist.

Aktuelle Entwicklungen zeigen jedoch auch die Grenzen des Kooperationsmodells auf, vor allem in den viehstarken Regionen Niedersachsens: Grünlandumbrüche führen zu einer Zunahme der Nitrateinträge in das Grundwasser. Den gleichen Effekt haben die zunehmende Zahl von Biogasanlagen beziehungsweise der damit verbundene hohe Maisanteil und das erhöhte Aufkommen von Gärresten. **Durch die starke Konkurrenz zu wirtschaftlich attraktiven Bewirtschaftungsformen, wie dem Anbau von Energiepflanzen, scheinen die freiwilligen Vereinbarungen in einzelnen Regionen Niedersachsens keine Option mehr zu sein, um die negativen externen Effekte auf ein Maß zu reduzieren, bei dem die Ökosystemleistungen bereitgestellt werden können. Hier wird die hohe Bedeutung von Ordnungsrecht besonders deutlich.**

Wo wirtschaftlich attraktive Bewirtschaftungsformen wie der Maisanbau dominieren und der Wirtschaftsdüngeranfall hoch ist, lässt sich mit freiwilligen Vereinbarungen wenig erreichen.

Interview mit Dr. Markus Quirin vom Niedersächsischen Landesbetrieb für Wasserwirtschaft, Küsten- und Naturschutz, beschäftigt mit der Evaluation des Gesamtprojekts

Wo sehen Sie die konkreten Herausforderungen für das Projekt?

Gerade in Niedersachsen liegen die größten Schwierigkeiten in der Region mit hohem Viehbesatz, also in Weser-Ems. Dort besteht ein hoher Wirtschaftsdüngeranfall und durch die Förderung der Biogasanlagen fallen verstärkt Gärreste an. Dadurch ist der Druck durch organische Stickstoffträger viel höher als in Südniedersachsen, wo überwiegend Marktfruchtbetriebe vorkommen. In dieser Region ist es auch sehr schwierig, die Situation durch freiwillige Vereinbarungen zu verbessern. Wenn die Landwirte einen hohen Wirtschaftsdüngeranfall haben, dann helfen freiwillige Vereinbarungen nur bedingt.

Sind die freiwilligen Vereinbarungen für die Landwirte finanziell attraktiv?

Nein, der Abschluss von freiwilligen Vereinbarungen sollte sich für den Landwirt finanziell nicht positiv auswirken, aber natürlich auch nicht negativ. Ein Landwirt, der seine Flächen extensiver bewirtschaftet, bekommt seine Mindererträge und den Mehraufwand ausgeglichen. Anreizwirkung sollte nicht entstehen, Mitnahmeeffekte auch nicht. Monetär gesehen ist es für den Landwirt ein Nullsummenspiel.

Gibt es finanzielle Risiken für die teilnehmenden Landwirte?

In der Regel sind die Risiken gering. Bei einer extensiveren Bewirtschaftung, nehmen wir das Beispiel der reduzierten Stickstoffdüngung, kalkuliert man den Ausgleichsbetrag, indem Deckungsbeitragsberechnungen für Erträge unter konventioneller und reduzierter Bewirtschaftung angestellt werden. Je nachdem, wie das Jahr für den Landwirt verläuft, ist es möglich, dass der Ausgleich nicht ausreicht. Dies dürfte jedoch die Ausnahme sein und in der Regel ist es wohl eher so, dass der Ausgleich etwas über den Mehraufwendungen bzw. Mindererträgen liegt. Außerdem hat der Landwirt ein Bündel von freiwilligen Vereinbarungen vorliegen, die er abschließen kann. Und er überlegt sich genau, welche bei ihm Sinn machen und welche er davon nicht abschließen möchte.

Wie wird das Projekt von den beteiligten Akteuren und der Öffentlichkeit wahrgenommen?

Von den Akteuren überwiegend positiv. Die Wasserversorger haben großes Interesse daran, weil es ja um ihr Trinkwasser geht, also das, was sie verkaufen wollen. Sie zahlen eine Wasserentnahmegebühr und über das Kooperationsmodell haben sie die Möglichkeit, das Geld, was sie eingezahlt haben, wieder zurückzubekommen, für ihr Gebiet, zur Verbesserung ihres Grundwassers. Von daher ist das Interesse der Wasserversorger sehr groß. Von den Landwirten wird es auch positiv wahrgenommen. Zum einen, weil sie dadurch das Trinkwasser schützen, was sie selbst zu sich nehmen und zum anderen vielleicht auch, weil der öffentliche Druck auf die Landwirte sehr groß ist. Sie wollen durchaus zeigen: Ja, wir tun was, um die Belastung gering zu halten. In einzelnen Gemeinden und Dörfern merkt man noch einen anderen Druck. Wenn beispielsweise 90 Prozent der Landwirte mitmachen, dann besteht eine Art sozialer Druck auf die anderen zehn Prozent, mitmachen zu müssen. Und in der Öffentlichkeit wird es sicher auch sehr positiv wahrgenommen, denn man sieht, dass mit vielen Mitteln und Engagement was getan wird, das dem vorsorgenden Trinkwasserschutz dient.

Was sind Ihrer Meinung nach die Hauptfaktoren, die das Projekt erfolgreich gemacht haben?

Die Kombination aus Beratung und Maßnahmen hat zum Erfolg geführt. Das eine ohne das andere wäre mit Sicherheit nicht so erfolgreich. Hinzu kommt sicher noch das Vertrauensverhältnis zwischen Landwirten und den Zusatzberatern. Das spielt eine sehr große Rolle. Die Berater haben das Projekt von Beginn an begleitet, mitentwickelt und in den Trinkwassergewinnungsgebieten Fuß gefasst. Das Vertrauensverhältnis zwischen Berater und Landwirt hat sich aufgebaut und das ist entscheidend für den Erfolg. Daher sind Beraterwechsel, wenn sie aus verschiedenen Gründen mal vorkommen, ein Problem.

Wie wird sich das Modell weiterentwickeln?

In den Kooperationen werden die Maßnahmen kontinuierlich an die aktuellen Gegebenheiten angepasst und es werden innergebietliche Prioritäten gesetzt. Das bedeutet beispielsweise, dass sehr intensive Maßnahmen nur auf besonders austragsgefährdeten Flächen durchgeführt werden. Dadurch werden die vorhandenen Mittel so effektiv wie möglich eingesetzt. Das ist das Bestreben einer Kooperation. Wir vom Land überlegen, ob es zusätzliche Maßnahmen gibt, die gute Effekte aufweisen können. Aktuell testen wir im Rahmen eines Modell- und Pilotvorhabens, ob man von den flächenbezogenen Maßnahmen umschwenken kann auf betriebsbezogene Maßnahmen. Von Beginn an hatten wir als Maßnahme die reduzierte Stickstoffdüngung auf einzelnen Schlägen. Jetzt wollen wir Maßnahmen zur reduzierten Stickstoffdüngung auf Betriebsebene entwickeln. Die Idee ist, für einen Betrieb einen Sollwert zu ermitteln und wenn der Landwirt diesen Wert um zehn Prozent unterschreitet, dann bekommt er eine Förderung von, sagen wir mal, 60 Euro pro Hektar. Auf diesem Gebiet sind wir noch am Anfang, aber es entwickeln sich gerade Aktivitäten.

Würden Sie bei der Entwicklung eines neuen, ähnlichen Projekts etwas anders machen?

Die Konzeption solcher Projekte ist nicht einfach und so ein Projekt muss sich mit der Zeit entwickeln. Aber der Stand, den wir jetzt haben, ist schon recht gut und durchaus anstrebenswert. Wir beobachten heute in anderen Bereichen ähnliche Entwicklungen. Das Kooperationsmodell bezieht sich ja nur auf die Trinkwassergewinnungsgebiete, aber wir haben jetzt auch Maßnahmen und Beratungen in der Zielkulisse der Wasserrahmenrichtlinie, die flächenmäßig viel größer ist. Hier vollzieht sich derzeit mehr oder weniger die Entwicklung, die wir anfangs auch in den Trinkwassergewinnungsgebieten gesehen haben: Zunächst muss die Beratung Fuß fassen und Vertrauen aufbauen. Allerdings haben wir in der Wasserrahmenrichtlinien-Zielkulisse von Beginn an die Evaluation der Maßnahmen stärker gefördert als damals. Dafür nutzen wir jetzt die Erfahrungen und Methoden aus den Trinkwasserschutzkooperationen. Bei der Wasserrahmenrichtlinien-Zielkulisse haben wir heute eine viel bessere Datengrundlage zur Erfolgsbewertung des Projekts. In den Trinkwassergewinnungsgebieten war diese Datengrundlage am Anfang nicht so gut. Das war ein Schwachpunkt aus dem wir gelernt haben und im Laufe der Zeit wurde die Datengrundlage auch in den Trinkwassergewinnungsgebieten immer besser.

Worüber wir jetzt aber noch nicht gesprochen haben, ist die andere Seite neben der Freiwilligkeit, nämlich das Ordnungsrecht und was man damit bewirken kann. Das Ordnungsrecht könnte noch stärker eingesetzt werden als bisher. Es gibt dazu Beispiele in den Nachbarländern. Ob die allerdings so positiv sind, will ich nicht beurteilen. Ich denke da an die Niederlande und Dänemark, wo das Ordnungsrecht sehr intensiv greift. Diese Verhältnisse kann man zwar nicht auf Niedersachsen übertragen, aber im Bereich des Ordnungsrechts besteht meiner Meinung nach noch Handlungsbedarf. Und zwar nicht nur unbedingt in der Verschärfung des Ordnungsrechts, sondern vor allem in der Kontrolle des bestehenden Ordnungsrechts und auch in der Kontrolle der Einhaltung der Düngeempfehlungen der Offizialberatung. Eine Erhöhung der Kontrollquote und die Qualifizierung der Kontrollen könnten das Gesamtpaket aus Freiwilligkeit und Ordnungsrecht noch verbessern.

Beim Düngerstreuercheck wird die genaue Verteilung des Düngers überprüft, um Über- oder Unterdüngungen zu vermeiden.

CREP Vermont

Ziel dieses staatlichen PES ist die Verringerung der Phosphoreinträge in Gewässer des Bundesstaates Vermont, darunter des bedeutenden Lake Champlain. Landwirte, die auf naturschutzrelevanten Flächen die Produktion einstellen und dort spezielle Schutz- und Pflegemaßnahmen umsetzen, erhalten attraktive Zahlungen. Neben Bundes-, Landes- und kommunalen Behörden sind auch Umweltschutzorganisationen involviert, die für die Akquise und persönliche Beratung der Landwirte zuständig sind.

Conservation Reserve Enhancement Program in Vermont

Ökosystemleistung WASSER

Der Lake Champlain ist mit einer Fläche von etwa 1.300 km² der sechstgrößte natürliche See der USA. Er verläuft entlang der Grenze der US-Staaten Vermont und New York und reicht bis zur kanadischen Provinz Quebec. Der See liefert Trinkwasser für ca. 250.000 Menschen in der Region und stellt eine wichtige Schiffsverbindung zwischen dem Hudson River und dem Sankt-Lorenz-Strom dar. Außerdem gilt er als erstklassiges Fischereigewässer für Lachsfische und Barsche. Seit 1996 ist für den Lake Champlain ein Gewässerschutz-, Kontroll- und Sanierungsplan in Kraft. Zu dessen wichtigsten Zielen zählt die Reduktion übermäßiger Phosphoreinträge in den Lake Champlain, die vornehmlich von Landwirtschaftsbetrieben und städtischen Abwässern verursacht werden. Das „Conservation Reserve Enhancement Program", kurz CREP, wird in Vermont als eines der Instrumente zur Erreichung dieses Ziels eingesetzt.

CREP ist ein Programm der US-Bundesregierung und eine Erweiterung des in den USA größten staatlichen Agrarumweltprogramms, des „Conservation Reserve Program", kurz CRP, das bereits 1985 eingeführt wurde. Das konkrete Ziel von CREP besteht in der Verbesserung der Wasserqualität von Flüssen und Seen. Entsprechend werden die Eigentümer von landwirtschaftlichen Flächen in sensiblen Gebieten dazu motiviert, Gewässerrandstreifen und begrünte Pufferflächen einzurichten und zu erhalten oder Feuchtgebiete wiederherzustellen. Einzelne Staaten oder Regionen können das Bundesprogramm auf ihre spezifischen Bedingungen anpassen. Das betrifft sowohl die Finanzierungshöhe als auch die konkrete Ausgestaltung und die Größe der zu schützenden Flächen. Ein spezifisches CREP wird in der Regel initiiert, nachdem eine Landesregierung oder Kommunalverwaltung beziehungsweise eine örtliche Nichtregierungsorganisation ein landwirtschaftsbezogenes Umweltproblem von landesweiter oder nationaler Bedeutung erkannt hat. In Zusammenarbeit mit der Farm Service Agency, kurz FSA, des United States Department of Agriculture, USDA, entwickeln die Beteiligten anschließend einen Vorschlag, um diese spezifischen Umweltprobleme in bestimmten geografischen Regionen und mittels ausgewählter Verfahren zu bewältigen. Bisher wurde CREP in 33 US-Bundesstaaten eingeführt.

Im Rahmen des CREP in Vermont stehen über 15 Jahre 2,1 Millionen Dollar zum Schutz ökologisch sensibler Flächen zur Verfügung; 640.000 Dollar kommen vom Staat Vermont, der Rest vom Bund. Hauptanliegen ist die Einführung von Maßnahmen, mit denen die Phosphoreinträge in den Lake Champlain um über 48 Tonnen pro Jahr gesenkt werden können. Zudem sollen terrestrische und aquatische Lebensräume wild lebender Arten verbessert werden. Um dies zu erreichen, werden Landwirte mittels finanzieller Anreize zur freiwilligen Teilnahme

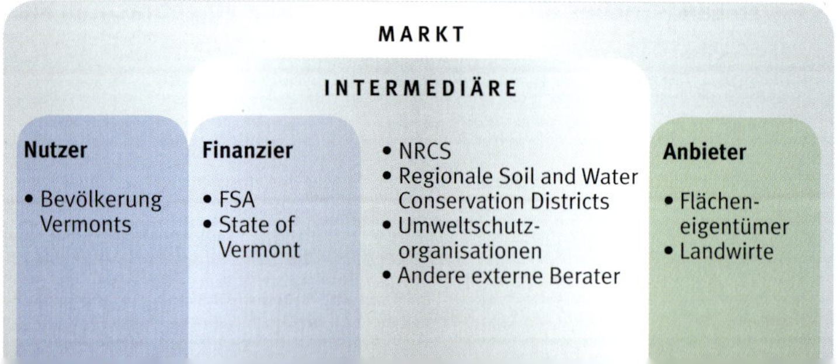

am CRP motiviert. Wenn sich ein Landwirt für die Teilnahme entschieden hat, stellt er im Rahmen von CRP die landwirtschaftliche Produktion auf gewässernahen Flächen ein. Anschließend werden einheimische Gräser, Bäume und/oder andere Vegetation angepflanzt, um Pufferzonen zu schaffen. Diese sollen die Erosion vermindern, Austräge von Nähr- und Schadstoffen reduzieren und Lebensraum für verschiedene wildlebende Arten bieten. CREP unterstützt Landwirte außerdem bei der Schaffung oder Wiederherstellung von Feuchtgebieten.

CREP Vermont bezieht sich auf alle 17 Wassereinzugsgebiete im Bundesstaat, darunter das des Lake Champlain und des Connecticut Rivers. Ziel ist es, insgesamt 3.035 Hektar sensibler Flächen in das Programm aufzunehmen. Dabei muss es sich um Acker- oder Weideland nah an Wasserläufen handeln, dem ein ausreichender Randstreifen zum Schutz der Wasserqualität fehlt. Teilnahmeberechtigt sind Flächen, die mindestens ein Jahr vor der Anmeldung zum Programm im Besitz des interessierten Landwirtes gewesen sein müssen. Ackerland muss in vier der letzten sechs Jahre bewirtschaftet worden sein, zudem dürfen keine physischen oder rechtlichen Nutzungseinschränkungen bestehen. Die Anmeldung für das Programm ist jederzeit möglich, die Landwirte können daher umgehend in das Programm aufgenommen werden und müssen nicht bestimmte Anmeldezeiträume abwarten.

Als Ausgleich für die Stilllegung der landwirtschaftlichen Nutzfläche(n) erhalten die Landwirte eine jährliche Zahlung, die sich am durchschnittlichen Bodenpachtpreis des jeweiligen Landstriches orientiert. Für die in CREP eingebrachten Flächen wird dieser Durchschnittspachtpreis verdoppelt. Darüber hinaus werden konkrete Managementmaßnahmen honoriert: Neben einer Einmalzahlung nach Vertragsunterzeichnung gewährt die FSA einen bis zu 90-prozentigen Zuschuss zu den Kosten für die Errichtung der Gewässerrandstreifen und begrünten Pufferflächen sowie für die Durchführung von Erhaltungsmaßnahmen, zum Beispiel das Anlegen von Einfriedungen oder Flussquerungen. Die Verträge werden über eine Laufzeit von 10 bis 15 Jahren abgeschlossen. Innerhalb dieses Zeitraums müssen die Flächen durch den Landwirt wie vereinbart unterhalten werden.

CRP und damit auch CREP werden von der FSA verwaltet, unterstützt durch eine weitere USDA-Behörde, den Natural Resources Conservation Service (NRCS) Vermont, sowie regionale Soil and Water Conservation Districts. Zusätzlich zum CREP-Budget hat die Landesregierung 1 Million Dollar bereitgestellt, mit der über drei Jahre die Beratung und Unterstützung von Landwirten durch dritte Parteien finanziert wird. Einer dieser Berater und Mittler ist „Ducks Unlimited“, eine gemeinnützige Naturschutzorganisation, die sich für die Erhaltung von Feuchtgebieten einsetzt. Neben Projekten zum Schutz von Feuchtgebieten und Wäldern führt Ducks Unlimited Weiterbildungen von Landwirten und Grundbesitzern durch und informiert sie über Finanzierungsinstrumente. Vor diesem Hintergrund unterstützt Ducks Unlimited CREP, indem die Organisation geeignete Flächen identifiziert und den persönlichen Kontakt zu den jeweiligen Grundbesitzern aufnimmt.

CREP wird nicht überall in den USA erfolgreich umgesetzt, in einigen Bundesstaaten werden beispielsweise die zur Verfügung gestellten Gelder nur in geringem Maße abgerufen. Vermont hingegen gilt als erfolgreiches Beispiel für die Umsetzung von CREP. Hier nutzen die teilnahmeberechtigten Landwirte das Programm, zum einen, weil die von der Landesregierung finanzierten Berater vor Ort für persönliche Gesprä-

Conservation Reserve Enhancement Program (CREP) in Vermont

Region (Fläche):
Das Wassereinzugsgebiet des Sees Lake Champlain und anderer Gewässer in Vermont, USA (angestrebt wird die Umsetzung auf 3.035 ha)
Startjahr (Stadium):
2004 (laufend)
Ziel:
Verbesserung der Wasserqualität
Nutzer:
Bevölkerung Vermonts vertreten durch die Farm Service Agency (FSA) des United States Department of Agriculture (USDA) und den Bundesstaat Vermont
Leistungserbringer:
Landwirte
(Weitere) Intermediäre:
Natural Resources Conservation Service (NRCS) des USDA, lokale Soil and Water Conservation Districts, Ducks Unlimited und andere externe Berater
Budget:
2,1 Mio. $ über 15 Jahre für die Honorierung der Landwirte, 1 Mio. $ für Akquise und Beratung von Landwirten durch Dritte
Ausgestaltung der Zahlung:
Maßnahmenorientiert, Höhe richtet sich nach regionalen Pachtpreisen sowie den Opportunitäts- und Produktionskosten
Ansprechpartner:
Fletcher (Kip) Potter
Kip.Potter@vt.usda.gov
www.fsa.usda.gov

che zur Verfügung stehen und mit teils noch handschriftlichen Anschreiben potenzielle Teilnehmer auf die Fördermöglichkeit aufmerksam machen. Zum anderen, weil die Zahlungen im Rahmen von CREP in Vermont für die Landwirte sehr attraktiv sind und sich die Stilllegung der Flächen finanziell oft mindestens genauso lohnt wie ihre Bewirtschaftung. Als weiterer Vorteil von CREP Vermont wird angegeben, dass sich die Landwirte in den geförderten Gebieten jederzeit, ohne feste Deadlines, für die Teilnahme entscheiden können und selbst bestimmen, welche Flächen sie in das Programm einbringen.

Interview mit Fletcher (Kip) Potter, Natural Resources Conservation Service (NRCS), Colchester, Vermont, unter anderem verantwortlich für CREP Vermont

»We only work with farmers and land-owners that are interested in participating. Many of them have secondary values around wildlife, they may be hunters themselves, but to be honest, the payments are a big reason why they are interested in participating.«

Ich habe gehört, dass einige Grundbesitzer nur ungern mit der Regierung zusammenarbeiten. Können Sie mir kurz schildern, wie sich das bei CREP verhält?

Sicherlich haben wir auch Grundbesitzer, die nicht gern mit der Regierung zusammenarbeiten möchten. Einige Landwirte haben noch nie mit einer staatlichen Stelle oder einer Landesbehörde zusammengearbeitet. Und sie haben auch nicht vor, das in Zukunft zu ändern. Diese Landwirte machen allerdings nur einen sehr geringen Prozentsatz aus. Bei einigen schwingt da einfach die allgemeine Angst vor der Regierung mit. Es bereitet ihnen Unbehagen, wenn sie Regierungsleute auf ihrem Land haben. Sie fürchten, dass diese Leute etwas sehen könnten, das ihnen missfällt, und sie die Landwirte dann anderen Behörden melden oder dass ihnen befohlen wird, etwas zu tun, weil es sich um eine reglementierte Tätigkeit handelt. Insgesamt dreht es sich viel um diese allgemeine Furcht davor, Regierungsmitarbeiter auf dem eigenen Land zu haben und nicht abschätzen zu können, welche Konsequenzen sich daraus ergeben können. Die meisten Bedenken beruhen also nicht auf wirklichen Fakten.

Manchmal ist es aber auch komplexer, bei CREP zum Beispiel: Wir waren ziemlich erfolgreich darin, Landwirte zur Teilnahme zu bewegen und die Programme zur Errichtung von Gewässerrandstreifen auf Weideflächen in Anspruch zu nehmen und das Vieh mit Hilfe von Zäunen aus dem Fluss rauszuhalten. Weitaus schwieriger gestaltet es sich, wenn wir Landwirte überzeugen wollen, Ackerland für das Programm anzumelden, das direkt an Flüsse angrenzt, auch wenn wir hierfür mehr zahlen. Oft ist das Ackerland in den Auen entlang von Wasserläufen und Flüssen das ertragreichste Land eines Betriebes. Teilweise erinnern sich die Landwirte noch daran, wie einst ihr Vater oder Großvater alle Bäume abholzte, um diese Flächen für den Ackerbau nutzbar zu machen. Diese Landwirte sträuben sich jetzt oft gegen eine Freigabe dieser Flächen, obwohl wir sehr gute finanzielle Anreize dafür anbieten.

Ein weiteres Problem besteht darin, dass die verfügbaren landwirtschaftlichen Nutzflächen in einigen Teilen des Bundesstaates sehr begrenzt sind und es für die Landwirte sehr schwer ist, andere Flächen zu bekommen. Die wissen also: Wenn sie jetzt beispielsweise vier Hektar dieses sehr ertragreichen Ackerlandes entlang des Flusses abgeben und es CREP als Randstreifen zur Verfügung stellen, dann können sie das wahrscheinlich nicht durch andere Flächen ersetzen. Sie werden also die Zahl ihrer Kühe verringern müssen, weil sie dann nicht mehr ausreichend Futter zur Verfügung haben oder aber sie müssen Futter für ihre Kühe von einem Futtermittelhändler beziehen.

Und dann gibt es noch einige, die sehen in den Zahlungen eine Art Wohltätigkeitsspende und möchten dieses Geld einfach nicht annehmen. Sie sind überzeugt, dass sie diese Dinge selbst in die Hand nehmen müssen, wenn sie etwas unternehmen möchten. Einige unserer Programme beinhalten beispielsweise weitere Auflagen. Beteiligen sie sich an einem solchen Programm, müssen sie die Erosion auf ihrem stark erosionsanfälligen Boden kontrollieren und dürfen keine Feuchtgebiete beseitigen. Einige Landwirte möchten einfach nicht an derartige Vorgaben gebunden sein.

Gibt es Landwirte, die es gerecht finden, dass sie angesichts ihrer Bereitstellung ökologischer Leistungen für die Allgemeinheit auch bezahlt werden?

Es gibt sicher eine ganze Menge Landwirte, die an unseren Programmen teilnehmen, weil sie zu der Erkenntnis gekommen sind, dass sie es verdienen, für diese Leistungen und Maßnah-

men bezahlt zu werden. Gleichzeitig profitieren sie selbst auch von einigen der Maßnahmen, die sie einführen. Langfristig verbessern sie die Qualität ihrer Böden und erhalten die Produktivität ihrer Felder. Allerdings gibt es auch einige Maßnahmen, die dem Landwirt selbst keinen wirklichen Nutzen bringen, wie z. B. ein Randstreifen entlang eines Flusses. Für die Gesellschaft ist diese Maßnahme hingegen von großem Nutzen.

Wer berät die Landwirte darüber, was sie tun sollen?

Nun, wir bemühen uns selbst darum. Berater können NRCS-Mitarbeiter, ein Mitarbeiter des Landes oder ein privater Dienstleister, der mit den Landwirten als Berater arbeitet, sein. Also, unabhängig davon, wer vor Ort mit den Landwirten zusammenarbeitet, versuchen wir immer, alle Beteiligten über die jeweiligen Programme der anderen auf dem Laufenden zu halten. Man versucht, das irgendwie mit den Landwirten zu erarbeiten, man zeigt ihnen ihre Optionen auf, dann lässt man sie entscheiden, welche am besten zu ihnen passt, was sie unternehmen möchten und was sie benötigen.

Wie schätzen Sie ganz allgemein die ökologische Effektivität von Agrarumweltprogrammen ein?

Das gesamte Paket von Programmen aus der Farm Bill hat in den letzten 20 Jahren einen erheblichen Einfluss auf die Umwelt hier in den USA gehabt. Zum Beispiel das „Wildlife Compliance Program“, allgemein auch „Swampbuster“ genannt. Ein Teil dieses Programms wurde 1985 eingeführt, als die Landwirtschaft der bedeutendste Verursacher der Umwandlung von Feuchtgebieten in den USA war. Die Landwirtschaft war damals verantwortlich für etwa 60 bis 70 Prozent aller anstehenden Umwandlungen von Feuchtgebieten. Seit damals ist die Umwandlung von Feuchtgebieten in Ackerflächen so stark zurückgegangen, dass heute die Urbanisierung der primäre Grund für die in den USA nach wie vor andauernde Umwandlung von Feuchtgebieten ist. Das ist nur ein Beispiel, man kann diese Liste weiter fortsetzen: Artenschutzprogramm oder CRP – beide wirken sich positiv auf Wasserqualität und Tierwelt aus. Der Großteil dieser Programme war vor allem aufgrund der umfangreichen, landesweiten Unterstützung durch andere Organisationen sehr wirksam. Zahlreiche gemeinnützige Vereine und Umweltschutzverbände haben die Bedeutung dieser Programme erkannt, so z. B. Ducks Unlimited. Mit diesen Organisationen haben wir eng zusammengearbeitet. Sie sind Partner auf der lokalen Ebene und unterstützen die Programme gleichermaßen auf nationaler Ebene.

Unfreiwillige verursacher

Auf den folgenden Seiten behandeln wir erfolgreiche PES, bei denen die „Nachfrage“ aufgrund ordnungsrechtlicher Vorgaben entsteht. Sie wird entweder durch vorgeschriebene Umweltstandards oder durch die gesetzlich festgeschriebene Pflicht zur Kompensation negativer Effekte forciert. Die Verursacher negativer Effekte, und damit die Käufer oder Finanziers im Rahmen dieser PES, sind Einzelpersonen, Unternehmen oder auch Kommunen.

Medford Water Quality Trading Program, USA

Die Stadt Medford finanziert die Renaturierung von Uferflächen, um die Beschattung des Rogue Rivers zu verstärken. Ziel ist es, die Erwärmung des Flusswassers durch Sonneneinstrahlung zu vermindern. Die durch die Maßnahmen generierten Zertifikate werden genutzt, um gesetzliche Höchstgrenzen für die Temperatur von eingeleitetem Abwasser einzuhalten, zu denen das städtische Abwasserunternehmen verpflichtet ist. Die komplette Umsetzung des Programms übernimmt die Umweltschutzorganisation The Freshwater Trust. Sie pachtet die Flächen, beauftragt die Anpflanzungen und verkauft die Zertifikate an die Stadt.

Silvergate Mitigation Bank, USA

Die Silvergate Mitigation Bank war die erste kommerzielle Mitigation Bank westlich des Mississippi. Seit 1994 ist ihr Betreiber zum Verkauf von Ausgleichszertifikaten berechtigt. Gemeinsam mit Bundes-, Landes- und Bezirksbehörden schafften die Initiatoren die institutionelle Grundlage für die Etablierung privater Habitat Banks, die heute in den USA ein wichtiges (Markt-)Instrument zum Schutz und der Wiederherstellung von Feuchtgebieten und von Lebensräumen gefährdeter Arten sind.

finanzierte Zahlungen

Flächenagentur Brandenburg GmbH, Deutschland

Investoren, die gesetzlich verpflichtet sind, einen Eingriff in Natur und Landschaft zu kompensieren, bezahlen die Flächenagentur für bereits durchgeführte Kompensationsmaßnahmen. Die dafür notwendigen Grundstücke erwirbt die Agentur von privaten Flächeneigentümern. Langfristige Pflegemaßnahmen werden häufig von Landwirten umgesetzt, die dafür honoriert werden. Die Agentur fungiert als Initiator, Vermittler und Verkäufer.

100 Äcker für die Vielfalt, Deutschland

Ziel des von Wissenschaftlern, Landschaftspflegern und einer Naturschutzstiftung initiierten Projekts ist die Errichtung eines nationalen Netzes von Schutzflächen für Ackerwildkräuter. Finanziert werden Flächenankauf und Honorierung der Landwirte über einen jeweils regionalspezifischen Mix aus Kompensationszahlungen von Vorhabenträgern, Agrarumweltprogrammen sowie Länder- und Stiftungsmitteln.

Forest Mitigation Banking, USA

Wird in Maryland im Zuge von Landumnutzungen Wald gerodet, muss dieser in Teilen ersetzt werden. Durch freiwilliges Anpflanzen von Bäumen und deren dauerhaften Schutz können private Flächeneigentümer Zertifikate generieren und in einer Forest Mitigation Bank sammeln. Vorhabenträger kaufen die Zertifikate, um ihren Kompensationsverpflichtungen nachzukommen. Das Programm wird von den kommunalen Behörden reguliert und verwaltet. Eine Naturschutzorganisation unterstützt es mit innovativen web-basierten Tools.

Auf den folgenden Seiten behandeln wir erfolgreiche PES, bei denen die „Nachfrage" aufgrund ordnungsrechtlicher Vorgaben entsteht. Sie wird entweder durch vorgeschriebene Umweltstandards oder durch die gesetzlich festgeschriebene Pflicht zur Kompensation negativer Effekte forciert. Die Verursacher negativer Effekte, und damit die Käufer oder Finanziers im Rahmen dieser PES, sind Einzelpersonen, Unternehmen oder auch Kommunen. Entscheidend ist, dass den Verursachern Handlungsoptionen gegeben werden, wie sie ihren Verpflichtungen nachkommen können. Neben anderen Möglichkeiten können sie beispielsweise Flächeneigentümer dafür honorieren, dass diese den Funktionsverlust der beeinträchtigten Ökosystemleistungen ausgleichen. Sie können aber auch bewusst Ökosystemleistungen nutzen, um Umweltstandards einzuhalten.

Ein sehr spannendes Beispiel für diesen Typ ist das „Medford Water Quality Trading Program", bei dem ein städtisches Abwasserunternehmen ordnungsrechtlich vorgegebene Standards dadurch einhält, dass es eine Landnutzung honoriert, die eine natürliche Wasserkühlung forciert. Des Weiteren sind hier Beispiele des amerikanischen Habitat Bankings und des deutschen Pendants zugeordnet: Dazu gehören die Geschichte einer der ersten kommerziellen Mitigation Banks in den USA, der „Silvergate Mitigation Bank" sowie der in Deutschland erfolgreichen „Flächenagentur Brandenburg GmbH" und eine Beschreibung des Forest Mitigation Bankings in Maryland. In allen drei Fällen werden kompensationspflichtigen Vorhabenträgern Ausgleichsmaßnahmen zum Schutz und zur Entwicklung von Biodiversität und/oder zur Bereitstellung von Ökosystemleistungen zum Kauf angeboten. In den USA beziehen sich die Kompensationspflichten auf Feuchtgebiete, auf die Lebensräume bedrohter Arten oder auf Waldflächen einer bestimmten Größe. In Deutschland hingegen muss jeder negative, nicht vermeidbare Eingriff in Natur und Landschaft ausgeglichen werden. Die auf der Basis dieser Regelung fließenden Kompensationszahlungen nutzt auch das fünfte hier eingeordnete Beispiel „100 Äcker für die Vielfalt", das sich dem Erhalt der Biodiversität auf deutschen Ackerflächen verschrieben hat. Die Zahlungen von Vorhabenträgern sind hier jedoch nur ein Finanzierungsbaustein neben einigen anderen nicht-staatlichen wie auch staatlichen Zahlungen. Das Projekt könnte daher ebenso gut unter die freiwilligen nicht-staatlichen Zahlungen wie auch die freiwilligen staatlichen Zahlungen fallen und ist ein Fall für „die Mitte", die Gruppe der Sonderfälle, wenn wir sie vorgesehen hätten. Allein aufgrund der Aussage der Verantwortlichen, wonach die mit der Eingriffs-Ausgleichs-Regelung in Zusammenhang stehenden Finanzmittel den Großteil des zur Verfügung stehenden Budgets ausmachen, stellen wir Ihnen dieses Beispiel unter der Überschrift „Unfreiwillige verursacherfinanzierte Zahlungen" vor.

Medford Water Qua

Die Stadt Medford finanziert die Renaturierung von Uferflächen, um die Beschattung des Rogue Rivers zu verstärken. Ziel ist es, die Erwärmung des Flusswassers durch Sonneneinstrahlung zu vermindern. Die durch die Maßnahmen generierten Zertifikate werden genutzt, um gesetzliche Höchstgrenzen für die Temperatur von eingeleitetem Abwasser einzuhalten, zu denen das städtische Abwasserunternehmen verpflichtet ist. Die komplette Umsetzung des Programms übernimmt die Umweltschutzorganisation The Freshwater Trust. Sie pachtet die Flächen, beauftragt die Anpflanzungen und verkauft die Zertifikate an die Stadt.

Ökosystemleistung WASSER

Im Ballungsgebiet der Stadt Medford in Südoregon leben mehr als 76.000 Menschen. Im gesamten Landkreis Jackson County versorgt die von der Stadt betriebene Wasseraufbereitungsanlage fast 170.000 Einwohner. Medford liegt in der Nähe des Flusses Rogue River, einem als „National Wild and Scenic River“ unter Schutz gestellten Fluss, bekannt für seine wilde Landschaft, Wildwasserrafting und Lachswanderungen. Im Rahmen des Clean Water Act wurden jedoch zahlreiche Flüsse und Seen im Einzugsgebiet des Rogue Rivers auf die Liste der beeinträchtigten Gewässer gesetzt. Daher war das „Oregon Department of Environmental Quality“, kurz Oregon DEQ, gezwungen, Grenzwerte festzulegen, sogenannte „Total Maximum Daily Loads“, kurz TMDL. Ein TMDL gibt an, wie stark ein Gewässer maximal mit einem oder mehreren Schadstoffen belastet werden kann, um trotzdem die vorgegebenen Qualitätsstandards einzuhalten.

Im Einzugsgebiet des Rogue Rivers wurden TMDLs für die bakterielle Verschmutzung und die thermische Belastung berechnet. Der Temperatur-TMDL dient vor allem dazu, Lachse, Regenbogenforellen und andere Kaltwasserfische zu schützen.

Im Rahmen der Erneuerung der behördlichen Betriebsgenehmigung für Medfords regionale Wasseraufbereitungsanlage, RWRF, durch das „National Pollutant Discharge Elimination System“, kurz NPDES, wurde auch eine neue Temperaturhöchstgrenze für das Abwasser festgelegt. Der Grenzwert sinkt im Zeitverlauf, um die für das Unternehmen festgelegte, maximal erlaubte thermische Belastung einzuhalten. RWRF leitet täglich bis zu 76.000 m^3 aufbereitetes, sauberes, aber warmes Wasser in den Rogue River ab. Es besteht die Gefahr, dass durch das eingeleitete Abwasser die maximal erlaubte thermische Belastung überschritten wird, insbesondere während der Niedrigwasserperioden im Herbst. Dies könnte dazu führen, dass die Wassertemperatur insgesamt über den per TMDL festgesetzten Richtwert ansteigt.

Um die NPDES-Temperaturgrenzwerte während des gesamten Jahres einzuhalten, muss also das aufbereitete Wasser gekühlt werden, bevor es in den Fluss geleitet werden kann. Die Stadt zog drei verschiedene Methoden zur Reduktion der thermischen Belastung in Betracht: Erstens die Speicherung des warmen Wassers in Teichen oder Becken und seine Einleitung zu einem späteren Zeitpunkt im Jahr, zweitens die Errichtung einer maschinellen Kühlanlage und drittens die Uferrenaturierung und natürliche Beschattung des Gewässers. Die letzte Variante,

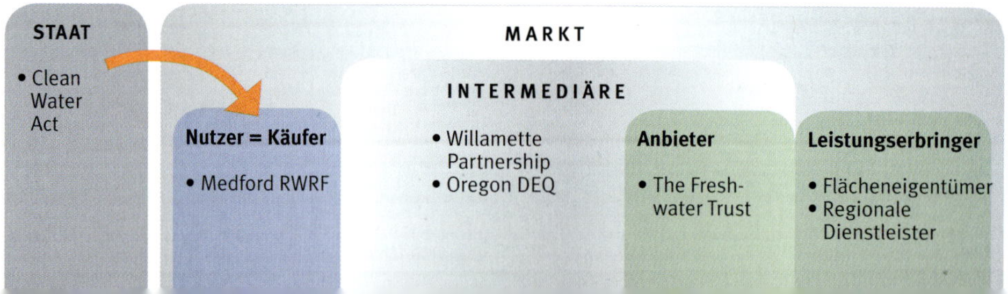

die Renaturierung des Ufers, beinhaltet das Anpflanzen einheimischer Baum- und Straucharten auf privatem Land entlang der Flussufer, um Schatten zu schaffen und so den Rogue River und seine Nebenflüsse von der Sonneneinstrahlung abzuschirmen. Zusätzlich zur Reduktion der thermischen Belastung bietet die Uferrenaturierung weitere ökologische Vorteile: Die Schaffung von Lebensräumen (z.B. Bäume für Vögel), eine größere Lebensraum-Vielfalt innerhalb des Flusses (z.B. durch ins Wasser gefallenes Totholz) und die Stabilisierung des Ufers etwa durch verminderte Erosion und verstärkte Filtrierung von Nährstoffen aus landwirtschaftlichen Abflüssen. Die Renaturierung der Uferbereiche schafft zudem Arbeitsplätze in der Region und fördert die lokale Wirtschaft, während der für große Kühlanlagen notwendige Energieverbrauch und entsprechende Treibhausgasemissionen vermieden werden. Es waren jedoch nicht die verschiedenen zusätzlichen, positiven Wirkungen, die die Stadt Medford veranlassten, die dritte Methode, also den ökologischen Ansatz, zu wählen. Die Stadt entschied sich in erster Linie für die kosten- und energieeffizienteste Lösung: Bei einem geschätzten Kapitalaufwand von sechs bis acht Millionen Dollar kostet das Renaturierungsprogramm etwa die Hälfte dessen, was die Installation großer Kühlanlagen gekostet hätte.

Die Organisation The Freshwater Trust wurde beauftragt, ein „Water Quality Trading Program" zu entwickeln und umzusetzen, also einen Handel mit Wasserqualitätsrechten. Der Trust verfügt über 30 Jahre Erfahrung mit Flusssanierungen und schloss mit der Stadt Medford einen verlängerbaren 20-Jahres-Vertrag ab. Er beaufsichtigt nun das Medford Trading Program. Dazu gehören sowohl die Modellierung der thermischen Effekte durch die Verbesserungen der Gewässerrandzone als auch alle Tätigkeiten, die für die Generierung der entsprechenden Zertifikate, im Englischen Credits, notwendig sind: Von der Standortwahl bis zur Umsetzung, über langfristiges Monitoring und Pflege, Verifizierung durch eine dritte Partei, Verfahren zur Zertifizierung und Registrierung der Zertifikate. Dafür (i) identifiziert und kontaktiert The Freshwater Trust die einzelnen Flächeneigentümer, (ii) sichert Pachtverträge und (iii) beauftragt dann Gärtnereien und andere regionale Firmen mit den notwendigen Arbeiten zur Uferbepflanzung. Anschließend engagiert die Organisation eine neutrale, dritte Partei, um die Verifizierung und Zertifizierung vorzunehmen, bevor die Zertifikate dann online registriert werden. Der Trust unterhält die Renaturierungsprojekte über die gesamte Laufzeit der Zertifikate, die 20 Jahre beträgt. Die für abgeschlossene Projekte registrierten Zertifikate werden nach der Implementierung und Verifizierung an die Stadt Medford verkauft. Damit ermöglicht der Vertrag mit The Freshwater Trust der städtischen RWRF, am Handel mit Wasserqualitätsrechten teilzunehmen, ohne dass die Stadt eigenes Personal einsetzen muss, das solch ein Programm umsetzt und überwacht.

Die Berechnung der Ausgleichszertifikate basiert auf einem innovativen, computergestützten Modellierungstool, das vom Oregon DEQ entwickelt wurde, dem sogenannten Shade-a-lator. Dieses auf dem Computerprogramm Excel aufgebaute Modell zur Sonnenbewegung nutzt GIS-Indikatoren und Feldbeobachtungen, um die bodennahe Sonneinstrahlung und die mit der Maßnahme verbundene effektive Beschattung zu ermitteln. Dies geschieht anhand der geographischen und vegetativen Charakteristika des Flusslaufs. Da es einige Zeit braucht, bis die gepflanzte Ufervegetation ausgewachsen und der komplette Kronenschluss erreicht ist, durch den die einfallende Sonnenstrahlung abschirmt wird, legte das DEQ ein zwei-zu-eins-Ver-

Medford Water Quality Trading Program

Region (Fläche):
Einzugsgebiet des Flusses Rogue River in der Nähe von Medford, Oregon, USA (48.3 km renaturiertes Flussufer)
Startjahr (Stadium):
2011 (laufend)
Ziel:
Verbesserung der Wasserqualität
Nutzer:
Medford Regional Water Reclamation Facility (RWRF)
Leistungserbringer:
Flächeneigentümer, regionale Dienstleister vertreten durch den Freshwater Trust
(Weitere) Intermediäre:
Willamette Partnership, Oregon Department of Environmental Quality (Oregon DEQ)
Budget:
6 bis 8 Mio. $
Ausgestaltung der Zahlung:
Ergebnisorientiert, Höhe orientiert nach den Pachtpreisen sowie Produktions- und Managementkosten
Ansprechpartner:
Alex Johnson
alex@thefreshwatertrust.org
www.thefreshwatertrust.org/conservation/water-quality-trading

hältnis fest. Das bedeutet, es gibt einen Sicherheitspuffer für den Fall, dass eine der bepflanzten Flächen nicht den Schatten liefern kann, für den es Zertifikate erhalten hat.

Ziel des Medford Water Quality Trading Programs ist es, durch die Wiederherstellung der Uferbeschattung im Flussgebiet innerhalb der ersten zehn Jahre der Projektumsetzung die Wirkungen der Sonneneinstrahlung um 620 Millionen Kilokalorien pro Tag zu reduzieren. Während dieser zehn Jahre wird die Stadt Medford diese tägliche Reduktion in Form von Zertifikaten vom Trust kaufen. Der vertraglich festgelegte Preis pro Zertifikat beinhaltet alle Ausgaben für die Implementierung, laufende Unterhaltung und das Monitoring sowie die Pachtzahlungen an die Flächeneigentümer über einen Zeitraum von 20 Jahren. Die geschätzten Kapitalkosten für die Renaturierung eines Flusses betragen um die 100.000 Dollar pro Meile zuzüglich Gemeinkosten, Kosten für Projektmanagement, die jährlichen Betriebs- und Instandhaltungskosten, Zahlungen an Flächeneigentümer und andere Aufgaben im Zusammenhang mit den Zertifikaten, wie Verifizierung und Zertifizierung.

The Freshwater Trust spielt eine entscheidende Rolle für den Erfolg des Programms: Die Organisation setzt das Programm nicht nur um, sondern tritt auch als Verkäufer und Vermittler auf. Das Programm ist das erste, das mit neuen Qualitätsstandards arbeitet, die von einer Arbeitsgruppe aus Regierungsbehörden und gemeinnützigen Organisationen entwickelt wurden. Der Trust hat für den Fall des Scheiterns vertraglich einen Teil der Haftung übernommen. Demnach übernimmt er einen Teil der Geldstrafen, die auf Medfords RWRF zukommen, wenn sie die Auflagen zur Einhaltung der Wassertemperatur nicht einhalten kann.

Mit der „Willamette Partnership", der neutralen dritten Partei, ist eine weitere gemeinnützige Organisation in das Programm involviert. Sie betreut die Zertifizierung der Ufersanierung und die Registrierung der Zertifikate. Die Willamette Partnership (http://willamettepartnership.org/) ist eine Koalition aus führenden Umweltschutzorganisationen, der Stadt, dem County, Wirtschaftsunternehmen, Landwirten und Wissenschaftlern, die sich in den letzten Jahren zusammengetan haben, um den Umweltschutz im Willamette Basin im Nordwesten Oregons zu verbessern. Unter anderem entwickelt die Organisation marktbasierte Instrumente für Landwirte, um die Teilnahme an aufkommenden Ökosystemmärkten zu prüfen, sich an ihnen zu beteiligen, Schwerpunkte bei Renaturierungsmaßnahmen zu setzen und Zugang zu entsprechenden Honorierungszahlungen zu erhalten. Da die Willamette Partnership neue Protokolle und Standards für Ausgleichszertifikate in Oregon entwickelt und etabliert hat, fungiert die Organisation als Aufsichtsorgan im Medford Water Quality Trading Program. Sie stellt sicher, dass die Sanierungsmaßnahmen, durch die Zertifikate generiert werden, auch hinreichend gründlich umgesetzt werden. Andere Akteure, wie Craft3 und der Meyer Memorial Trust, haben The Freshwater Trust finanziell unterstützt, insbesondere beim Aufbau von Kapazitäten, mit denen die Organisation erfolgreich an der Ausschreibung der Stadt Medford teilnehmen und mit der Umsetzung beginnen konnte. Alle Aktivitäten im Rahmen des Handelsprogramms werden jedoch durch den Kauf der Ausgleichszertifikate von Medford finanziert.

Medfords Water Quality Trading Program ist nicht das erste seiner Art. Clean Water Services (CWS), ein Wasserversorger im Norden Oregons, startete 2004 ein ganz ähnliches Pro-

gramm und hat seitdem über 4 Millionen einheimische Bäume und Sträucher auf fast 50 Kilometern entlang des Tualatin River und seiner Nebenflüsse gepflanzt. Die Rahmenpläne sowohl für das Medford als auch das CWS-Programm wurden vom Oregon DEQ entwickelt und genehmigt. Allerdings verfolgt CWS ein anderes Konzept: Hier wird das Handelsprogramm komplett intern umgesetzt, es sind also ausschließlich CWS-Mitarbeiter mit der Entwicklung und Durchführung des Trading Programs befasst. Die Stadt Medford hingegen nutzt den Intermediär The Freshwater Trust als Mittelsmann für alle Aspekte des Handelsprogramms – vom Abschätzen der Zertifikate bis hin zur Umsetzung der Projekte und der Registrierung der Zertifikate.

Mittlerweile prüfen andere Städte und Abwasserunternehmen die Möglichkeiten, ähnliche Handelsprogramme in Kombination mit Uferrenaturierungen einzuführen und damit einen innovativen, „grünen" Weg zur Erfüllung der nationalen und bundesstaatlichen Anforderungen an die Wassertemperatur oder – zukünftig – die Nährstoffreduktion zu wählen. Programme wie die von Medford oder CWS sind eine tragfähige Alternative, mit denen Wasserbetriebe teure technische Lösungen vermeiden und andere, bedeutende Vorteile generieren können: Zusätzlich zur Bereicherung des Lebensraums für Wildarten und der Verbesserung der Uferbereiche führen die Renaturierungsprojekte zur Einbindung der Flächeneigentümer und örtlichen Bevölkerung und sind verbunden mit ökonomischen Vorteilen für die Gemeinde. Daher kann Medfords Water Quality Trading Program als ein positives Beispiel betrachtet werden, von dem alle profitieren: die Wirtschaft, die Bevölkerung und die Umwelt.

Interview mit Alex Johnson, Leiter des „Ecosystem-Credit-Program“ bei The Freshwater Trust

„Wie werden wir jemals genug Geld und Aufmerksamkeit bekommen, um wirklich etwas zu ändern? Die Antwort ist: Indem wir Standards schaffen, die richtigen Anreize setzen und dann jeden einladen, an diesem Markt zu partizipieren.“

Können Sie mir ein wenig über den Planungsprozess des Programms erzählen?

CWS initiierte den ersten Handel dieser Art, aber das war vor sieben Jahren und die Standards waren andere als heute. Das Projekt weckte großes Interesse, insbesondere bei anderen regulierten Unternehmen, aber auch bei gemeinnützigen Organisationen wie Willamette Partnership. Die sagten „lasst uns versuchen, alle zusammenzubringen, die sich darüber einigen müssen, wie sich diese Programme weiter entwickeln sollten.“ Es dauerte sechs Jahre, um sich über all die unterschiedlichen Aspekte zu verständigen, die so ein Zertifikat ausmachen. Willamette Partnership legte die Standards fest, aber die sind keine Projektentwickler. Andererseits war dem Trust als Projektimplementierendem klar, dass die Stadt Medford nicht über die Kapazitäten verfügt und auch kein Interesse daran hat, rauszugehen und alle Analysen des Wassereinzugsgebietes durchzuführen, mit Flächeneigentümern, Gärtnereien etc. Verträge zu schließen und das Projekt zu überwachen. All diese Dinge sind weit weg von den üblichen Aufgabenbereichen des Managers einer Wasseraufbereitungsanlage und deshalb ist das für die meisten Anlagen nicht praktikabel.

Zu welchem Zweck setzen Sie Modellier-Tools wie den Shade-a-lator ein?

Die aktuellen Handelsprogramme zur Wasserqualität in Oregon kalkulieren die Zertifikate mithilfe eines Wärmemodells für Wassereinzugsgebiete, dem „Oregon Heat Source Model“. Es wird seit mehr als einem Jahrzehnt vom Oregon DEQ verwendet und hat sich als äußerst effektiv erwiesen. Heat Source berücksichtigt alle unterschiedlichen Faktoren, die auf Gewässer einwirken. Der Shade-a-lator ist faktisch ein Teil dieses Modells, mit dem die effektive Beschattung eines Gewässers beziehungsweise die abgeschirmte Sonneneinstrahlung auf ein Gewässer gemessen werden kann. Dafür werden in den älteren Versionen manuelle Eingaben genutzt oder, mittlerweile, Licht- und Radardaten, die von einem Flugzeug unter Nutzung von reflektierten Laserstrahlen gesammelt werden. Wenn man einen Standort untersucht, an dem man die Uferzone bepflanzen möchte, um die Sonneneinstrahlung abzuschirmen, kann man mit dem Shade-a-lator die bestehende Sonneneinstrahlung modellieren und die mögliche Verbesserung berechnen. Das Modell verdeutlicht, wie viele Kilokalorien Wärme (durch Sonnenlicht) täglich während des spezifischen Zeitraums, den man gerade untersucht, das Gewässer erreichen. Und dann kann man das Modell dazu verwenden zu sagen, „okay, davon ausgehend, was wir hier anpflanzen, wird dies die Art von Uferzone sein, die in zwanzig Jahren von heute an hier existiert und diese Verbesserung ergibt den Wert der Zertifikate.“

Geht es um die Kombination von Bäumen oder auch um die räumliche Analyse und wo man den Uferstreifen anlegen sollte, wo er am effektivsten ist?

Das konkrete Gebiet für den Handel wird vom TMDL definiert. Wenn Sie eine Punktquelle in Oregon sind, dann finden Sie im Grunde durch den TMDL-Prozess heraus, wo Sie Anpflanzungen vornehmen können, um Ausgleich zu schaffen, also Zertifikate zur Verminderung der Wärmebelastung generieren können. Mit dem Modell beschreiben Sie die zukünftige Beschirmung durch die Anpflanzungen; das sind die Höhe der Vegetation, wie sie in 20 Jahren erreicht sein wird und der dadurch geschaffene Schatten in Prozent. Wir nutzen das Tool also, um zu modellieren, wieviel Sonnenlicht das Gewässer in 20 Jahren noch erreichen wird, wenn die Uferzone stärker zugewachsen ist. Die Differenz zwischen der zukünftigen Vegetation und der gegenwärtigen Ausgangssituation ist das, was wir an ein staatlich reguliertes Unternehmen verkaufen können, damit die das nutzen können zur Einhaltung ihrer NPDES-Verpflichtungen. Auf dieser Grundlage können die Zertifikate rechtsgültig gehandelt werden und in einem zur Einhaltung ausgewiesenen Gebiet eingesetzt werden, sobald die Pflanzen in die Erde gebracht sind. Sie müssen also nicht 20 Jahre warten, bis die Uferzone zugewachsen ist und den vollen Schatten erzeugt. Das war eine der zentralen Abmachungen, auf die sich die Behörden verständigt haben. Sobald die Pflanzen in der Erde sind, das Projekt von einer neutralen, dritten Partei verifiziert wurde und die Zertifikate in einem Register eingetragen sind, können sie für die Genehmigungen genutzt werden. Die ganze Sache wäre anders nicht möglich. Wenn sie ein Käufer mit gesetzlichen Verpflichtungen sind, ein Compliance Buyer, können sie einfach keine 5, 10, oder 15 Jahre warten, um Ausgleichszertifikate zu kaufen. Die brauchen sie jetzt.

Intern nutzen wir das Shade-a-lator-Modell hauptsächlich, um umfassende Einschätzungen von Wassereinzugsgebieten vorzunehmen. Wir wollen vor der Unterzeichnung eines Vertrags zur Bereitstellung von Zertifikaten sicherstellen, dass das Wassereinzugsgebiet, um das es geht, genug Renaturierungs-Potenzial hat, um diese Zertifikate auch zu generieren. Bei dem Vertrag mit Medford ergab sich ein Vielfaches von dem, was wir zu generieren hatten. Wäre es knapp gewesen, hätten wir uns wohl nicht so wohl gefühlt; wahrscheinlich hätten wir dann nicht einen Großteil der Haftung übernommen, wie wir es letztlich getan haben. Also ganz klar, im Vorfeld von solch einem Vertrag führen wir sehr viele interne Analysen durch und nutzen die Tools mit einer anderen Fragestellung im Kopf: Können wir diese Zertifikate erzeugen? Was werden diese Zertifikate kosten? Wie viel wird eine Meile Renaturierung mit dieser neuen Methode zur Generieren von Ausgleichszertifikaten kosten – denn das ist offensichtlich ganz anders als das, was wir bisher gemacht haben? The Freshwater Trust führt seit 30 Jahren kontinuierlich Renaturierungsprojekte durch, doch bisher in einer Welt der Beihilfen. Man bekommt Zuschüsse, Spenden von Philanthropen, und man geht raus und macht es so gut man kann. Und dann geht das Geld aus und man muss das Projekt sich selbst überlassen. Genauso oder ähnlich liefen Renaturierungsprojekte in den letzten Jahrzehnten ab. Aber das funktioniert nicht mit Compliance-Projekten, das ist eine völlig andere Art, das anzugehen. Wenn sie eine Punktquelle sind, dann brauchen sie etwas, das sehr viel exakter ist, dessen Existenz für die nächsten 20 Jahre einfach nachgewiesen werden kann. So ungefähr nutzen wir die Modelle.

Ist die Modellierung entscheidend für den Erfolg?

Meiner Ansicht nach ist sie elementar für den Erfolg, denn ich denke, für das langfristige Funktionieren von PES muss man in der Lage sein, für Ergebnisse und nicht für Maßnahmen zu bezahlen, oder? Aber man muss sehr genau darüber nachdenken, für welche Ergebnisse man bezahlen möchte. Ich komme aus der Wirtschaft, ich denke bei allem darüber nach, wie man Anreize schaffen kann. Mit dem Clean Water Act und den Vorschriften, die wir in Amerika in den letzten vierzig Jahren hatten, wurden extrem risikoaverse Punktquellen motiviert, den am wenigsten riskanten Weg zu gehen, um Auflagen einzuhalten und das war die technische Lösung, im Fall von Temperatur der Kühlturm oder die Kühlanlage. Dafür haben sie Anreize gesetzt. Aber um ein PES-Handelsprogramm aufzubauen, muss man noch genauer überlegen, wofür die Anreize gesetzt werden sollen. Modelle sind sehr wichtig, um hier erfolgreich zu sein, denn man sollte Anreize für die Ergebnisse schaffen, die bei guten Renaturierungsmaßnahmen rauskommen. Aber es muss ausgewogen sein, alles hat sein Maß. Sie wollen ja nicht das ganze Programm in die Hände des Modellierers legen und sie sollten sich nicht so stark auf Modelle verlassen, dass am Ende die Prozesse verlangsamt werden und verhindert wird, dass die Dinge wirklich umgesetzt werden.

Wie denken Sie, könnten sich diese Handelsprogramme weiterentwickeln?

Damit sich die Sache weiterentwickeln und verbreiten kann, brauchen wir mehr Marktteilnehmer und das müssen keine Non-Profit-Organisationen sein. Wenn die Standards hoch genug gesetzt werden, dann könnte es auch ein rein profitorientierter Akteur sein. Die Motive sind unerheblich, so lange die Renaturierungsmaßnahmen wirklich stattfinden, der Nutzen quantifizierbar ist und die Maßnahmen über lange Zeit ausreichend kontrolliert werden können, um zu gewährleisten, dass sie nach einer gewissen Zeit noch existieren. Wir wollen Wettbewerb, weil das der einzige Weg ist, um es wirklich so stark zu verbreiten, dass es dem Ausmaß des Problems gerecht wird. In Oregon werden vielleicht 100 bis 300 Flussmeilen pro Jahr renaturiert. Bei 30.000 Meilen Flusslauf, die gestört sind – und das gilt nur für den Bereich Temperatur – sind 300 wirklich sehr, sehr wenig. Wie werden wir jemals genug Geld und Aufmerksamkeit bekommen, um wirklich etwas zu ändern? Die Antwort ist: Indem wir Standards schaffen, die richtigen Anreize setzen und dann jeden einladen, an diesem Markt zu partizipieren.

Silvergate Mitigati

Die Silvergate Mitigation Bank war die erste kommerzielle Mitigation Bank westlich des Mississippi. Seit 1994 ist ihr Betreiber zum Verkauf von Ausgleichszertifikaten berechtigt. Gemeinsam mit Bundes-, Landes- und Bezirksbehörden schafften die Initiatoren die institutionelle Grundlage für die Etablierung privater Habitat Banks, die heute in den USA ein wichtiges (Markt-)Instrument zum Schutz und der Wiederherstellung von Feuchtgebieten und von Lebensräumen gefährdeter Arten sind.

Die amerikanische Gesetzgebung fordert im Rahmen des Clean Water Act, kurz CWA, und des Endangered Species Act, kurz ESA, die Vermeidung, Minderung oder den Ausgleich von Eingriffen, durch die bestehende Feuchtgebiete umgewandelt oder beschädigt, beziehungsweise Habitate von ESA-gelisteten Arten gefährdet werden. Vorhabenträger, die einen Eingriff planen, der ein Feuchtgebiet oder gelistete Art(en) gefährdet, müssen eine Erlaubnis beantragen. Die Erlaubnis erhalten sie, wenn sie die negativen Einflüsse vor Ort so weit wie möglich reduzieren und unvermeidbare Folgen andernorts ausgleichen. Ziel ist eine funktionsgleiche Kompensation, also der Ersatz genau der durch das Projekt nachteilig beeinflussten Funktion(en) des jeweiligen Naturraums und seines ökologischen Wertes. Daher müssen schädliche Eingriffe in Feuchtgebiete im selben Wassereinzugsgebiet ausgeglichen werden.

Um unvermeidbare Eingriffe in Feuchtgebiete oder den Lebensraum gelisteter Arten zu kompensieren, kann der Vorhabenträger selbst Ausgleich schaffen oder Zahlungen an eine Umweltschutzorganisation leisten, mit denen diese künftige Renaturierungsarbeiten finanziert. Er kann aber auch Ausgleichszertifikate von sogenannten Mitigation Banks oder Conservation Banks erwerben. In diesen Banks werden Kompensationsmaßnahmen bevorraten, die zum Ausgleich unvermeidbarer Eingriffe eingesetzt werden können. Bei einer Mitigation Bank geht es um große Feuchtgebiete, teilweise auch mehrere miteinander verbundene Flächen, die aufgewertet oder neu geschaffen wurden und nun unter dauerhaftem Schutz stehen. Betreiber einer Conservation Bank entwickeln und pflegen die Habitate von Arten, die laut ESA gefährdet sind. Beide Formen werden aktuell unter dem Begriff Habitat Banking für den europäischen Raum diskutiert.

Errichtet werden kann solch eine Bank von Organisationen, Regierungsbehörden oder auch Privatpersonen. Das Vorhaben muss bestimmten finanziellen und ökologischen Anforderungen gerecht werden, dann werden der Bank die erbrachten und bevorrateten Maßnahmen in Form von Zertifikaten, im Englischen „Credits", gutgeschrieben. Diese kann der Betreiber dann zum Verkauf anbieten. Die Ausgleichszertifikate entsprechen dem ökologischen Wert von einem Acre, also rund 4.050 m² des Gebietes. Die Preisspanne ist sehr hoch: 2008 lagen die Preise zwischen 3.000 Dollar und 653.000 Dollar, mit einem Durchschnittspreis von 112.449 Dollar. Käufer sind im Wesentlichen Einzelpersonen oder Organisationen die ein Vorhaben planen, das Auswirkungen auf ein Feuchtgebiet oder den Lebensraum

on Bank

einer bedrohten Art hat. Dazu gehören beispielsweise Bauträger von Wohn- und Gewerbeimmobilien, Energieerzeuger und -versorger, staatliche Verkehrsbehörden, Städte, das Verteidigungsministerium und andere staatliche Behörden.

Die Silvergate Mitigation Bank wurde 1991 unter dem Namen „Wildlands Mitigation Bank“ von Wildlands, Inc. gegründet, einem der ersten auf die Entwicklung von Mitigation Banks spezialisierten Unternehmen. Wildland-Mitbegründer und Präsident Riley Swift hatte jahrelang beobachtet, wie die in der Region typischen Vernal Pools – das sind temporär austrocknende Feuchtgebiete von unterschiedlicher Größe, die für viele Arten lebensnotwendig sind – durch Wohnhäuser und Geschäftsgebäude ersetzt wurden. Er entwickelte die Idee, diese Vernal Pools zu verlegen, um ihren durch Baumaßnahmen bedingten Verlust auszugleichen. Als Riley Swift vom Mitigation Banking hörte, einem Konzept, das seit einigen Jahren von staatlichen Behörden getestet wurde, bekam seine Idee einen konkreten Rahmen. Davon motiviert, entwickelte er zusammen mit seinem Partner und Jagdkollegen Steve Morgan eine eigene Mitigation Bank.

Das Gebiet der Silvergate Mitigation Bank liegt im Norden Kaliforniens. Ursprünglich befand sich dort eine weite Grasfläche, durchzogen von einem Netz aus Vernal Pools und anderen kleinen Versickerungsflächen, die den Fluss Bear River speisten. In den 1930er und 1940er Jahren wurde das Gebiet für den Anbau von Weizen und Gerste genutzt, später dann für den intensiven Reisanbau und zur Viehzucht. Dieses Gebiet erwarben Swift und Morgan, um die Renaturierungsmaßnahmen für ihre Mitigation Bank umzusetzen.

In der Planungsphase wurden grundlegende Fachstudien erstellt sowie Ziele, Vorgaben und Bedingungen für die Schaffung von Habitaten identifiziert. Auf deren Basis konnte Wildlands, Inc. einen Renaturierungsplan entwickeln, bei Behörden Genehmigungen erwirken und mit ihnen die entsprechenden Verträge gestalten sowie schließlich die Erdarbeiten und die Wiederbegrünung koordinieren.

Das Startkapital für die Mitigation Bank wurde von Wildlands gestellt und später durch die Einnahmen aus dem Verkauf der Zertifikate ausgeglichen. Der anfangs festgesetzte Wert für die Zertifikate basierte auf den Erfahrungen der Firma hinsichtlich der Konstruktion, Wartung und dem Monitoring verschiedener Lebensraumtypen, den Kosten für den Grundstückskauf, die Projektentwicklung und die Genehmigungen sowie den Ausgaben für das langfristige Management. Zudem gab es das Bestreben, einen Gewinn zu erzielen, um zukünftige Projekte finanzieren zu können. Später wurde der Preis an die Marktsituation angepasst. Die Idee war, dass der Preis für ein Zertifikat dem entspricht, was ein Acre des von Kompensationsverpflichtungen befreiten Landes wert ist.

Die Zertifikate werden über das Wildlands-Verkaufsbüro erworben. Für einen bestimmten Typ, unterschieden nach der Art des Feuchtgebietes oder der bedrohten Tier- oder Pflanzenart, ist ein Preis pro Acre festgelegt. Dem Verkäufer – der Bank – werden alle relevanten Informationen hinsichtlich der von der oder den Behörde(n) geforderten Kompensation übermittelt. Dann wird ein Kaufvertrag aufgesetzt und vollzogen. Nach Bezahlung erhält der Käufer einen Kaufbeleg, den er bei der entsprechenden Behörde einreicht, um seinen Kompensationsverpflichtungen nachzukommen.

Mehrere Behörden auf der nationalen wie auch der bundesstaatlichen Ebene sind involviert, unter anderem die nationale Naturschutzbehörde, der „U.S. Fish and Wildlife Service“, das

Silvergate Mitigation Bank

Region (Fläche):
knapp 2 km westlich von Sheridan, Kalifornien, USA (265 ha)
Startjahr (Stadium):
1991, Verkauf ab 1994 (laufend)
Ziel:
Schutz und Entwicklung von Biodiversität
Nutzer:
Allgemeinheit vertreten durch Vorhabenträger, die zur Kompensation ihrer negativen Eingriffe in Feuchtgebiete oder Habitate wildlebender Arten verpflichtet sind
Leistungserbringer:
Wildlands, Inc. in Kooperation mit Restoration Resources
(Weitere) Intermediäre:
Wildlife Heritage Foundation, US Fish and Wildlife Service (USFWS), US Army Corps of Engineers (USACE), US Environmental Protection Agency (EPA), California Department of Fish and Wildlife (CDFW), California Department of Water Resources (DWR), regionale Behörden
Budget:
Kosten für
- Grundstückskauf: $ 2 Mio.
- Projektplanung, Genehmigungen: $ 350.000
- Errichtung: ca. $ 3,75 Mio.
- Instandhaltung, Überwachung, Berichterstattung: $ 900.000
- laufendes Management: jährlich $ 50.000

Ausgestaltung der Zahlung:
Je nach Art des Zertifikats maßnahmen- oder ergebnisorientiert, Höhe richtet sich nach Produktionskosten, Gewinnabsichten und Nachfrage
Ansprechpartner:
Riley Swift
r.swift@restoration-resources.net
www.restoration-resources.net/mitigation/silvergate.php

für Bauingenieurleistungen zuständige Hauptkommando der U.S. Army, das „Army Corps of Engineers“ und die Landesbehörden für Naturschutz und Wasserressourcen, das „California Department of Fish and Wildlife“ und das „California Department of Water Resources“. Auf lokaler Ebene ist das Planungsamt des zuständigen Countys beteiligt. Während der ersten fünf Jahre der Bestandsbegründung waren diese Behörden regelmäßig vor Ort, um sicherzustellen, dass das Gebiet gemäß den entsprechenden Vorschriften gestaltet wurde. Zudem verfasste Wildlands jährliche Berichte, die bei den Behörden über einen Zeitraum von mindestens fünf Jahren nach Beendigung jeder Phase der Renaturierung eingereicht wurden. Nach wie vor gehen Monitoringberichte an die nationalen und bundesstaatlichen Behörden sowie an die „Wildlife Heritage Foundation“. Diese Stiftung fungiert als Inhaber der mit Wildland abgeschlossenen Conservation Easements, mit denen dauerhafte Nutzungsbeschränkungen für das Gebiet festgeschrieben werden. Die Stiftung verwaltet insgesamt Easements für mehr als 13.000 Hektar Land in Kalifornien, von denen die meisten aufgrund von Ausgleichsverpflichtungen zustande gekommen sind.

Mit dem Ausscheiden von Riley Swift aus Wildlands wurde aus der Wildlands Mitigation Bank die Silvergate Mitigation Bank, verwaltet von Sierra View Landscape, Inc., die inzwischen unter dem Namen „Restoration Resources, Inc.“ operiert. Sie bietet sich heute nicht nur als Mitigation, sondern auch als Conservation Bank an und umfasst mehr als 23 Hektar neu geschaffener Vernal-Pool-Habitate, 87 Hektar Sumpfgebiet, 14 Hektar flussnahe Feucht- und Waldgebiete, 26 Hektar Lebensraum für den Kalifornischen Bockkäfer und 126 Hektar wiedergeschaffenes ein- und mehrjähriges Grasland. Der Standort bietet Lebensraum für eine Vielzahl heimischer Pflanzen und Tiere.

Dazu gehören 19 auf nationaler und auf bundesstaatlicher Ebene gelistete Arten. Die Flächen werden zudem für das Bildungsprogramm der Wildlife Heritage Foundation genutzt.

Die Silvergate Mitigation Bank war die erste kommerzielle Mitigation Bank in Kalifornien. Ihre Errichtung schaffte bei den nationalen, bundesstaatlichen und lokalen Behörden viele der institutionellen Voraussetzungen für die Gründung und Nutzung solcher Banks. 2006 wurde allein die Anzahl der Mitigation Banks in den USA auf rund 500 geschätzt. Für ihre Umsetzung der Silvergate (Wildlands) Mitgation Bank wurde den Organisatoren von der kalifornischen Umweltbehörde die Auszeichnung „Umweltschützer des Jahres 1996“ verliehen.

Auszug aus einer Email von Riley Swift, Präsident von Restoration Resources und Initiator der Silvergate Mitigation Bank in Sheridan, über die Entstehung der Wildlands Mitigation Bank.

Zu der Zeit, als die Wildlands Mitigation Bank (heute: Silvergate) gegründet wurde, gab es „keine Regeln“, weil das Mitigation Banking nur eine Idee war und solche Banks real nicht existierten. Als studierter Biologe und Landschaftsgärtner, der es nicht besser wusste, beschloss ich 1989, zur Zerstörung freigegebene Feuchtgebiete an andere Orte zu verlegen, wo dann die verdrängten Pflanzen und Tiere ihr weiteres Leben verbringen, viele Nachkommen haben und dauerhaft geschützt werden können. Es war eine einfache Idee, basierend auf der Tatsache, dass der staatliche Clean Water Act, der 1986 zum Landesgesetz wurde, alle Gewässer und Feuchtgebiete der USA unter Schutz stellte, sich aber in Kalifornien niemand darum kümmerte. Ich war mir sicher, dass ich die von der Regierung angeordnete Aufgabe im Rahmen eines privaten Geschäftes erfüllen könnte und wollte mich anderen Firmen und öffentlichen Behörden anbieten, die realisierbare Maßnahmen brauchen, um unvermeidbare Auswirkungen auf geschützte Ressourcen zu kompensieren. Ich fand einen Partner mit hervorragendem Unternehmergeist und wir gründeten 1991 Wildlands, Inc.

Es dauerte mehrere Jahre, die öffentlichen Behörden davon zu überzeugen, dem Mitigation Banking eine Chance zu geben. Nachdem mein Partner ein geeignetes Stück Land gefunden hatte, plante ich ein Projekt zur Wiederherstellung beziehungsweise Neuschaffung von Habitaten, mit dem die in unserer wachsenden Region benötigten Zertifikate generiert werden konnten. Im Herbst 1994 erhielten wir schließlich die Zustimmung der Behörden und die Genehmigung für die Umsetzung der ersten Phase des Plans und den Verkauf der Zertifikate. Zu dem Zeitpunkt beschlossen wir, dass diese Bank ein herausragender Erfolg als Lebensraumschaffendes Projekt werden müsse, denn dann würde sich ein Markt für den Verkauf der Zertifikate entwickeln und sich die Aufsichtsbehörden richtig für das Konzept der Mitigation Banks einsetzen.

Heute sind die Zertifikate von Mitigation Banks die erste Wahl der nationalen Behörden, wenn Projektträger ihre negativen Eingriffe kompensieren sollen. Und die Wildlands Mitigation Bank war außerordentlich erfolgreich, betrachtet man die ausgereiften, nachhaltigen, nationalen Habitate und die Vielzahl an seltenen, bedrohten und gefährdeten einheimischen Pflanzen- und Tierarten, die sich dort angesiedelt haben. Die Wildlands Mitigation Bank war auch finanziell ein sehr erfolgreiches Projekt und Wildlands, Inc. wurde zu einem äußerst erfolgreichen Unternehmen, das überall in den USA bekannt ist für seine vielen erfolgreichen Mitigation Banks.

Flächenagentur Br

Investoren, die gesetzlich verpflichtet sind, einen Eingriff in Natur und Landschaft zu kompensieren, bezahlen die Flächenagentur für bereits durchgeführte Kompensationsmaßnahmen. Die dafür notwendigen Grundstücke erwirbt die Agentur von privaten Flächeneigentümern. Langfristige Pflegemaßnahmen werden häufig von Landwirten umgesetzt, die dafür honoriert werden. Die Agentur fungiert als Initiator, Vermittler und Verkäufer.

Das Konzept der Flächenpools – in einigen Bundesländern unter dem Begriff „Ökokonten“ bekannt – ist in Deutschland relativ neu. Gesetzliche Basis ist die seit den 1970er Jahren existierende Eingriffs- und Ausgleichsregelung des Bundesnaturschutzgesetzes, das seit der Novelle 2010 auch Aussagen zu Flächenpools/Ökokonten trifft. Dieser Regelung zufolge sind vermeidbare Beeinträchtigungen von Natur und Landschaft grundsätzlich zu unterlassen. Sind Beeinträchtigungen unvermeidbar, müssen diese durch Maßnahmen des Naturschutzes und der Landschaftspflege dauerhaft kompensiert werden. Entweder wird Ausgleich geschaffen, indem die beeinträchtigten Funktionen des Naturhaushaltes zeitnah am selben Ort wiederhergestellt werden. Oder es erfolgt gleichwertiger Ersatz, bei dem die beeinträchtigten Naturhaushaltsfunktionen in räumlicher Nähe aufgewertet oder Natur und Landschaft an anderer Stelle langfristig verbessert werden. Das größte Problem bei der praktischen Umsetzung dieser Regelung besteht im Mangel an Flächen, die für diese Kompensationsmaßnahmen zur Verfügung stehen. Zuständig für die langfristige Kompensation ist der Verursacher des Eingriffs. Kann er eine entsprechende Fläche nicht zur Verfügung stellen, bieten sogenannte Flächenagenturen Pools mit geeigneten Kompensationsflächen und entsprechenden Aufwertungsmaßnahmen zum Kauf an. Häufig haben die Agenturen auf den zusammenhängenden Arealen bereits im Vorfeld Kompensationsmaßnahmen realisiert. Der Investor kann nun auf diesen Vorrat zurückgreifen, um seinen Verpflichtungen nachzukommen.

Die Flächenagentur Brandenburg wurde gegründet, als im Rahmen der Verkehrsprojekte „Deutsche Einheit“ die Anbindung und der infrastrukturelle Ausbau der neuen Bundesländer vorangetrieben werden sollte. Damit drohten immense Eingriffe in den Naturhaushalt. Das Verkehrsministerium des Bundes suchte in Kooperation mit der damaligen Wasser- und Schifffahrtsdirektion Berlin nach Lösungen und finanzierte Ende der 1990er Jahre eine entsprechende Vorstudie. 2002 wurde die „Flächenagentur Brandenburg GmbH“ im Rahmen eines durch das Bundesamt für Naturschutz, das Land Brandenburg und die Landesstiftung „NaturSchutzFonds Brandenburg“ geförderten Erprobungs- und Entwicklungsvorhabens ins Leben gerufen, zunächst mit kommunaler Beteiligung. Seit 2004 firmiert die Flächenagentur als eigenständige Tochtergesellschaft der NaturSchutzFonds Brandenburg. Mittlerweile führt die Brandenburger Flächenagentur auf insgesamt ca. 1.000 Hektar Maßnahmen

zur Extensivierung landwirtschaftlich genutzter Flächen, zur Landschaftsstrukturierung und Renaturierung von Gewässern durch. Ihr obliegt neben der Entwicklung der Planungsideen und deren Realisierung auch die langfristige Betreuung der Flächen. Gemäß den Forderungen des Gesetzgebers sind die Ersatz- und Ausgleichsmaßnahmen über einen Zeitraum von 25 Jahren zu sichern. Dem entspricht die Laufzeit der angebotenen Kompensationsleistungen. Privat- und öffentlich-rechtliche Vorhabenträger kaufen Teile daraus für ihre Eingriffsbilanzen.

Für Maßnahmen geeignet erscheinende Grundstücke werden zunächst schutzgutbezogen (Boden, Klima, Wasser, Landschaftsbild) durch qualifizierte Mitarbeiter hinsichtlich ihres Aufwertungspotenzials geprüft. Ist solch ein Potenzial klar zu definieren, wird mit den jeweiligen Flächeneigentümern über die Bedingungen einer freiwilligen Abgabe gesprochen. In der Mehrheit der Fälle werden die Flächen zugunsten des NaturSchutzFonds Brandenburg gekauft und damit dauerhaft für die naturschutzfachliche Nutzung geschützt oder es wird eine dingliche Sicherung mittels eines Grundbucheintrags zur naturschutzfachlichen Hinterlegung auf mindestens 25 Jahre vereinbart. Die entsprechenden Preise richten sich nach den in Brandenburg vorhandenen Grundstücksmarktberichten. Sie werden jedoch individuell verhandelt und auch mit den vor Ort wirtschaftenden Landwirtschaftsbetrieben abgestimmt, um eine Verzerrung des Preisgefüges zu vermeiden.

Konkrete Maßnahmen werden erst nach Durchführung einer Biotoptypenkartierung und der Erfassung des Arteninventars geplant. Mögliche Maßnahmen sind die Stilllegung landwirtschaftlicher Flächen oder die Extensivierung ihrer Nutzung, Rodungen von Sukzessionsflächen, wasserbauliche Maßnahmen zur Sicherung oder Anhebung von Wasserständen, das Anlegen von Feldhecken und Säumen, die Wiederherstellung von Flussschleifen oder Anlage von Kleinstgewässern, aber auch Erstaufforstungen sowie Waldumbau- oder -pflegemaßnahmen. Mit der Ausführung dieser Maßnahmen werden meist Unternehmen aus der Region beauftragt. Ist dauerhafte Pflege notwendig, wird dies oft durch die auf den Flächen bereits wirtschaftenden Landwirte gewährleistet.

Die Agentur bemüht sich, so wenig wie möglich in die bestehende Nutzungsstruktur einzugreifen und die jeweiligen Pächter auf den Flächen zu lassen. Entsprechend wird geprüft, inwieweit die geplanten Maßnahmen in das Betriebskonzept der vorhandenen Nutzer passen. Notwendig sind zudem die entsprechende Beratung der Landwirte, die solche Maßnahmen freiwillig umsetzen und deren Honorierung. Die Höhe der Honorierung und die Zahlungsmodalitäten werden individuell verhandelt. Das Monitoring erfolgt über jährliche Tätigkeitsberichte, die von den Landwirten, die regelmäßig Offenlandbiotope pflegen, zu verfassen sind. Die Umsetzung wird zudem regelmäßig durch die Agentur kontrolliert. Verändert sich bei bestimmten Flächenpools das Arteninventar stark, werden zusätzlich Fachgutachter involviert. Im Fall von Vertragsverletzungen muss der Landwirt mit der Aussetzung der Zahlungen rechnen. Die Agentur selbst erstellt jährliche Rechenschaftsberichte, die nicht nur an den Gesellschafter, sondern auch die jeweiligen Genehmigungsbehörden gerichtet sind.

Die angebotenen Kompensationsleistungen werden unterlegt mit einer Vollkostenkalkulation über die gesamte Laufzeit und privat- und öffentlich-rechtlichen Vorhabenträgern für ihre Eingriffsbilanzen angeboten. Den Verkauf finanziert die Flächenagentur mit aktuell sieben Mitarbeitern; zusätzliche Fördergelder, Spenden oder Zuschüsse fließen nicht. Für jedes

Flächenagentur Brandenburg GmbH

Region (Fläche):
Agrarlandschaften und Niedermoorflächen Brandenburgs, Deutschland (aktuell ca. 1.000 ha)
Startjahr (Stadium):
2002 (laufend)
Ziel:
Bereitstellung von mehreren Ökosystemleistungen und Biodiversität
Nutzer:
Allgemeinheit vertreten durch Vorhabenträger mit Ausgleichsverpflichtungen als Finanziers
Leistungserbringer:
Flächeneigentümer, Landwirte, Dienstleister vertreten durch die Flächenagentur Brandenburg GmbH als Anbieter
(Weitere) Intermediäre:
Landesstiftung NaturschutzFonds Brandenburg, zuständige Genehmigungsbehörden, Naturschutzbehörden
Budget:
Die Personalkosten der Flächenagentur Brandenburg GmbH liegen bei ca. 260.000 Euro pro Jahr, aktueller Umsatz: ca. 600.000 Euro
Ausgestaltung der Zahlung:
Maßnahmenorientiert, Höhe richtet sich nach den Kosten für die Sicherung der Flächen und den Produktionskosten (Produktionsrenten möglich), bei Pflege durch Landwirte nach Opportunitäts- und Produktionskosten
Ansprechpartner:
Anne Schöps
anne.schoeps@flaechenagentur.de
www.flaechenagentur.de

laufende Projekt gibt es einen Projektleiter, der die örtlichen Gegebenheiten sehr gut kennt und in der jeweiligen Gebietskulisse stark verankert ist.

Die Flächenagentur Brandenburg GmbH gilt als sehr gutes Beispiel für die erfolgreiche Umsetzung des Konzeptes der Flächenpools. Ihre Leistungen werden nicht nur gerne von Vorhabenträgern genutzt, die über die Agentur schnell und preisgünstig ihren Verpflichtungen nachkommen können. Auch die Genehmigungsbehörden, die für die Zuordnung von Maßnahmen zu einem Vorhaben zuständig sind, nutzen zunehmend die Leistungen der Gesellschaft. Maßgeblich beeinflusst wurde die erfolgreiche Entwicklung der Flächenagentur Brandenburg durch die Geschäftsführerin der Gesellschaft Anne Schöps. Sie ist zudem Vorstandsvorsitzende des 2006 gegründeten Bundesverbands der Flächenagenturen in Deutschland, der inzwischen bundesweit 25 Mitglieder zählt und ein breites Netz für Austausch schafft. Seit Mai 2012 bietet die Flächenagentur auch MoorFutures für Brandenburg an.

Arbeitsbesprechung an der Kleinen Elster.

Interview mit Anne Schöps, Geschäftsführerin der Flächenagentur Brandenburg GmbH

»Um Flächenpools erfolgreich anbieten und vermarkten zu können, kommt es im Wesentlichen auf direkten Kundenkontakt, also den Kontakt zu Vorhabensträgern und Behörden an.«

Was waren wichtige Überlegungen in der konzeptionellen Entwicklung der Flächenagentur?

Zu Beginn der Vorstudie stand eine Bedarfsanalyse bei Vorhabensträgern im Fokus, um das Interesse an gebündelten Kompensationsmaßnahmen zu erfassen. Außerdem sollten Erfassungsparameter gefunden werden, die das naturschutzfachliche Aufwertungspotenzial der anzubietenden Maßnahmen beschreiben. Nicht zuletzt spielte die Umsetzungswahrscheinlichkeit, also die Verfügbarkeit der Flächen, eine große Rolle. In der Gründungsphase der Agentur stellte sich schnell heraus, dass die Bedarfsanalysen wenig belastbar und die erstellten Raster zur Bewertung von Maßnahmen zu theoretisch und abstrakt waren. Um Flächenpools erfolgreich anbieten und vermarkten zu können, kommt es im Wesentlichen auf direkten Kundenkontakt, also den Kontakt zu Vorhabensträgern und Behörden an. Entscheidend ist zudem eine enge und vertrauensvolle Kooperation mit Landnutzern und Eigentümern, um Flächenverfügbarkeiten zu ermitteln. Man kann nur Maßnahmen auf Flächen umsetzen, die einem auch zur Verfügung gestellt werden und die ein naturschutzfachliches Aufwertungspotenzial besitzen. Das kann man alles nur im Tun entwickeln, indem man Flächen vor Ort bewertet, verlässliche Partner sucht und das Ganze gut dokumentiert.

Worin bestanden die konkreten Herausforderungen oder auch Schwierigkeiten bei der Umsetzung?

Das Wort „Schwierigkeiten" würde ich nicht benutzen. Aber ich kann sagen, wo die meiste Arbeit reinzustecken und die meiste Überzeugungsarbeit zu leisten war: Das ist immer an der Schnittstelle zwischen naturschutzfachlicher Anforderung und landwirtschaftlichem Nutzen! Das ist ein Bereich, den man sehr konstruktiv und kompromissbereit von beiden Seiten angehen muss und wo es lange gedauert hat, ein Vertrauensverhältnis aufzubauen, gerade auch mit den Bauernverbänden. Im Vorfeld hatte man vor allem Angst, dass sich kaum Landwirtschaftsbetriebe finden würden, die Flächen gegen ein Entgelt oder eine Entschädigung zur Verfügung stellen. Dieses Konfliktfeld ist ziemlich früh thematisiert worden und das haben wir insofern gelöst, als wir uns die Landwirtschaft als Partner gesucht und mit Betrieben kooperiert haben. Daraus sind enge Verhältnisse geworden.

Als zweites Konfliktpotenzial ist die mangelnde Wasserversorgung des Landes Brandenburg aufgezeigt worden. Dies ist zum einen durch den Wegfall der Sümpfungswässer aus den Tagebaugebieten verursacht, was gerade die Wasserversorgung der Flüsse im Nordosten Brandenburgs beeinflusst. Zum anderen schien durch die Sackung von Niedermoorböden eine Wiedervernässung dieser stark mineralisierten Moorböden nicht möglich. Die Frage war auch, ob durch Grundwasseranhebung überhaupt Bodenstrukturen verbessert werden können. Das Thema Wasser ist auch weiterhin ein Thema, zu dem wir massiv zu- und nacharbeiten müssen.

Wie groß ist die Nachfrage nach Kompensationsmaßnahmen?

Groß! Wir haben im Augenblick ungefähr tausend Hektar im Angebot und die werden sehr aktiv nachgefragt. Die Nachfrage wird immer stärker. Wenn wir noch mehr Flächen hätten, könnten wir auch noch mehr Flächen vermitteln, vor allem an privatrechtliche Vorhabensträger. Wenn die einen Bedarf an Kompensationsmaßnahmen haben, stellt die Nutzung von Flächenpools eine Genehmigungsbeschleunigung dar, die sich auch meist als preisgünstig herausstellt. Gerade Windparkbetreiber oder lineare Infrastrukturmaßnahmen haben so viele Schwierigkeiten mit den Baumaßnahmen vor Ort oder der Akzeptanz dieser Baumaßnahmen, dass sie einfach glücklich sind, wenn die Suche nach Ausgleichs- und Ersatzmaßnahmen nicht mehr in ihren Händen liegt. Sie kommen daher zunehmend direkt auf uns zu. Wer eher selten kommt, sind öffentliche Vorhabensträger, die häufig das Vergaberecht als Hinderungsgrund anführen. Zum Teil liegt es aber auch einfach daran, dass die öffentliche Verwaltung meist eigenes Personal hat, das heißt, Liegenschaftsverwaltung, Bauausführung und Planungsbetreuung selbst macht.

Kommen auch die Landbesitzer direkt auf Sie zu und bieten Flächen an oder gehen sie auf die Suche?

Beides. Wir haben Kulissen, wo wir meist durch Hinweise von Naturschutzbehörden planerisch und umsetzungstech-

nisch aktiv geworden sind. Wir versuchen dort, die Eigentümer für unser Projekt zu gewinnen und Partner in der jeweiligen Region zu finden. Oder es gibt Leute, die unsere Arbeit sehen, das gut finden und dann auf uns zukommen. Es sind diese zwei Kategorien. Drittens kommt jetzt dazu, dass Eigentümer, gerade ältere Leute, sagen: „Ich möchte keinen Mais auf meiner Fläche, ich möchte was anderes. Ich bin aber zu alt, um das selbst in die Hand zu nehmen." Die verkaufen uns dann ihre Flächen unter der Maßgabe, dass wir die Flächen wirklich naturschutzfachlich entwickeln.

Spüren Sie den aktuell viel beschriebenen Druck, der da auf den Ackerflächen lastet?

Ja, immens! Wenn wir früher für den Quadratmeter Acker 35 Cent bezahlt haben und dabei schon dachten, dass das teuer ist, liegt man heute bei 1,35 Euro. Das hat sich stark gewandelt. Vor diesem Hintergrund beobachten wir auch, dass die Zahl der Flächen, die per Grundbucheintragung und nicht per Ankauf gesichert werden, zunimmt und wir dabei immer häufiger die Diskussion führen „Für wie lange?" Wir versuchen eigentlich immer, die Dienstbarkeiten auf unendlich festzuschreiben. Aber es gibt inzwischen zunehmend Eigentümer, die schauen, wie lange die Eingriffsregelung gilt, das sind ja 25 Jahre, und darüber mit uns dann verhandeln. Es ist ein Thema, da sich daran die Entschädigungssumme berechnet. Eigentümer sind häufig der Meinung, sie bekämen mit der Eintragung einer Dienstbarkeit eine Entschädigung in Höhe des Kaufpreises. Das ist aber nicht richtig. Sie erhalten etwa 30 Prozent. Wenn es eine kleine Fläche ist und es sich nicht mal lohnt, zum Notar zu gehen, dann können wir auch mal mehr zahlen. Bei größeren Flächen zahlen wir weniger. Das wird alles individuell verhandelt und hängt vom jeweiligen Anbieter ab. Dazu muss ich dann einfach wissen: Ist das Oma, die ihrem Enkel den Führerschein bezahlen will? Oder ist das ein Bauer, der seinen Stall finanzieren muss und die Fläche eigentlich braucht? Außerdem sprechen wir gleich beim Kauf langfristige Pachtverträge ab. Das ist ein sehr filigranes Gefüge. Der riesengroße Vorteil ist, dass wir als privatrechtliche GmbH diese Gestaltungsspielräume haben. Es gibt niemanden, der uns da reinredet.

Sie haben in Brandenburg den wirtschaftssprachlicheren Begriff der „Ökokonten", der in anderen Bundesländern oft im Zusammenhang mit Flächenpools verwendet wird, abgelehnt. Warum?

Ein Ökokonto setzt voraus, dass ich mit Punkten handle. Ich bewerte meine Maßnahmen durch Ökopunkte und sage: „Eine Maßnahme XY hat 20 Punkte und wenn ich da noch was drauf setze, kriegt die 30 Punkte." Es ist also eine Punkteverrechnung. Der Vorhabensträger kommt mit einem Defizit und ich rechne eins zu eins um. Das ist im Land Brandenburg bis jetzt aber nicht gegeben, weil wir hier verbal argumentativ arbeiten: Der Vorhabensträger muss schutzgutbezogen aufzeigen, welche Beeinträchtigungen durch sein Vorhaben vollzogen werden und wir müssen schutzgutbezogen und funktionsbezogen gucken, welche Maßnahmen wir dafür anbieten können. Es ist also eine andere Art der Bilanz. Nichtsdestotrotz ist es natürlich so, dass wir, was das Vertragsinventar betrifft, ganz klar wirtschaftlich orientiert sind. Da wird mit Netto- und Bruttopreisen gerechnet, da wird mit bestimmten Zahlungszielen gerechnet. Das ist wirklich sehr unternehmerisch und wirkt auf viele Naturschützer auch befremdlich.

Was hat ihrer Meinung nach zu dem Erfolg der Flächenagentur geführt?

Das Ernstnehmen der Sorgen und Belange der Leute vor Ort, mit denen ich langfristig zusammenarbeiten will. Also einfach wirklich gucken, wo sind die Zwangspunkte, was beschäftigt einen Landwirt, was beschäftigt einen Eigentümer. Ein zweites Erfolgsmoment ist, dass wir durch unsere Organisationsform sehr eigenständig sind. Wir sind durch unsere Haushaltsführung und durch die Organisation einer GmbH sehr flexibel. Und wir verfügen hier über ein großartiges Team voller motivierter und sehr handlungsorientierter Menschen, die einfach ein großes Interesse an Naturschutz haben. Also dieses persönliche Engagement und dieses „persönliche Belange ernst nehmen" und kompromissbereit sein, ich denke, das ist der Schlüssel zum Erfolg.

Wasserbauliche Maßnahmen dienen der Sicherung oder Anhebung von Wasserständen, der Wiederherstellung von Flussschleifen oder der Anlage von Kleinstgewässern.

Forest Mitigation B

Wird in Maryland im Zuge von Landumnutzungen Wald gerodet, muss dieser in Teilen ersetzt werden. Durch freiwilliges Anpflanzen von Bäumen und deren dauerhaften Schutz können private Flächeneigentümer Zertifikate generieren und in einer Forest Mitigation Bank sammeln. Vorhabenträger kaufen die Zertifikate, um ihren Kompensationsverpflichtungen nachzukommen. Das Programm wird von den kommunalen Behörden reguliert und verwaltet. Eine Naturschutzorganisation unterstützt es mit innovativen web-basierten Tools.

Ökosystemleistungen & Biodiversität

Seit den 1980er Jahren führt die Urbanisierung rund um die Chesapeake Bay zur Umwandlung großer Waldgebiete. Zwischen 1950 und 2011 verlor der Bundesstaat Maryland durchschnittlich 2.800 Hektar Wald pro Jahr. Das hatte nicht nur immense Auswirkungen auf die Landschaft und die Lebensräume von Wildtieren, sondern auch auf die Qualität von Boden, Luft und besonders des Wassers in der Chesapeake Bay. Heute ist Maryland zu 40 Prozent bewaldet. Zwei Drittel dieser Waldflächen befinden sich im Besitz von Familien, der holzverarbeitenden Industrie und nicht-staatlichen Organisationen. Das Programm „Forest Mitigation Banking" richtet sich an die etwa 24.000 privaten Waldbesitzer Marylands. Es zielt darauf ab, Wälder neu- oder wieder anzupflanzen, die explizit dem Zweck dienen, bei künftigen Umnutzungen als Kompensationsmaßnahmen zur Verfügung zu stehen.

1991 erließ der Bundesstaat Maryland den Forest Conservation Act, kurz FCA, um den Verlust von Waldgebieten durch Landumnutzungen zu vermindern, die Wälder an ihrem Standort zu erhalten und ökologisch wertvolle Flächen wiederherzustellen und zu schützen. Der FCA formuliert jedoch keine No-Nett-Loss-Strategie für Wald, zielt also nicht darauf ab, jeglichen Waldverlust zu verhindern. Wandeln Bauträger von Wohn- oder Gewerbeimmobilien Waldflächen von mindestens 40.000 Square Feet (rund 3.700 m²) um – durch Rodungen, Versiegelungen, Einebnungen oder Sediment-Ablagerungen – verlangt der FCA von ihnen, dass sie einen bestimmten Anteil Wald erhalten und/oder wieder aufforsten. Dies gilt sowohl für privatrechtliche Unternehmen, als auch Privatpersonen und Regierungsbehörden. Ausgenommen sind forstwirtschaftliche Abholzungen, wenn gesichert ist, dass die Fläche innerhalb der nächsten fünf Jahre nicht in Bauland umgewandelt wird.

Bevorzugte Form der geforderten Kompensation ist die Wiederaufforstung an Ort und Stelle. Ist dies nicht möglich, kann die geforderte Kompensation auch andernorts erfolgen. In diesem Fall kann der Vorhabenträger auf Zertifikate aus einer Forest Mitigation Bank zurückgreifen – diese Option wurde 1993 im Rahmen einer Überarbeitung in den FCA aufgenommen. Unterschieden werden zwei Möglichkeiten: Banks zur langfristigen Sicherung von Waldflächen durch die Ausstellung von Conservation Easements, also die vertragliche Fixierung dauerhafter Bewirtschaftungsauflagen, sogenannte Retention Banks und Banks zur Schaffung neuer Wälder, die Creation Banks. Ist die Kompensation der Rodungen weder an Ort und Stelle, noch andernorts sinnvoll möglich, besteht die Möglichkeit, eine Art Ersatzzahlung, ein Fee-In-Lieu, zu leisten. Diese Art Abgeltungsgebühr fließt dann in einen Walderhaltungsfonds, mit dem Wiederaufforstungsmaßnahmen der lokalen Behörden finanziert werden.

anking in Maryland

Verwaltungstechnisch ist die Abteilung Forest Service beim Maryland Department of Natural Resources für den FCA zuständig. Dessen konkrete Umsetzung obliegt jedoch den regionalen und lokalen Behörden. Diese sind verantwortlich für die Einhaltung der FCA-Standards, können aber auch noch strengere Richtlinien einführen. Aus diesem Grund unterscheiden sich die Regularien zur Kompensation von Waldverlust innerhalb der verschiedenen Countys stark voneinander. Die einzelnen Countys bestimmen auch, wie hoch der Anteil der zu erhaltenden oder wiederaufzuforstenden Waldflächen ist und ob die Kompensation über Forest Mitigation Banks im jeweiligen County überhaupt möglich ist. **Aktuell haben zwölf der 24 Counties in Maryland im Rahmen ihrer FCA-Auslegung Regelungen für Forest Mitigation Banks erlassen. In diesen wird festgelegt, wofür und wann die durch Banks angebotenen Kompensationsmaßnahmen zum Ausgleich eingesetzt werden können und wer auf welchen Flächen solche Banks einrichten darf.**

Grundsätzlich kann eine Forest Mitigation Bank nur in einem vorrangigen Handlungsbereich gemäß den Bestimmungen des FCA und denen der lokalen Gesetzgebung eingerichtet werden. Diese prioritären Flächen sind gekennzeichnet durch ökologisch wertvolle Landschaftsbestandteile, zum Beispiel Auen oder seltene Tier- und Pflanzenarten. Jeder private, teilnahmeberechtigte Flächeneigentümer kann sich am Forest Mitigation Banking beteiligen, vorausgesetzt, er stimmt der dauerhaften Sicherung und Erhaltung der Fläche zu. In den meisten Landkreisen gibt es Mindestgrenzwerte für die Banks, die geläufigste Minimal-Größe ist 1 Acre (rund 4.000 m^2). Der Eigentümer muss bei der genehmigenden lokalen Behörde einen Antrag und einen Wiederaufforstungsplan einreichen. Alle zum Antragszeitpunkt nicht bewaldeten Flächen im vorrangigen Handlungsbereich sind rechtlich qualifiziert für das Programm. Nach Prüfung und Bestätigung des Vorhabens kann der Flächeneigentümer eine Forest Mitigation Bank einrichten. In einigen Fällen wird die Hinterlegung einer zweijährigen Kaution verlangt, um die Anpflanzungen sicherzustellen und/oder es wird die Einwilligung in eine dauerhafte Sicherung der Flächen mittels eines Conservation Easements gefordert.

Der Verkauf der Zertifikate ist eine rein private Transaktion zwischen dem Anbieter der Kompensationsmaßnahmen und dem Vorhabenträger, der seinen FCA-Verpflichtungen nachkommen muss. In den meisten Countys gilt ein Zertifikat für einen Acre Wald, kann aber auch aufgeteilt werden, wenn ein Investor beispielsweise nur 0,5 Acre Wald kompensieren muss. Der Preis für ein Zertifikat ist abhängig von der Nachfrage aufgrund privater und kommerzieller Vorhaben und dem bestehenden Angebot an Zertifikaten. Auch ob, unter welchen Voraussetzungen und in welcher Höhe der jeweilige County Fee-In-Lieu-Gebühren als letzte Möglichkeit der Kompensation vorsieht, hat Einfluss auf den Preis. Die Höhe der Gebühr gilt als Indikator für den monetären Wert einer Waldfläche im jeweiligen County. Die Preise für Zertifikate einer Creation Bank, bei denen Waldflächen geschaffen wurden, sind grundsätzlich teurer als die einer Retention Bank, mit denen existierende Wälder langfristig geschützt werden. Für 2008 schätzte ein County den Wert von Zertifikaten aus Creation Banks auf bis zu 20.000 Dollar pro Acre und für Zertifikate aus Retention Banks auf bis zu 8.000 Dollar pro Acre. Dem unterschiedlichen ökologischen wie auch ökonomischen Wert der Zertifikate aus Retention Banks wird jedoch Rechnung getragen: Will ein Vorhabenträger beispielsweise in Howard County die Rodung von einem Acre Wald kompensieren, muss er Retention-Zertifikate für zwei Acre erwer-

Forest Mitigation Banking in Maryland

Region (Fläche):
Zwölf Counties und einige Stadtgemeinden in der Region rund um die Chesapeake Bay, Maryland, USA (ca. 275.200 ha betroffene Waldflächen)
Startjahr (Stadium):
1993 (laufend)
Ziel:
Bereitstellung von mehreren Ökosystemleistungen und Biodiversität
Nutzer:
Die Allgemeinheit vertreten durch Vorhabenträger, die verpflichtet sind, den Verlust von Waldflächen zu kompensieren
Leistungserbringer:
Flächeneigentümer
(Weitere) Intermediäre:
Maryland Department of Natural Resources, lolale Behörden, das Pinchot Institute for Conservation mit der Bay Bank und andere externe Vermittler
Ausgestaltung der Zahlung:
Maßnahmenorientiert, Höhe richtet sich nach Angebot und Nachfrage und wird durch staatliche Vorgaben beeinflusst
Ansprechpartner:
Eric Sprague
esprague@allianceforthebay.org
http://www.dnr.state.md.us/forests/programapps/newFCA.asp

Die Chesapeake Bay ist mit einer Länge von 300 km die größte Flussmündung der USA, mehr als 150 Flüsse und Bäche münden in die Bucht. Sie liegt am Rande des Atlantiks und wird von Maryland und Virginia umschlossen. Das Wassereinzugsgebiet der Chesapeake Bay umfasst nahezu 170.000 km² in sechs Bundesstaaten und dem Distrikt of Columbia. Der Oberflächenabfluss von städtischen und landwirtschaftlichen Flächen, Abholzung und Umweltverschmutzung haben zu Problemen mit der Wasserqualität geführt.

ben; für Zertifikate aus Creation Banks gilt ein Verhältnis von eins zu eins.

Die Flächeneigentümer müssen über alle Transaktionen Buch führen und diese Aufzeichnungen jährlich bei der örtlichen Behörde einreichen. Basierend auf diesen Belegen führt die lokale Behörde ein Register über alle Zertifikate und die entsprechenden Transaktionen. Durch regelmäßige Besichtigungen der Flächen überzeugt sich die Behörde davon, ob die zertifizierten Maßnahmen weiterhin Bestand haben. Anpflanzungen gemäß des FCA können zur Produktion von vermarktungsfähigen Bau- und Brennstoffen genutzt werden, solange es den Wald in seinen Funktionen nicht beeinträchtigt. Private Flächeneigentümer können selbst als Verkäufer tätig sein oder mit einem Vermittler zusammenarbeiten, der bei der Entwicklung der Mitigation Bank hilft und mit der entsprechenden Behörde zusammenarbeitet, um die Zertifizierung der Maßnahmen sicherzustellen. Einer der innovativsten und bekanntesten ‚Broker' ist eine Internetplattform mit Namen „Bay Bank", die von der Naturschutzorganisation „Pinchot Institute for Conservation" entwickelt wurde. (siehe untenstehende Informationen und das Interview).

Nicht in allen Counties, die Forest Mitigation Banks als Kompensationsmöglichkeit zulassen, werden die Banks als erfolgreich bewertet. In vielen sind die Regeln für Forest Mitigation Banks strenger als für die Fee-In-Lieu-Gebühr oder die Kosten für die Errichtung einer Bank sind einfach zu hoch. Einige Counties weisen darauf hin, dass es für sie schwierig ist, Flächeneigentümer angesichts der damit einhergehenden Einschränkungen für ihren Grundbesitz von den finanziellen Vorteilen einer Forest Mitigation Bank zu überzeugen. Andere Counties schrecken vor der Zulassung von Forest Mitigation Banks zurück, da dies zusätzliche Mitarbeiter zur Überprüfung, Zertifizierung und Nachverfolgung der verfügbaren und der verkauften Zertifikate notwendig machen würde und entsprechend kostspielig ist. **Als ein sehr erfolgreiches Beispiel für die Umsetzung des Forest Mitigation Bankings gilt Carroll County: Die dortigen FCA-Regularien lehnen Fee-In-Lieu-Gebühren komplett ab und begünstigen die Entwicklung von privaten Forest Mitigation Banks. Seit Mitte der neunziger Jahre wurden etwa 62 Prozent (161 Hektar) aller in Carroll County durch Waldumwandlungen entstandenen Ersatzverpflichtungen mit Hilfe von Forest Mitigation Banks erfüllt.** Laut FCA-Berichten wurde seit Einführung der Banking-Option in Maryland insgesamt mit Forest-Bank-Zertifikaten für rund 2.057 ha gehandelt.

Bay Bank – Chesapeake Marketplace (www.thebaybank.org)

Die Website wurde vom Pinchot Institute for Conservation entwickelt, einer gemeinnützigen Naturschutzorganisation. Das erklärte Ziel der Organisation ist es, Ideen und Strategien zum Schutz des Waldes zu stärken, indem praktische und weithin unterstützte Lösungen für die Herausforderungen des Naturschutzes entwickelt werden. Ziel der Bay Bank ist es, Flächeneigentümer über die verschiedenen Möglichkeiten einer finanziellen Unterstützung zu informieren und sie mit Märkten für Ökosystemleistungen in Kontakt zu bringen, also mit potenziellen Käufern von Forest-Mitigation-Zertifikaten sowie mit traditionellen Umweltschutzprogrammen. Die Bay Bank versteht sich selbst als innovative, markt-

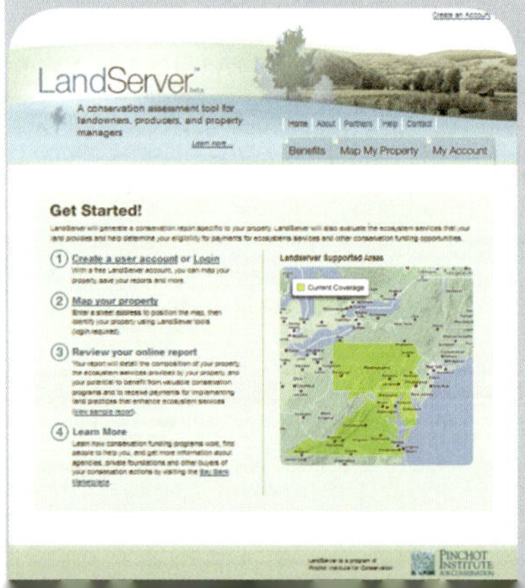

orientierte Lösung, um die Umwelt zu bewahren und zu verbessern. Als zentrale Vermittlungsplattform will sie zwischen Anbietern und Käufern vermitteln. Die Website bietet verschiedene Tools und Dienstleistungen an für Flächeneigentümer, Anbieter von Dienstleistungen und Käufer, die am Mitigation Banking oder an freiwilligen Märkten für Ökosystemleistungen interessiert sind. Zu diesen Tools gehören unter anderem:

→ **LandServer:** Das kostenlose Internettool identifiziert, welche wertvollen Ökosystemleistungen durch eine bestimmte Fläche erbracht werden. Darauf aufbauend bewertet es das Potenzial der Fläche, Fördermittel aus Umweltschutzprogrammen wie dem „Conservation Reserve Enhancement Program“ in Maryland oder andere Zuschüsse für die Aufwertung der identifizierten Ökosystemleistungen zu erhalten. Basierend auf der Analyse einer umfangreichen Datenbank mit geografischen, ökologischen, physikalischen und anderen Daten erstellt das Tool einen detaillierten Bericht. Betrachtet werden dabei unter anderem die Landnutzung, (erosionsgefährdete) Böden, die Entfernung zu Wasserkörpern, das Artenvorkommen, Hotspots der Nährstoffbelastung und andere Aspekte. Zudem informiert LandServer darüber, welche Schritte notwendig sind, um die jeweiligen Fördermittel zu erhalten. Der LandServer hilft dem Flächeneigentümer also dabei, einzuschätzen, welche Chancen und Möglichkeiten bestehen, um für die natürlichen Ressourcen und Ökosystemleistungen, die sein Land und seine Wälder bereitstellen, Zahlungen zu erhalten.

→ **Bay Bank Conservation Marketplace:** Über den Marketplace können Flächeneigentümer Zertifikate anbieten, die sie durch Ökosystemleistungen ihres Landes bereits generiert haben oder zukünftig generieren möchten. Die Bay Bank hat einen Kriterienkatalog entwickelt, der für die Generierung von Forest-Mitigation-Zertifikaten eingehalten werden muss, wenn die Zertifikate über die Plattform verkauft werden sollen. Diese Vorgaben harmonieren mit denen von bereits existierenden gesetzlichen und freiwilligen Märkten. Potenzielle Käufer können nach Zertifikaten für bestimmte Ökosystemleistungen (wie Schutz von Wald oder Feuchtgebieten, Kohlenstoffbindung oder Schutz der Wasserqualität) und/oder Regionen suchen. Sobald ein Käufer ein Projekt oder ein interessantes Zertifikat gefunden hat, kann er den Anbieter direkt per E-Mail kontaktieren, um mit ihm über die Kaufbedingungen zu verhandeln.

→ **Bay Bank Registry:** Das Register umfasst die Zertifikate für alle Ökosystemleistungen und beteiligten Bundesstaaten. Es soll sicherstellen, dass nur Zertifikate gemäß der Bay Bank-Kriterien oder anderer erlaubter Standards gehandelt werden und einzelne Zertifikate nicht mehrmals verkauft werden. Durch dieses hohe Maß an Transparenz soll auch die Entwicklung sogenannter „gebündelter“ Zertifikate unterstützt werden, bei denen durch eine Naturschutzmaßnahme verschiedene Zertifikate generiert werden können.

Bay Bank startete 2010 mit Pilotprojekten in Maryland und Delaware. Die Ausweitung auf die restlichen Staaten im Einzugsgebiet der Chesapeake Bay – Virginia, New York, Pennsylvania, West Virginia – ist geplant, genauso wie eine stärkere Konzentration auf die Tools, mit denen noch mehr Landwirte erreicht und informiert werden können. Um die Handhabung für die Flächeneigentümer zu vereinfachen, werden die Tools eingegliedert in das Programm „Forest For The Bay“, das sich für eine verträgliche Waldbewirtschaftung einsetzt. Es entstand aus der Zusammenarbeit zwischen regionalen gemeinnützigen Organisationen wie der „Alliance for the Chesapeake Bay“ und Institutionen auf Bundes- und Landesebene.

Interview mit Eric Sprague, zur Zeit des Interviews Programmdirektor am Pinchot Institute for Conservation; heute Direktor des Chesapeake Forest Programms, Alliance for the Chesapeake Bay

Was brachte Sie auf die Idee für die Entwicklung der Bay Bank und des LandServer?

Es begann alles mit dem grundsätzlichen Problem, das wir mit den Flächeneigentümern im Einzugsbereich der Chesapeake Bay haben, wo wir ja arbeiteten: Wie bringen wir die Fächeneigentümer dazu, sich um eine bessere Wasserqualität zu bemühen? Im Einzugsgebiet der Chesapeake Bay gibt es über eine Million Landwirte und Waldbesitzer und es ist nicht leicht, mit allen in Kontakt zu treten. Wir dachten daher, man müsste sich mal damit befassen, ob bestimmte Tools die Flächeneigentümer besser auf das Programm aufmerksam machen könnten. LandServer ist ein erster Versuch, damit sie erkennen, was alles möglich ist. Und im Bay Bank Marketplace können sie herausfinden, welche Vorteile Ihnen beispielsweise der Handel mit Wasserqualität bringen könnte: Wie viel Geld könnte ich damit verdienen? Was würde es mich kosten? Und dann haben wir zusammen mit einer anderen Plattform, die wir beim Willamette Partnership gebaut haben, versprochen, Interessierten bei der Umsetzung solcher Projekte zu helfen. Es geht also am Ende darum: Wie kann ich das alles vereinfachen? Wie können wir existierende Programme für einen großen Teil der Zielgruppe zugänglich machen?

Sie sagten, LandServer wurde entwickelt, um den Flächeneigentümern ihre Möglichkeiten aufzuzeigen. Könnten Sie uns näher beschreiben, was für ein Modellierungstool das ist?

LandServer soll für die Flächeneigentümer nützlich sein und von ihnen selbst angewendet werden können. Wir wollen ihnen einen Einblick in ihre Möglichkeiten bieten, sie zu weiteren Schritten ermutigen und ihnen geeignete Ansprechpartner an die Hand geben. Ich würde es nicht als eine Modellierung bezeichnen, sondern eher als eine Art Filter, einen Screen, der die Förderungswürdigkeit zeigt, mit ein paar sehr einfachen Modellen dahinter. LandServer beinhaltet vielschichtige Datensätze zu Wassereinzugsgebieten, Bodentypen und den prioritären Handlungsfeldern und –gebieten verschiedener Behörden. Basierend auf der Größe der Ländereien, ihrer Bodenbedeckung, einer Einordnung in die umgebende Landschaft, der Entfernung zu einem Wasserlauf und danach, ob sie in einem prioritären Gebiet liegen, werden geeignete Programme herausgesucht.

Zum Beispiel arbeiten wir mit dem Forstamt Maryland zusammen. Das Forstamt hilft bei der Ausarbeitung von Managementplänen für Waldbesitzer. Die Besitzer wollen vielleicht, dass der Bewirtschaftungsplan mit Steuereinsparungen verbunden ist oder ähnliches. Jetzt ermutigt das Forstamt die Flächeneigentümer, noch vor einem gemeinsamen Treffen den LandServer zu nutzen. Dadurch wissen sie beim Gespräch schon mehr darüber, was sich auf deren Flächen befindet und was die Ziele sein könnten. Und das spart hoffentlich sowohl Flächeneigentümern als auch Revierförstern Zeit und Geld. Also, wir hoffen, dass das eine Hilfe für diese Dinge sein kann.

Glauben Sie, Modellansätze oder Tools könnten bei der Entwicklung von PES hilfreich sein?

Das tue ich, besonders bei der Realisierung. Wenn Sie beispielsweise an eine Fabrik oder ein Klärwerk denken, da könnte das sehr nützlich sein: Die sind verantwortlich dafür, ihre Stickstoffausträge auf einer bestimmte Menge pro Jahr zu halten und zu diesem Zweck würde ein Landwirt Bäume pflanzen. In solch einem Fall kann eine Modellierung sehr hilfreich sein, um die Maßnahmen des Flächeneigentümers in vom Nachfrager benötigten Einheiten darzustellen. Dazu müssen ganz viele Besonderheiten hinsichtlich des Bodens, der Hydrologie usw. berücksichtigt werden. Und dabei, denke ich, werden Modellierungen immer mehr gebraucht.

Wahrscheinlich ist ein Tool auch sinnvoll, wenn man während der Gestaltung eines Programms an den grundsätzlichen Regeln arbeitet, auf die sich alle einigen sollen. Oder wenn man mit den Flächeneigentümern über Grenzen, Chancen und ihre Handlungsmöglichkeiten spricht. Beim Design kann Modellierung auch wertvoll sein, um herauszufinden, welche Maßnahmen den meisten Nutzen haben, am kosteneffektivsten und ökologisch sinnvollsten sind. Es wird so schnell so kompliziert, deswegen halte ich Tools für sehr wichtig.

Allerdings besteht ein Spannungsfeld zwischen Komplexität und Anwendbarkeit von Modellierungen. Es kann sehr umfangreich und schwierig werden, besonders, wenn man die Betroffenen mit ins Spiel bringt. Wenn Sie beispielsweise an die Problematik mit der Wasserqualität hier in der Chesapeake Bay denken und was wir hier gerade tun: Direkte Messungen wären sehr kostspielig. Daher sind Modellierungen unglaublich wichtig. Wir haben einen Modellansatz genutzt, um die Wasserqualität und entsprechende Verbesserungen in der Chesapeake Bay bestimmen zu können. Aber viele der Landwirte und andere Interessensgruppen haben die Wissenschaftlichkeit infrage gestellt und klagen gegen den Ansatz. Das ist also eine Herausforderung. Ich denke, für die Chesapeake müssen wir daraus lernen, dass alle Betroffenen frühzeitig in die Entwicklung eines solchen Modells involviert sein müssen und man sich genug Zeit nehmen muss, um es richtig zu machen. Das hilft dann hoffentlich später bei Fragen, Rechtsstreitigkeiten und so weiter.

100 Äcker für die

Ziel des von Wissenschaftlern, Landschaftspflegern und einer Naturschutzstiftung initiierten Projekts ist die Errichtung eines nationalen Netzes von Schutzflächen für Ackerwildkräuter. Finanziert werden Flächenankauf und Honorierung der Landwirte über einen jeweils regionalspezifischen Mix aus Kompensationszahlungen von Vorhabenträgern, Agrarumweltprogrammen sowie Länder- und Stiftungsmitteln.

BIODIVERSITÄT

Die Artenvielfalt der deutschen Kulturlandschaft entstand über mehrere Jahrhunderte quasi als Koppelprodukt der traditionellen, extensiven Landbewirtschaftung. So kam auch der Großteil der in Deutschland anzutreffenden Ackerwildkräuter, wie Kornblume und Klatschmohn, Adonisröschen und Kornrade erst mit dem Getreideanbau nach Mitteleuropa. Diese zumeist einjährigen Arten haben sich in ihren Standortansprüchen und Lebensweisen den Kulturarten angepasst, ihr Überleben ist abhängig von einer jährlich stattfindenden Bewirtschaftung. Die zunehmende Intensivierung der Landwirtschaft, verbunden mit dem vermehrten Einsatz von chemischen Bekämpfungs- und Düngemitteln, hat vor allem in den vergangenen Jahrzehnten zu einem massiven Verlust der biologischen Vielfalt auf den Äckern Deutschlands geführt. Heute ist eine Vielzahl von Ackerwildkraut-Arten vom Aussterben bedroht und mit ihnen viele Tierarten, die auf diese Pflanzen als Nahrungsgrundlage angewiesen sind.

Eine spezifische Bewirtschaftung der Felder ist Voraussetzung für den Erhalt von seltener werdenden Ackerwildkräutern. Daher gibt es seit mehr als 40 Jahren Bemühungen um die Kooperation mit Landwirten zur Förderung dieser Arten. Bisherige Aktivitäten in diesem Bereich beschränken sich meist auf Einzelinitiativen; ein Erfahrungsaustausch findet kaum statt. Agrarumweltprogramme zum Artenschutz auf Ackerflächen verlieren bei Landwirten wegen veränderter Förderbedingungen, gestiegener Getreidepreise und des hohen bürokratischen Aufwands zunehmend an Attraktivität. Daraus resultierend scheitern viele der Projekte nach Anfangserfolgen an einer langfristigen Deckung der Bewirtschaftungskosten. Diese Erkenntnisse nahmen die Initiatoren des Projekts „100 Äcker für die Vielfalt" im Jahr 2007 zum Anlass, eine notwendige Reaktivierung des Ackerwildkrautschutzes in Deutschland zu forcieren. Wissenschaftler der Universitäten Göttingen und Kassel, Vertreter des Deutschen Verbandes für Landschaftspflege (DVL) e.V. und die Deutsche Bundesstiftung Umwelt (DBU) initiierten das Vorhaben, vor allem um langfristige Finanzierungs- und Umsetzungskonzepte zum Schutz von Ackerwildkräutern zu entwickeln.

Konkrete Idee und erklärtes Ziel des Projekts ist die Errichtung eines bundesweiten Netzes von Schutzflächen für Ackerwildkräuter. Die noch vorhandenen floristisch wertvollen Vorkommen auf repräsentativen Standorten sollen gesichert und als sogenannte Schutzäcker spezifisch an den Naturschutzzielen orientiert bewirtschaftet werden. **Wenn möglich, soll bis zum Ende der ersten Umsetzungsphase 2014 für jeden**

Naturraum in Deutschland ein entsprechender Schutzacker mit den regional standorttypischen Ackerwildkrautgesellschaften entstehen, bundesweit mindestens 100 Äcker. In Zukunft, so die Hoffnung der Initiatoren, stehen diese Flächen dann einerseits als Ausgangspunkt für die Wiederausbreitung gefährdeter Arten, andererseits für weitere wissenschaftliche Untersuchungen zur Verfügung.

Im Vorfeld der Implementierungsphase führte die Georg-August-Universität Göttingen gemeinsam mit der Universität Kassel-Witzenhausen und dem DVL eine 18-monatige Machbarkeitsstudie durch. In dieser wurden durch Vor-Ort-Recherchen geeignete Schutzflächen und mögliche Träger zur Umsetzung entsprechender Maßnahmen identifiziert. Eine quantitative Analyse diente der Bestandsaufnahme des Status Quo im Bereich Ackerwildkrautschutz in Deutschland. Dazu wurden unter anderem Naturschutzbehörden, und -vereine, Landschaftspflegeverbände und andere themenrelevante Organisationen befragt, die sich um die Förderung von Ackerwildkräutern bemühen. Weiterhin galt es, im Rahmen der Vorstudie, Konzepte und Strategien zu entwickeln, mit der die langfristige Finanzierung und Bewirtschaftung der Schutzäcker sichergestellt werden kann. Anfang 2009 schließlich fiel der Startschuss für die Implementierungsphase des Projekts. Während dieser sollen die floristisch wertvollen Flächen ausgewählt, ihre Bewirtschaftung entsprechend den naturschutzfachlichen Zielen optimiert sowie Landwirte motiviert und für das Projekt begeistert werden.

Die Projektverantwortlichen definieren einen Schutzacker als eine Fläche, deren floristisch herausragendes Arteninventar langfristig durch entsprechende vertragliche Vereinbarungen oder rechtliche Sicherheiten geschützt beziehungsweise gefördert wird. Zur Auswahl der Flächen werden vier Kriterien angesetzt: Die Flächen sollen erstens eine hohe floristische Wertigkeit haben, also eine möglichst standorttypische Ackerwildkrautflora aufweisen, zweitens langfristig, d. h. mindestens über 10 Jahre, bestenfalls unbefristet, dem Ackerwildkrautschutz zur Verfügung stehen, drittens muss die kontinuierliche Bewirtschaftung durch einen Landwirt und die Finanzierung der Maßnahmenumsetzung gegeben sein und viertens soll eine Person vor Ort oder eine regionale Organisation (Landschaftspflege- oder Naturschutzverband, Flächenagentur) die Betreuung der Landwirte und das Monitoring über das Projektende hinaus sicherstellen. Die Schutzflächen sind periodisch überschwemmte Feuchtäcker, nährstoffarme, saure Sandäcker oder steinige, flachgründige Kalkäcker. Oft sind sie im Eigentum von Naturschutzakteuren, Flächenagenturen beziehungsweise Kommunen oder werden durch vertragliche Vereinbarungen oder rechtliche Sicherheiten, wie dem Grundbucheintrag zur naturschutzfachlichen Nutzung, langfristig den Zielen des Ackerwildkrautschutzes zur Verfügung gestellt. Die teilnehmenden Landwirte pachten das Land und können – mit einigen, speziell auf die entsprechenden Arten ausgerichteten Bewirtschaftungsmaßnahmen – je nach Betriebskonzept die Fläche bewirtschaften. Die abgesicherte Laufzeit für den Großteil der Schutzäcker beträgt 15 bis 30 Jahre; teils ist sie auch unbefristet.

Ertragseinbußen bei den angebauten Kulturfrüchten werden entgolten, der Mehraufwand durch die angepasste Bewirtschaftung wird ebenfalls finanziell honoriert. Die finanziellen Mittel dafür werden hauptsächlich über die Eingriffs-Ausgleichs-Regel generiert, durch die Vorhabenträger verpflichtet sind, nicht vermeidbare Eingriffe in Natur und Landschaft aus-

100 Äcker für die Vielfalt

Region (Fläche):
Flächen im gesamten Bundesgebiet, Deutschland (aktuell 112 Flächenkomplexe, ca. 475 ha)
Startjahr (Stadium):
2007 Vorstudie, 2009 bis 2014 erste Umsetzungsphase (vorläufig ausgelaufen)
Ziel:
Schutz und Entwicklung von Biodiversität
Nutzer:
Die Allgemeinheit, vertreten durch Vorhabenträger mit Ausgleichsverpflichtungen als Finanziers sowie die Europäische Union (EU) im Rahmen von staatlichen Agrarumweltmaßnahmen, den Bund und die Länder; Naturschutzvereine, Landgesellschaften, Stiftungen (NGOs)
Leistungserbringer:
Flächeneigentümer (Landgesellschaften, Naturschutzverbände, -stiftungen, Kommunen, Privatpersonen) und Landwirte
(Weitere) Intermediäre:
Regionalkoordinatoren, Georg-August-Universität Göttingen, Universität Kassel und der Deutsche Verband für Landschaftspflege (DVL e.V.), unterstützt durch die Deutsche Bundesstiftung Umwelt (DBU)
Budget:
insgesamt ca. 1,2 Mio. Euro für Projektentwicklung und Koordination, zuzüglich ca. 200.000 Euro für die Vorstudie
Ausgestaltung der Zahlung:
maßnahmenorientiert; Höhe der Zahlungen an Flächeneigentümer wird individuell verhandelt; Höhe der Zahlungen an Landwirte richtet sich nach Opportunitäts- und Produktionskosten
Ansprechpartner:
Dr. Stefan Meyer
Stefan.Meyer@biologie.uni-göttingen.de
www.schutzaecker.de

zugleichen. Genutzt wird vor allem das Instrument der produktionsintegrierten Kompensationsmaßnahmen (PIK), durch das auf landwirtschaftlich genutzten Flächen Ausgleichsmaßnahmen umgesetzt werden. Ein Teil der Finanzierung stammt aber auch aus Agrarumweltprogrammen, Landesnaturschutzmitteln zum Ankauf und Management der Flächen, von Stiftungen oder Naturschutzvereinen. Die Projektkoordination und -umsetzung wird durch Fördermittel der DBU und aus Eigenmitteln der durchführenden Organisationen finanziert. Der DVL koordiniert vornehmlich die praktische Umsetzung zur Flächensicherung und die Öffentlichkeitsarbeit im Projekt. Die Universitäten Göttingen und Kassel sind für die Projektleitung und die wissenschaftliche Begleitung des Projekts verantwortlich. **Es gibt vier an der Schnittstelle Naturschutz-Landwirtschaft tätige Regionalkoordinatoren. Diese pflegen persönlichen Kontakt zu den teilnehmenden Landwirten, zu Landschaftspflegeverbänden, Landgesellschaften, Flächenagenturen, Planungsbüros und unteren Naturschutzbehörden. Sie begleiten die praktische Umsetzung der Einrichtung der Schutzäcker und stehen sowohl den Initiatoren als auch den Landwirten beratend zur Seite.** Um über die Projektlaufzeit hinaus eine Erfolgskontrolle zu gewährleisten, wurde ein Monitoring-Konzept für die Entwicklung der Vegetation auf den Schutzäckern entwickelt.

Projektflankierend werden jährlich an verschiedenen Orten in Deutschland (inter-)nationale Tagungen zum Thema durchgeführt. Bei diesen tauschen sich Experten von Forschungseinrichtungen, Naturschutzverbänden, Landwirtschaftsverwaltungen und Stiftungen aus, stellen Modellprojekte vor, diskutieren Bewirtschaftungswege und Kooperationen. Probleme zeigen sich laut der Projektleitung vor allem bei der Akquise von Finanzmitteln zum Erwerb naturschutzfachlich geeigneter Flächen und der langfristigen finanziellen Absicherung ihrer Bewirtschaftung. Insbesondere, wenn eine Sicherung der Äcker durch PIK erfolgt, sind oft langwierige Verhandlungen, teilweise über mehrere Jahre, notwendig. Trotzdem konnten bis kurz vor Projektende insgesamt 112 Schutzackerkomplexe mit rund 475 Hektar Flächenumfang sichergestellt werden. Über eine Fortführung des Projekts unter anderer Trägerschaft gibt es aktuell aussichtsreiche Verhandlungen.

Acker-Feuerlilie, Klatschmohn und Adonisröschen waren früher die typischen Farbtupfer im Getreidefeld. Heute finden sie nur noch auf extensiv genutzten Flächen Platz, die ohne Herbizide bewirtschaftet werden.

Interview mit Dr. Stefan Meyer, Georg-August-Universität-Göttingen, Projekt- und Regionalkoordinator im Projekt „100 Äcker für die Vielfalt“

Wie wurde das Projekt konzeptionell entwickelt, was waren wichtige Überlegungen und Schritte?

Zunächst haben wir uns mit dem Status Quo des Ackerwildkrautschutzes in Deutschland auseinandergesetzt und geschaut, was macht erfolgreiche Initiativen aus und woran sind andere erfolgversprechende Aktionen gescheitert. Daran anschließend haben wir eine Stärken-Schwächen-Analyse durchgeführt. Ein anderer wesentlicher Punkt war von Anfang an, dass wir eine Flächenrecherche nach floristisch wertvollen Äckern angegangen sind und dass wir uns in den jeweiligen Bundesländern vorgestellt haben. Erst bei den Ministerien, weil diese für uns wichtige Ansprechpartner waren und wir dachten, die müssen auf jeden Fall frühzeitig mit dabei sein. Und dann haben wir natürlich auch bald die Vertreter der Landwirtschaft mit ins Boot geholt. Das waren eigentlich die wesentlichen Schritte im ersten Projektjahr.

Worin bestehen oder bestanden konkrete Schwierigkeiten bei der Umsetzung des Projekts?

Absolut bei der Sicherung der Flächen, da um Ackerstandorte momentan ein unglaublicher Konkurrenzkampf herrscht. Unsere Flächengrößen liegen im Bereich zwischen 0,2 und 10 Hektar, das ist bei dem täglichen Verlust von ca. 70 Hektar landwirtschaftlicher Nutzfläche durch Siedlungs- und Verkehrsflächen eigentlich ein verschwindend geringer Wert. Trotzdem besteht die Schwierigkeit darin, dass man so eine Ackerfläche auch wirklich bekommt, da oftmals verschiedene Interessensgruppen Anspruch darauf erheben.

Und ein weiterer Punkt ist natürlich die Finanzierung der Bewirtschaftungsmaßnahmen, gerade über so genannte produktionsintegrierte Kompensationsmaßnahmen. Da waren am Anfang viele Akteure skeptisch. Einige wollten lieber auf Altbewährtes setzen, statt sich auf neue Wege im Ackerwildkrautschutz einzulassen. Das hängt natürlich oft auch mit der Personalsituation in den Naturschutzverwaltungen zusammen. Diese variiert von Region zu Region manchmal sehr stark. In Regionen, die noch relativ gut personell ausgestattet sind und in denen ein Interesse an der Thematik Ackerwildkrautschutz besteht, haben wir mehr erreicht.

Eine dritte Schwierigkeit war der Projektzeitrahmen. Den Großteil unserer Flächen konnten wir erst am Projektende sichern, denn gerade das Instrument der produktionsintegrierten Kompensationsmaßnahmen braucht einen sehr, sehr langen Vorlauf. Es vergehen oftmals zwei, drei Jahre, aber manchmal auch länger. Wir fahren praktisch jetzt erst zu Projektende unsere Ernte der vergangenen Jahre ein.

Gab es Konflikte mit den Landwirten und wenn ja, wie haben Sie die gelöst?

In Einzelfällen gab es sehr stringente Landwirte, die sehr skeptisch waren, ohne Herbizide und synthetische Dünger zu wirtschaften. Auf der anderen Seite verfolgen manche Naturschutzgruppen sehr anthroposophische Ziele und wenn jeder dann auf seiner Meinung beharrt, dann versucht man natürlich, konfliktmindernd zu vermitteln und einfach auch mal zu sagen, dass alle doch ein gemeinsames Ziel verfolgen. Man versucht daher, alle Akteure von Anfang an mit an den Tisch zu holen, auch wenn das manchmal sehr schwierig ist. Am Anfang gibt es natürlich immer Vorbehalte zur Umsetzbarkeit eines solchen deutschlandweiten Projekts. Da braucht es regionale Strukturen. Wir arbeiten mit Regionalkoordinatoren, die an der Schnittstelle Landwirtschaft-Naturschutz tätig sind und sich vor Ort auskennen. Dies ist unserer Meinung nach auch extrem wichtig, um zum Beispiel mit regionaler „Mundart“ zu sprechen. Deshalb wäre ich bei allen Projekten, die sich auf spezielle Regionen fokussieren, immer dafür, auch auf regionale Koordination und Strukturen zu setzen. Man erhöht dadurch den Erfolg des Projekts und ist eben auch relativ schnell immer vor Ort bei den Landwirten. Also auch, wenn wir ein deutschlandweites Projekt sind, ist Regionalität ein sehr, sehr wichtiger Faktor! Und zentral ist auch, dass man Ergebnisse nicht nur in wissenschaftlichen englischsprachigen Fachartikeln präsentiert, sondern auch in regionalen Tageszeitungen und Naturschutzmagazinen beziehungsweise in Landwirtschaftsanzeigern veröffentlicht. Und dass man dem Landwirt das Vertrauen in die Arbeit gibt, die er macht. Das wird auch gebraucht. Immer zusammen mit dem Landwirt, nicht gegen den Landwirt!

Ackerrittersporn. Von Mai bis September leuchtet er kräftig dunkelblau aus den Rändern der Getreidefelder.

Praxis. Was sind die Herausforderungen und wie kann man ihnen begegnen?

Eine Bestandsaufnahme

In unserem einleitenden Kapitel sind wir bereits auf wesentliche Herausforderungen im Zusammenhang mit der Entwicklung und Anwendung von PES eingegangen. Nun gilt es, noch einmal zusammenfassend zu schauen, wie in unseren Beispielen mit diesen Herausforderungen umgegangen wurde. Dazu beleuchten wir die vorgestellten Projekte und Programme aus drei Perspektiven: Zunächst schauen wir auf die Akteure selbst. Wer sind Anbieter und Nachfrager in den jeweiligen PES? Wer sind die Initiatoren, wer die Intermediäre und welche Motive treiben sie an? Für die Strukturierung dieser Betrachtungen nutzen wir noch einmal die drei relevanten PES-Typen. Dann diskutieren wir, wie in den erfolgreichen Beispielen die eigentliche Zahlung ausgestaltet wurde, also wie der Transfer von Leistung und Geld organisiert ist. Unabhängig vom Typ standen die Initiatoren aller PES hier vor ähnlichen Herausforderungen, wenn es zum Beispiel um die Zieldefinition, die Ermittlung der Zahlungshöhe oder die Vertragslaufzeiten ging. Und abschließend gehen wir der Frage nach, welche eher „weichen" Faktoren über die gelungene Vertragsgestaltung hinaus bei den erfolgreichen Beispielen entscheidend gewesen sein könnten.

Nutzerfinanzierte PES sind selten und nur in wenigen Fällen geht die Initiierung eines PES von der Nutzerseite aus.

Überwiegend geht die Initiierung von Seiten der Anbieter aus. Sie wird durch Intermediäre bestimmt, die nicht primär der Eigennutz antreibt, sondern die die Natur für die Gesellschaft bzw. um ihrer selbst Willen erhalten wollen.

Freiwillige nicht-staatliche Zahlungen

Unsere Beispiele unterstützen die Ergebnisse anderer Studien: Klassisch nutzerfinanzierte PES sind in der Praxis selten. In den meisten Fällen kann faktisch niemand vom Nutzen der Ökosystemleistungen oder Biodiversität ausgeschlossen werden oder das wäre mit sehr hohen Kosten verbunden. Aufgrund dieser Nicht-Ausschließbarkeit bildet sich für die meisten Ökosystemleistungen und für Biodiversität keine klassische Nachfrage. Daher verwundert es nicht, dass bei unseren Beispielen *Edwards Aquifer Protection Program, Upstream Thinking* und *Westcountry Angling Passport*, die den idealtypischen nutzerfinanzierten PES am nächsten kommen, PES für die marktfähigen Güter „Trinkwasser“ und „Erholung“ entwickelt wurden.

Die Entwicklung des PES ging bei den Trinkwasserbeispielen von der Nachfrageseite aus, wobei unterschiedliche Akteure dahinter stehen und verschiedene Motive zu beobachten sind: Beim *Edwards Aquifer Protection Program* entwickelte ein staatlicher kommunaler Akteur ein PES, um einerseits die Bevölkerung auch mittelfristig mit ausreichendem und sauberem Trinkwasser versorgen zu können und andererseits die Grundwasserstände zu stabilisieren. Außerdem sollten negative Effekte auf grundwasserabhängige Habitate seltener Arten abgewendet werden. Die Bevölkerung war und ist als Nutzer des Trinkwassers, aber auch als Verursacher negativer Effekte auf die Grundwasserqualität und -quantität bereit, für geeignete Maßnahmen zu zahlen. Im Fall von *Upstream Thinking* ist es ein Wasserunternehmen, das als wirtschaftlicher Akteur die Entwicklung eines PES aktiv motiviert und unterstützt hat.

In beiden Fällen wurde die Initiative nicht nur durch das Eigeninteresse an sauberem Trinkwasser vorangetrieben, sondern es spielten auch rechtliche Anforderungen eine Rolle. Sowohl die Stadt als auch das Unternehmen mussten mittelfristig mit einer Verschärfung der rechtlichen Auflagen rechnen – sei es in Form von rechtlichen Vorgaben zur Einhaltung der Wasserqualität (*Upstream Thinking*) oder zur Beschränkung der genutzten Wassermenge (*Edwards Aquifer Protection Program*). Die Trinkwasserbereitsteller handeln also nicht nur aus dem wirtschaftlichen Interesse heraus, preiswert gutes Trinkwasser zu gewinnen, sondern auch, um rechtliche Standards zu erfüllen und zusätzliche Auflagen zu vermeiden. Im Fall von *Upstream Thinking* traf die wirtschaftlich motivierte Nachfrage auf einen Intermediär, der im gesellschaftlichen Interesse beziehungsweise um der Natur selbst willen die Umweltsituation verbessern will und als Anbieter auftritt. Und auch beim *Edwards Aquifer Protection Program* treten zivilgesellschaftliche Akteure als Intermediäre auf, die von der intrinsischen Motivation geleitet sind, etwas für die Umwelt zu tun. In beiden Trinkwasserbeispielen trifft also primär (wirtschaftliches) Eigeninteresse der Nachfrager auf intrinsisch motivierte Intermediäre, die die Angebotsseite vertreten.

Im Gegensatz zu den ersten beiden Beispielen ging beim *Westcountry Angling Passport* die Initiierung des PES von der Angebots- und nicht der Nachfrageseite aus. Ein zivilgesellschaftlicher Akteur nutzte gezielt den PES-Ansatz, um seine Umweltschutzziele zu erreichen und entwickelte ein PES; nicht aus Eigennutz oder wirtschaftlichem Interesse, sondern, um damit die Umweltsituation zu verbessern. Genau dieser Ausgangspunkt liegt auch bei den Beispielen *MoorFutures®* und *Trinkwasserwald®* vor. Hier zahlen jedoch nicht die direkten Nutzer der Leistung, sondern die Verursacher von Übernutzungen oder Schäden an Ökosystemleistungen und Biodiversität für die Kompensation ihres negativen Einflusses. Die Motivlage der Akteure auf Nachfrageseite ist vielfältig und scheint im Wesentlichen eine Mischung aus sozialer Verantwortung und ökonomischem Eigennutz zu sein, basierend auf der Hoffnung, dass ein grünes Image zu mehr Kundschaft verhilft.

Diese Beispiele zeigen auch, dass initiierende Intermediäre im Detail durchaus verschiedene Motive und Interessen haben können. Beim *Trinkwasserwald®* handelt es sich um einen privaten und explizit für diesen Zweck gegründeten Verein. Hier hatten engagierte Akteure eine kluge Idee, wie sie Naturschutz privat finanzieren können. Obwohl keine Gewinnabsichten hinter der Gründung des Vereins stecken, ist unternehmerisches Denken klar ersichtlich, nicht zuletzt, weil mit dem Verein und der Idee auch die Finanzierung der eigenen Stellen verbunden ist. Bei *MoorFutures®* sind es Akteure, die konkret den Moorschutz im Blick haben und dafür neue Ansätze entwickeln wollten. Fördernd war in diesem Fall sicherlich, dass hier Akteure aus Forschung und staatlicher Verwaltung zusammengefunden haben. Diese brachten die nötige Expertise mit, um CO_2-Zertifizierungsstandards für die Renaturierung von Mooren zu entwickeln und verfügten gleichzeitig über die Kapazität und Reputation, relevante Akteure zusammen zu bringen. Für den Erfolg ausschlaggebend waren in beiden Fällen vor allem hochmotivierte Personen mit dem notwendigen Sachverstand und dem Willen, etwas Neues zu entwickeln.

Blühendes Steinburg ist ein Beispiel, bei dem die Finanzierung durch eine gemeinnützige Stiftung sichergestellt wird. Der Stiftung ging es vor allen Dingen darum, innovative Ansätze zu entwickeln und diese gemeinsam mit Landwirten zu testen. Langfristig ist die Stiftung bemüht, dieses Projekt in ein staatliches PES zu überführen, die Verzahnung mit staatlichen Zahlungen ist also bewusst angedacht. Noch deutlicher wird der Einfluss des Staates auf nicht-staatliche PES bei den beiden britischen Beispielen *Woodland Carbon Code*, kurz *WCC* und beim *Pumlumon Project*. Die Entwicklung der CO_2-Zertifizierungsstandards erfolgte beim *WCC* wie bei *MoorFutures®* durch staatliche Akteure. Zudem stellt der Staat beim *WCC* selbst Gelder für die Finanzierung der Aufforstungsprojekte bereit: Die meist privatwirtschaftlichen Projektentwickler nutzen die *WCC*-Methoden zur Berechnung der CO_2-Zertifikate im Zuge konkreter Aufforstungsprojekte, um diese Zertifikate auf dem freiwilligen Kohlenstoffmarkt anzubieten. Zusätzlich können sie aber noch mit staatlichen Mitteln für die Finanzierung der Aufforstungsprojekte rechnen. Ohne die Absicherung, dass die Aufforstungen zu einem erheblichen Anteil durch staatliche Gelder finanziert werden, würden die wirtschaftlich orientierten Akteure wahrscheinlich nicht das Risiko eingehen, *WCC-Projekte* zu entwickeln. Die Akteure schätzen es aktuell als sehr schwierig ein, Aufforstungsmaßnahmen rein privat über den Verkauf von Zertifikaten zu finanzieren. Auch beim *Pumlumon Project* besteht eine Verzahnung mit staatlichen Zahlungen. Hier wird für verschiedene Maßnahmen gezahlt, durch die Ökosystemleistungen und ein Mehrwert an Biodiversität bereitgestellt werden sollen. Um die gesteckten Ziele zu erreichen, werden staatliche und nicht-staatliche Zahlungen kombiniert. Das PES wurde auf regionaler Ebene durch eine zivilgesellschaftliche Organisation initiiert und vorangetrieben. Interessanterweise handelt diese Organisation nicht nur aus ökologischen Motiven heraus, sondern möchte auch sozialen und ökonomischen Problemen in der Region begegnen. Die Initiatoren sehen in dem PES ein neues Geschäftsmodell für die Landwirte der Region: Die durch das angepasste Landmanagement

Der Staat schafft mit Agrarumweltprogrammen und durch die Entwicklung von Standards wichtige Ausgangspunkte und Voraussetzungen für nicht-staatliche PES.

Zwischen nicht-staatlichen und staatlichen PES bestehen fließende Übergänge. Auf der regionalen Ebene werden beide Typen auch komplementär angewendet.

Engagierte regionale Akteure nutzten gezielt staatliche Agrarumweltprogramme zur Finanzierung ihrer Projekte.

bereitgestellten Ökosystemleistungen werden als marktfähige Produkte betrachtet und den Käufern und Finanziers entsprechend angeboten.

Freiwillige staatliche Zahlungen

Die beiden letzten Beispiele nicht-staatlicher Zahlungen leiten bereits über zu den staatlichen PES. Tatsächlich sind oft nur geringe Unterschiede zwischen den Beispielen dieser beiden Typen festzustellen – abgesehen von einer deutlichen Ausnahme: Bei den staatlichen PES tritt der Staat als Finanzier auf und vertritt die Nutzerinteressen der Allgemeinheit. Doch auch hinsichtlich dieses Aspekts sind die Beispiele aus der Praxis nicht immer eindeutig zu unterscheiden, wie die Beispiele *Edwards Aquifer Protection Program* und das *Niedersächsische Kooperationsmodell Trinkwasserschutz* in diesem Buch zeigen: Bei beiden tritt der Staat als Finanzier auf. Das *Edwards Aquifer Protection Program* wurde jedoch als nutzerfinanziertes PES betrachtet, da die Stadt als Intermediär für die konkreten Nutzer, nämlich die Einwohner der Stadt, fungiert und die Einwohner das Programm regelmäßig per Bürgerentscheid legitimieren. Die Stadt nutzt ihre Kapazität, um über eine Erhöhung der Steuereinnahmen ein PES mit vertretbaren Transaktionskosten zu organisieren. Im Fall des *Niedersächsischen Kooperationsmodells Trinkwasserschutz* hingegen handelt der Staat hoheitlich. Er initiierte das Programm und bestimmt im Rahmen dieses PES die Bedingungen für die Zahlungen, etwa in Form von verpflichtenden Wasserentnahmegebühren. Die Beispiele zeigen also, dass die in der Theorie angenommenen Grenzen in der Praxis nicht immer wiederzufinden sind. Daher erscheint uns ein einengendes Verständnis von PES allein als nicht-staatliche Zahlungen wenig sinnvoll.

Auch wenn man auf die weiteren Akteurskonstellationen und die Zielsetzungen schaut, zeigen sich Parallelen zwischen nicht-staatlichen und staatlichen Zahlungen. So arbeiten sowohl beim *Programm Naturschutzgerechte Bewirtschaftung von Grünland in der Eifel* als auch beim *Pumlumon Project* verschiedene Akteure mit den Landwirten zusammen und entwickeln Zahlungsmechanismen, um eine nachhaltige Beweidung in ihrer Region zu gewährleisten und damit Biodiversität und landschaftliche Vielfalt sicherzustellen. Im ersten Fall werden ausschließlich passende staatliche Programme zur Erreichung der Ziele genutzt, im zweiten Fall werden nicht-staatliche und staatliche Mittel kombiniert eingesetzt.

Auffällig bei den erfolgreichen Beispielen staatlicher PES ist, dass hier oft staatliche (Agrarumwelt-)Programme durch engagierte Akteure auf lokaler und regionaler Ebene genutzt werden. Diese Akteure entwickeln konkrete Projekte, setzen sie in Kooperation mit anderen Akteuren um und binden dabei die eigentlichen Leistungserbringer von Anfang an mit ein. Dies gilt für den *Gemeinschaftlichen Wiesenvogelschutz* genauso wie für das *Grünlandprogramm in der Eifel*. So gesehen ist nicht das jeweilige staatliche Programm (PES) erfolgreich, sondern ein regionales oder lokales Projekt, das dieses staatliche Programm nutzt. Die Hauptinitiative in diesen Beispielen erfolgreicher staatlicher Zahlungen geht also nicht von staatlicher Seite aus, sondern von regional verankerten und engagierten Naturschützern.

Außerdem handelt es sich bei den erfolgreichen Beispielen dieses Typs um die staatliche Finanzierung von Pilotprojekten. Nicht-staatliche Akteure entwickeln Pionierlösungen für die innovative PES-Ausgestaltung, die gemeinsam mit den relevanten Akteuren umgesetzt werden können. Zu nennen wären hier die *Performance-based Environmental Policies for Agriculture Initiative*, kurz *PEPA* und das *Florida Ranchlands Environmental Services Project*, kurz *FRESP*. Die Akteure in diesen Beispielen sind sehr engagierte Leute, die sich seit vielen Jahren mit PES beschäftigen und diesen Ansatz gezielt für die Lösung von Umweltproblemen einsetzen wollen. Nach erfolgreicher Implementierung werden die Pilotprojekte dann in staatliche PES überführt. Nicht-staatliche Akteure mit Pioniergeist und guten Kenntnissen von staatlichen Finanzierungsoptionen treten hier also als PES-Entwickler auf.

Die beiden erfolgreichen, von staatlicher Seite finanzierten aber auch initiierten Beispiele *Conservation Reserve Enhancement Program in Vermont,* kurz *CREP Vermont*, und das *Niedersächsische Kooperationsmodell Trinkwasserschutz* zeichnen sich dadurch aus, dass auf die Landwirte und Flächeneigentümer als Leistungserbringer aktiv zugegangen wird. Dafür werden regional verwurzelte zivilgesellschaftliche Akteure gezielt eingebunden, wie beim *CREP Vermont*, oder Kooperationen zwischen den relevanten lokalen und regionalen Akteuren forciert.

All diese Betrachtungen zeigen eines deutlich: **Auch bei den staatlichen PES sind engagierte nicht-staatliche Akteure mit hoher Eigenmotivation auf regionaler und lokaler Ebene eine entscheidende Voraussetzung für den Erfolg der Programme und Projekte. Dabei spielen oftmals engagierte Einzelpersonen eine herausragende Rolle.**

Unfreiwillige verursacherfinanzierte Zahlungen

Die aktuelle Umweltgesetzgebung führt im Rahmen unserer Untersuchungsgebiete nur in Deutschland und den USA zu verpflichtenden oder ordnungsrechtlich motivierten Zahlungsansätzen. Einige der als erfolgreich bewerteten PES gehören diesem Zahlungstypus an. Welche Akteure stecken hier dahinter? In einem ersten Schritt wurde die Entwicklung dieser PES durch staatliche Regulierungen motiviert. Darauf aufbauend sind es jedoch bestimmte Akteure, die von der Angebotsseite aus PES wie das *Medford Water Quality Trading Program oder die Silvergate Mitigation Bank* entwickeln. Überwiegend sind es Initiatoren, die in Kenntnis der rechtlichen Rahmenbedingungen aktiv werden: Sie wissen um die Ausgleichspflicht und um die Möglichkeit für die Unternehmen, in grüne statt in graue Infrastruktur zur Einhaltung von Umweltstandards zu investieren, und nutzen dies als Ausgangspunkt für die Entwicklung von Renaturierungsmaßnahmen beziehungsweise Maßnahmen zur Verbesserung der Ökosystemleistungen und Biodiversität. Sie gehen bei der Entwicklung des PES in Vorleistung, da sie durch den geregelten Markt eine gewisse Grundsicherheit bezüglich der Nachfrage haben.

Der Staat investiert in die Entwicklung innovativer Ansätze und nutzt die Erfahrungen lokaler Projekte für die Einführung staatlicher Programme.

Das *Medford Water Quality Trading Program* zeigt, wie viel ökologische Expertise und Engagement es unter den gegebenen Rahmenbedingungen für die Entwicklung und Umsetzung innovativer PES braucht. Hier wurde aufbauend auf den Erfahrungen eines anderen PES nicht nur eine individuelle „grüne“ Lösung für ein konkretes Unternehmen entwickelt, es mussten auch alle Beteiligten davon überzeugt werden, dass die Nutzung von Ökosystemleistungen sinnvoller und kostengünstiger ist als technische Lösungen. Es verwundert nicht, dass hier nicht etwa ein wirtschaftlicher Akteur, sondern eine zivilgesellschaftliche Organisation auftritt, die von der Idee überzeugt ist, dass der-

artige Ansätze den Umweltschutz weiter voranbringen können. Bei entsprechenden gesetzlich vorgeschriebenen Standards ist jedoch nicht auszuschließen, dass auch stärker wirtschaftlich orientierte Unternehmen in diesen Markt einsteigen, wie es bereits beim Habitat Banking in den USA oder im Rahmen der Kompensationszahlungen in Deutschland der Fall ist.

Zivilgesellschaftliche Organisationen engagieren sich für den Einsatz grüner anstelle von grauer Infrastruktur.

Social Entrepreneurs agieren als Dienstleister auf dem Kompensationsmarkt.

Damit wären wir bei zwei weiteren Beispielen angekommen, der *Silvergate Mitigation Bank* und der *Flächenagentur Brandenburg*. In diesen Fällen wurden professionelle Anbieter von Ausgleichsmaßnahmen als erfolgreiche PES genannt. Hinter beiden Beispielen stehen wirtschaftliche Unternehmen, die Gewinnabsichten verfolgen, aber eben auch oder sogar an erster Stelle ein hohes Maß an Eigenmotivation für die Verbesserung der Umweltsituation mitbringen. Dies zeigt auch die Historie der beiden Unternehmen und lässt sich im Fall der *Flächenagentur Brandenburg* zudem daran erkennen, dass eine Stiftung des öffentlichen Rechts, die „NaturSchutzFonds Brandenburg", Gesellschafter ist. Beide Unternehmen können daher als klassische Social Entrepreneurs bezeichnet werden, die gemeinsam mit staatlichen Akteuren Pionierarbeit bei der Entwicklung von Habitat Banks oder den Flächenpools leisteten. Die Geschäftsführer beider Unternehmen sind zudem bis heute landesweit bekannte und engagierte Protagonisten in diesem Bereich.

Auch das Beispiel *Forest Mitigation Banking in Maryland* zeigt, wie wichtig es ist, dass ein derartiger Ansatz von den relevanten Akteuren wirklich gewollt und aktiv vorangebracht wird. Denn in Maryland ist das *Forest Mitigation Banking* nur dort erfolgreich, wo es explizit von der regional zuständigen Stelle, den einzelnen Countys, gefördert wird. Das PES *100 Äcker für die Vielfalt* ist ein Beispiel für ein klassisches Naturschutzprojekt, dass neben anderen Finanzierungsquellen insbesondere die Ausgleichszahlungen von Vorhabenträgern als wichtige Finanzierungsquelle nutzt. Der Erfolg dieses PES ist dem großen Engagement von engagierten Wissenschaftlern und einer regionalen Umsetzung zu verdanken. Die hohe Motivation der Wissenschaftler rührt auch daher, dass damit „ihr" Untersuchungsgegenstand geschützt wird.

Nutzer grüner Infrastruktur haben ein hohes ökonomisches Eigeninteresse an der Bereitstellung der Ökosystemleistung oder Biodiversität.

Doch welche Motivation lässt sich auf Seiten der Nachfrage feststellen? Hier ist zu unterscheiden zwischen der Situation, die im Beispiel des *Medford Water Quality Trading Programs* vorliegt und den Motiven der zur Kompensation verpflichteten Vorhabenträger in den Beispielen *Silvergate Mitigation Bank, Forest Mitigation Banking in Maryland, Flächenagentur Brandenburg* und *100 Äcker für die Vielfalt*: Im *Fall des Medford Water Quality Trading Programs* ist das Wasseraufbereitungsunternehmen tatsächlich auch der Nutzer der erbrachten Ökosystemleistungen. Es liegt hier also ein ideales nutzerfinanziertes PES vor. Das Unternehmen entscheidet sich freiwillig vor dem Hintergrund der rechtlichen Auflagen, vor allem aber aufgrund der Kostendifferenz zwischen grüner und grauer

Infrastruktur. Als unmittelbarer und von der Ökosystemleistung abhängiger Nutzer hat dieser Nachfrager daher ein großes ökonomisches Interesse an der tatsächlichen Bereitstellung der Ökosystemleistung.

In den anderen Fällen stellt sich die Situation anders dar. Hier genügt es den zahlenden Vorhabenträgern vollkommen, den gesetzlichen Vorschriften zu entsprechen. Sie bezahlen also für den entsprechend geforderten Umfang an Kompensationsmaßnahmen, haben aber kein wirkliches Interesse daran, ob die Ökosystemleistungen bereitgestellt oder die angegebenen Biodiversitätsziele wirklich erreicht werden. Stünde diesem mangelnden Interesse an der tatsächlichen Ökosystemleistung oder dem Biodiversitätsziel auf Nachfrageseite nun ein rein ökonomisches Interesse auf Angebotsseite gegenüber, ließe sich an der ökologischen Wirksamkeit des PES zweifeln. In jedem Fall stellt die erfolgreiche Entwicklung von Banks und Flächenpools durch ausschließlich kommerzielle Unternehmen eine große Herausforderung für den Gesetzgeber dar. Denn hier muss der Staat durch ein sehr gutes Kontrollverfahren gewährleisten, dass die verkauften Ökosystemleistungen bereitgestellt und die Biodiversitätsziele erreicht werden.

Ausschließlich ökonomisch agierende Habitat Banks und Flächenpools sind eine Herausforderung für Gesetzgeber.

Vertragsgestaltung

Mit den vielfältigen Fragen der Organisation und der vertraglichen Ausgestaltung des Austausches „Geld gegen Ökosystemleistung" mussten sich die Initiatoren aller unserer PES auseinandersetzen. Im Folgenden tragen wir zusammen, welche Antworten sie gefunden haben.

Eine klar definierte Zielsetzung in Bezug auf die bereitzustellende Ökosystemleistung und das Biodiversitätsziel ist entscheidend.

Quantifizierte Ökosystemleistungen sind essentielle Voraussetzung für das Monitoring und damit die Bewertung der Konditionalität. Sie sind auch die entscheidende Grundlage für ergebnisorientierte Zahlungsmechanismen.

Zieldefinition und deren Quantifizierung

Ein erster und entscheidender Punkt ist die Definition der eigentlichen Leistung, für die im Rahmen des PES gezahlt werden soll. Beim Blick auf unsere Beispiele fällt auf, dass sich die meisten auf eine Leistung fokussieren. Im *Grünlandprogramm in der Eifel* geht es genauso wie beim *Gemeinschaftlichen Wiesenvogelschutz*, den PES *100 Äcker für die Vielfalt* sowie *Blühendes Steinburg* und der *Silvergate Mitigation Bank* um den Erhalt oder die Förderung und Schaffung von Habitaten für bestimmte Pflanzen- und Tierarten auf eindeutig definierten Flächen. In den auf Wasserprobleme ausgerichteten Beispielen liegt der Fokus oft auf einzelnen Aspekten der Gewässergüte: Beim *Niedersächsischen Kooperationsmodell Trinkwasserschutz* geht es um eine Verminderung der Nitratgehalte im Grundwasser regionaler Trinkwasserschutzgebiete, *CREP Vermont* und *PEPA* wollen die Phosphorgehalte in ausgewählten Oberflächengewässern, das *Medford Water Quality Trading Program* die thermische Belastung bestimmter Flussläufe reduzieren und bei *FRESP* geht es neben geringeren Phosphoreinträgen auch um die Menge zurückgehaltenen Wassers in einem ausgewählten Gebiet. Auch die Beispiele *MoorFutures®* und *WCC* sind nicht einfach allgemein auf die Fixierung von CO_2 ausgerichtet, sondern beschäftigen sich konkret mit der Emissionsverminderung oder der Speicherung von CO_2 auf eindeutig abgegrenzten Niedermoor- beziehungsweise Aufforstungsstandorten. Ebenso ist beim *Westcountry Angling Passport* deutlich formuliert, was der Käufer als Gegenleistung für seine Zahlung erhält: Angelspaß und Erholung an einem von ihm ausgewählten Ort. Viele unserer Beispiele bemühen sich also um eine klare inhaltliche wie auch räumliche Zielstellung. Viele von ihnen legen bereits im Vorfeld – teils während der Definition der Ökosystemleistung oder des Biodiversitätszieles, teils während sie geeignete Anbieter identifizieren – genau die Flächen fest, auf denen das PES greift. Andere überlassen die Wahl der einzelnen Flächen zwar den Anbietern, definieren aber detailliert die Kriterien für die Auswahl.

Einhergehend mit der eindeutigen Definition der bereitzustellenden Leistung, wird in den meisten Beispielen versucht, die Leistung auch als eine zählbare Größe darzustellen. Denn ist die Leistung quantifizierbar, kann sie direkt oder indirekt gemessen werden. Am deutlichsten wird dies beim *Gemeinschaftlichen Wiesenvogelschutz*: Das Ziel ist der Erhalt der Wiesenvogel-Population auf Grünlandflächen in einer Flussniederung. Inwieweit der einzelne Landwirt seinen Beitrag dazu leistet, wird ermittelt, indem alle erfolgreich bebrüteten Nester auf der jeweiligen Fläche gezählt werden. Andere Beispiele wie *Blühendes Steinburg, Upstream Thinking* oder *FRESP* ermitteln die Anzahl der auf den Flächen erhaltenen Arten, die Wassergüte in ausgesuchten Gewässern und die Menge des im Feuchtgebiet gehaltenen Wassers anhand von Stichprobenmessungen. *PEPA* und das *Medford Water Quality Trading Program* errechnen die bereitgestellte Leistung mit Hilfe von Simulationsmodellen. Beim *Trinkwasserwald®* hingegen werden Messwerte hochgerechnet, die auf Vergleichsflächen ermittelt wurden. Ähnlich funktioniert das Prinzip beim *WCC*. Und bei *MoorFutures®* wird die eigentliche Leistung mit Hilfe von wissenschaftlich fundierten Indikatoren ermittelt: Anhand spezifischer Pflanzengesellschaften können Rückschlüsse auf den Wasserstand und damit auf die Menge der verminderten Emissionen gezogen werden.

Die Quantifizierung der vereinbarten Leistung ist es auch, die PES wie *MoorFutures®* von klassischen Naturschutzspenden unterscheidet: Der Nutzen, den der Zahlende für sich oder die jeweiligen Endnutzer erhält, ist eindeutig definiert und überprüfbar. Er spendet nicht 35 Euro für den Ankauf von Niedermoorflächen, die renaturiert werden sollen, sondern er bezahlt 35 Euro dafür, dass genau eine Tonne Kohlenstoffdioxid über 50 Jahre im Moor festgehalten wird und nicht in die Atmosphäre gelangt. Die vorliegenden Beispiele machen auch deutlich, dass die Übergänge zwischen Spenden beziehungsweise Sponsoring und PES fließend sind. So lässt sich bei den Projekten des Vereins *Trinkwasserwald®* durchaus diskutieren, inwieweit diese überhaupt als PES bezeichnet werden können oder ob es sich nicht eher um klassisches Naturschutzsponsoring handelt. Dies sieht der Verein durchaus selbst so. Die pauschalisierte Berechnung der zusätzlichen Grundwasserneubildung unabhängig vom Standort kann kritisch diskutiert werden. Hier kommt zum Tragen, dass der Verein ohne Zweifel ein Interesse an einem naturnahen Waldumbau hat. Die Quantifizierung der Grundwasserneubildung ist jedoch eher ein Instrument der Spendenakquise. Dies funktioniert in diesem Fall deshalb, weil die Käufer letztlich nicht die direkten Nutzer des Grundwassers sind. Vielmehr besteht der Nutzen des zahlenden Unternehmens in dem damit einhergehenden Imagegewinn.

Ergebnisorientierte Zahlungen

Die Quantifizierung der vereinbarten Leistung ist nicht nur ein entscheidender Aspekt für das Monitoring, sondern sie hat auch Einfluss darauf, wie die Zahlung ausgestaltet werden kann. Wofür werden die Anbieter letztlich genau bezahlt – für die Umsetzung vorgegebener Maßnahmen auf einer festgelegten Fläche oder ergebnisorientiert für die gelieferte, quantifizierte Leistung? Die Verknüpfung der Zahlung mit der konkreten, quantifizierten Leistung hat vielfältige Vorteile: Sie lenkt das Eigeninteresse des Leistungserbringers auf die Bereitstellung der konkreten Ökosystemleistung oder das Biodiversitätsziel und lässt Flexibilität bei der Erreichung der Ziele zu. Den Leistungserbringern wird klar ersichtlich, was genau sie produzieren sollen. Dies entspricht mehr dem Selbstverständnis vieler Landwirte, die in fast allen Beispielen die Leistungserbringer sind, als die Umsetzung vorgegebener Maßnahmen.

Die Grenzen zwischen einer maßnahmen- und einer ergebnisorientierten Bezahlung sind jedoch nicht kategorisch. Vielmehr lassen sich zahlreiche Übergangsformen beobachten. Auf einer Skala mit einer eindeutig maßnahmenorientierten Ausgestaltung auf der einen und einer eindeutig ergebnisorientierten auf der anderen Seite, liegen viele unserer Beispiele eher im Mittelfeld mit einer Tendenz in die eine oder andere Richtung. Insgesamt interpretieren wir 10 unserer 19 Beispiele als eindeutig oder tendenziell maßnahmenorientiert. Umgekehrt heißt das, dass wir knapp die Hälfte der Beispiele auf der Seite der ergebnisorientierten Gestaltung sehen. Hier werden die Zahlungen an das Ergebnis geknüpft, also zum Beispiel daran, wie viele Arten letztlich auf der Fläche zu finden sind oder wie viel CO_2 gespeichert wurde. Dies ist bemerkenswert, da ergebnisorientierte Zahlungen in der Praxis insgesamt bisher selten zu finden sind. So eindeutig, wie beim *Gemeinschaftlichen Wiesenvogelschutz*, gelingt die Messung der Ergebnisse jedoch in keinem anderen Beispiel. Das liegt vor allem an der Komplexität

Durch eine klare Definition der Ökosystemleistung oder des Biodiversitätsziels unterscheidet sich ein PES von einer Spende. In der Praxis sind die Übergänge fließend.

In unseren Beispielen ist überdurchschnittlich häufig ein ergebnisorientierter Zahlungsansatz zu beobachten. Es zeigt sich deutlich, worin die Chancen, aber auch die Schwierigkeiten bei der Umsetzung bestehen.

Modelle sind bei einigen Beispielen das kostengünstigste und praktikabelste Mittel zur Quantifizierung der erbrachten Leistung.

ökologischer Systeme. So werden in einigen Beispielen Indikatoren oder Modelle genutzt, um das Ergebnis abzuschätzen. Nichtsdestoweniger orientiert sich in diesen Fällen die Zahlung am Ergebnis und nicht an den umgesetzten Maßnahmen.

Wie eine ergebnisorientierte Zahlung ausgestaltet sein kann, zeigen sehr gut die deutschen Beispiele *Gemeinschaftlicher Wiesenvogelschutz* und *Blühendes Steinburg*: Bei beiden ist die Leistung so definiert, dass sie zählbar ist und direkt für die Gesamtfläche oder als Stichprobe gemessen werden kann. Es besteht in beiden Fällen ein klarer Zusammenhang zwischen den Bewirtschaftungsmaßnahmen der Anbieter und dem Ergebnis. Die Leistungserbringer können also bewusst Einfluss nehmen und entscheiden in beiden Fällen selbst darüber, ob und mit welchen Maßnahmen sie an den PES teilnehmen wollen. Beide Beispiele zeigen, dass derartige Zahlungen die Akzeptanz unter den Landwirten verbessert, zudem sind die Motivation und der Kooperationswille der Leistungserbringer hoch. Es lassen sich jedoch auch die Grenzen und Schwierigkeiten bei der Umsetzung der ergebnisorientierten Zahlung erkennen. Dazu gehört unter anderem die Frage, wie mit externen, also nicht steuerbaren Einflüssen auf das Ergebnis umgegangen wird. Sind sie bekannt, können aber nicht verhindert werden, müssen sie überwacht und bei der Vertragsgestaltung berücksichtigt werden. Beim *Gemeinschaftlichen Wiesenvogelschutz* kommen die bedeutsamsten externen Einflüsse in Gestalt räubernder Füchse und Marder daher. Die Unschuld des Landwirtes am Verlust der Gelege lässt sich hier leicht nachweisen. Tritt ein solcher Fall ein, trägt der staatliche Finanzier das finanzielle Risiko und zahlt trotz der nicht gelieferten Leistung. In anderen Fällen lassen sich die externen Einflüsse jedoch deutlich schwerer identifizieren und messen. Das zeigt beispielsweise *FRESP*: Hängt die Leistungserbringung nicht nur von den eigenen Handlungen, sondern auch von anderen, nicht beeinflussbaren Faktoren ab, ist die Umsetzung einer ergebnisorientierten Bezahlung deutlich schwieriger. Im Fall von *FRESP* bezog sich das Problem auf die jährliche Niederschlagsmenge, die einen großen, nicht zu kontrollierenden Einfluss auf die Menge des zurückgehaltenen Wassers hat. Für diesen Rückhalt aber sollten die Leistungserbringer ergebnisorientiert bezahlt werden. Bei einer direkten Kopplung von Ergebnis und Zahlung hätten die großen Schwankungen der Zahlungen bei den Anbietern zu Unzufriedenheit geführt und die Akzeptanz und Teilnahme am PES möglicherweise vermindert. Die nicht planbare Zahlungshöhe war aber auch für die staatlichen Finanziers problematisch, weil solche Schwankungen nur schwer in der Finanzplanung berücksichtigt werden können. Der bei *FRESP* eingeschlagene Lösungsweg beinhaltet die Entwicklung eines Modells, das die Berechnung des Ergebnisses unter Berücksichtigung einer durchschnittlichen Niederschlagsmenge ermöglicht.

Einsatz von Modellen

Modelle spielen in verschiedenen erfolgreichen Beispielen eine wichtige Rolle, wenn es um die Messung der erbrachten Leistungen geht und die damit einhergehende Bezahlung an die Leistungserbringer. Dazu gehören neben *FRESP* auch *PEPA* und das *Medford Water Quality Trading Program* sowie das deutsche Beispiel *MoorFutures®*. Hier werden Modelle und computergestützte Tools genutzt, um die erbrachte Leistung zu berechnen. Das Spektrum der eingesetzten Hilfsmittel ist dabei recht groß: Bei *PEPA* beispielsweise wird der landeseigene Phosphorindex genutzt, eine eher einfache Tabelle im Excel-Format, um den Phosphoraustrag der Fläche zu berechnen. Der Index wurde nicht speziell für die *PEPA*-Initiative entwickelt, sondern ist den Leistungserbringern aus ihrer landwirtschaftlichen Praxis bekannt und kann von ihnen selbst genutzt werden. Auch das im *Medford Water Quality Trading Program* genutzte Modell ist ein langjährig genutzter Ansatz, der wissenschaftlich fundiert, langjährig erprobt und von staatlichen Stellen anerkannt ist. Das Modell basiert auf dem Computerprogramm Excel, nutzt GIS-Indikatoren und verschiedene Felddaten. Mit Hilfe des Modells lässt sich die aktuelle Sonneneinstrahlung auf ein Gewässer darstellen und berechnen, wie stark sich diese Einstrahlung und die damit einhergehende Erwärmung durch eine Beschattung des Gewässers reduzieren lässt. Für einen konkreten Zeitraum kann also modelliert werden, wie viele Kilokalorien Wärme durch Sonnenlicht das Gewässer täglich erreichen, abhängig davon, ob das Ufer bepflanzt ist oder nicht und welcher Art die Bepflanzung ist. Im *Medford Water Quality Trading Program* wird das Modell genutzt, um den zukünftigen Beschattungseffekt einer Uferbepflanzung zu berechnen. Dies dient einerseits der Berechnung der verkauften Zertifikate, andererseits zur Auswahl der Flächen, die bepflanzt werden sollen und zur Kalkulation der zu erwartenden Kosten dieser Renaturierung. Das bei den *MoorFutures®* eingesetzte GEST-Modell ist ein wissenschaftsbasiertes ökologisches Modell. Bestimmte Pflanzengesellschaften, die wiederum in Zusammenhang mit dem Wasserstand stehen, werden genutzt, um zu berechnen, wie viele Emissionen von einem Moorstandort ausgehen. Mit dem Modell werden zunächst die tatsächlichen Emissionen vor Projektbeginn ermittelt. Anschließend wird die Entwicklung der Flächen und deren künftiges Emissionsverhalten innerhalb der Projektlaufzeit von 50 Jahren prognostiziert. Wie beim *Medford Water Quality Trading Program* werden die Zertifikate nun anhand der Differenz aus Ist- und Soll-Zustand berechnet.

In all diesen Beispielen werden Modelle eingesetzt, weil eine direkte Messung zu aufwändig oder auch unmöglich ist. Modelle sind daher eine wichtige Voraussetzung für die Berechnung von Zertifikaten wie etwa beim *Medford Water Quality Trading Program* oder bei *MoorFutures®*. Gleichzeitig dienen Modelle in vielen Fällen dazu, abzuschätzen, wo welche Maßnahmen ökologisch und ökonomisch am sinnvollsten sind. Dieser Aspekt steht auch bei dem Modell Landserver im Vordergrund, das im Rahmen der Bay Bank für das *Forest Mitigation Banking in Maryland* entwickelt wurde. Mit Hilfe des kostenlosen, webbasierten Programms können Landeigentümer ermitteln, welche Ökosystemleistungen ihre Flächen erbringen. Auf der Basis von Informationen zur geographischen Lage, verschiedenen ökologischen Daten und Hinweisen auf Fördermöglichkeiten, erfährt der Nutzer, wie groß seine Chancen sind, für diese Leistungen entlohnt zu werden und an wen er sich dafür wenden muss. Auch hinsichtlich der mit Modellen verbundenen Risiken geben die Beispiele, insbesondere die Interviews mit den Verantwortlichen, Hinweise: Schnell können Modelle zu komplex und zu umfangreich werden und damit eines ihrer Ziele, die Reduktion von Komplexität, verfehlen. **Der Chance auf Vereinfachung und Visualisierung komplexer Zusammenhänge steht also das Risiko gegenüber, dass Modelle den Entwicklungsprozess eines PES eher aufhalten und erschweren können. In diesem Zusammenhang wird auch erwähnt, dass die betroffenen Akteure in die Entwicklung eines solchen Instrumentes einbezogen werden müssen, damit sie später dem Modell auch vertrauen und es annehmen.**

Der Wert der Ökosystemleistung oder der Biodiversität spielt bei der Ermittlung der Zahlungshöhe selten eine Rolle. Ausschlaggebend sind meist die Opportunitäts- und Produktionskosten.

Finanzielle Anreize über den Ausgleich von Opportunitätskosten hinaus werden bei einigen staatlichen PES explizit ausgeschlossen und sind auch ansonsten selten. In einigen Fällen liegen die Zahlungen sogar unterhalb der entstehenden Kosten. Trotzdem nehmen die Landwirte teil.

Zahlungshöhe

Ein weiterer, ganz entscheidender Aspekt im Zusammenhang mit der Vertragsgestaltung ist die Zahlungshöhe: Wie hoch muss die Zahlung an den Anbieter sein, um die gewünschte Leistung zu erhalten? In unserem ersten Kapitel haben wir dargelegt, dass die Zahlungen, die im Rahmen von PES fließen, nicht den ökonomischen und sozialen Wert der jeweiligen Ökosystemleistung oder der Biodiversität wiederspiegeln müssen. Unsere Beispiele zeigen nun, dass der Wert der Ökosystemleistung(en) und Biodiversität in den überwiegenden Fällen nur wenig oder gar keinen Einfluss auf die Zahlungshöhe hat. Stattdessen sind insbesondere die Opportunitäts- und Produktionskosten der Leistungserbringer entscheidend: Viele unserer Beispiele entschädigen den Landwirt oder Flächeneigentümer für verminderte oder ausbleibende Erträge, so zum Beispiel das *Grünlandprogramm in der Eifel, CREP Vermont, Gemeinschaftlicher Wiesenvogelschutz, FRESP, das Niedersächsische Kooperationsmodell Trinkwasserschutz*. Die Zahlung erfolgt also losgelöst vom eigentlichen Wert der Ökosystemleistung und Biodiversität. Sie orientiert sich vielmehr am Marktpreis der klassischen Agrarprodukte, die aufgrund der Bereitstellung der Ökosystemleistungen oder Biodiversität vermindert oder gar nicht mehr hergestellt werden. In vielen Beispielen orientiert sich die Zahlungshöhe zudem an den tatsächlich anfallenden Kosten für die Bereitstellung der vereinbarten Leistung, also den Produktionskosten, die meist in Kombination mit den Opportunitätskosten zur Preisfindung herangezogen werden. Auffällig ist, dass die entsprechenden Beträge nur selten individuell ermittelt werden. Sie nehmen oft also gar keinen Bezug auf die individuellen Verluste und/oder den Aufwand des einzelnen Landwirtes für die Bereitstellung der Leistung, sondern werden für alle Leistungserbringer pro Hektar betroffener Fläche festgelegt. In einigen Fällen, beispielsweise beim *Grünlandprogramm in der Eifel* oder dem *Edwards Aquifer Protection Program*, greifen zudem weitere Vergünstigungen für den Leistungserbringer, wie verminderte Pachtzinsen oder Steuervorteile.

Um PES weiter voranzubringen, ist es mit Sicherheit hilfreich, wenn versucht wird, den Wert von Ökosystemleistungen und Biodiversität monetär zu ermitteln – vor allem, um bestimmten Akteuren die enorme Bedeutung dieser Leistungen besser vor Augen führen zu können. Das könnte dann auch Grundlage für die Rechtfertigung von zusätzlichen Anreizen, also Gewinnen, für Landwirte jenseits der Produktions- und Opportunitätskosten sein. Dadurch bietet sich mehr Spielraum, um die relevanten Flächen beziehungsweise Landwirte zu erreichen. Darüber hinaus kann eine bessere Vorstellung über den monetären Wert der Ökosystemleistung helfen, wenn zu entscheiden ist, ob sich die Etablierung eines PES trotz hoher Transaktionskosten lohnt. Für die PES-Entwicklung an sich ist eine monetäre Bewertung der Ökosystemleistungen nicht zwingend erforderlich. Halten wir also noch einmal fest: **In unseren Beispielen hat die Höhe der geleisteten Zahlungen wenig mit dem Wert der Ökosystemleistung oder Biodiversität zu tun. Das ist vor dem Hintergrund der Diskussion um PES bemerkenswert. Oft wird mit PES ja gerade eine Monetarisierung von Ökosystemleistungen und Biodiversität verbunden.**

Spannend ist nun, warum die Anbieter die Leistung trotzdem bereitstellen, obwohl sie in der Regel nur die Opportunitäts- und Produktionskosten erhalten. Gleichzeitig müssen sie sich oft langfristig binden, können dadurch also unflexibler auf Veränderungen am Markt reagieren und gehen damit sogar unter Umständen ein finanzielles Risiko ein. In mehreren Beispielen wurde der gestiegene Flächendruck, insbesondere aufgrund wirtschaftlich attraktiver Bewirtschaftungsmethoden wie dem Anbau von Energiepflanzen, als Umsetzungsproblem genannt. Vor diesem Hintergrund erstaunt es, dass die Zahlungen nur bei einigen Beispielen als finanziell attraktiv für die Leistungserbringer gelten. Bei dem staatlichen Beispiel *Niedersächsisches Kooperationsmodell Trinkwasserschutz* wird eine Anreizwirkung sogar explizit ausgeschlossen. Beim *Gemeinschaftlichen Wiesenvogelschutz* wird vermutet, dass die Zahlungen in einigen Fällen nicht einmal die Opportunitäts- und Produktionskosten decken. Insbesondere wenn PES auf Biodiversität und den Erhalt von Kulturlandschaften abzielen, geben diese Beispiele Hinweise, dass auch andere als ökonomische Motive auf Seiten der Landwirte und Flächeneigentümer eine Rolle spielen. Bei den PES *Blühendes Steinburg* und *Gemeinschaftlicher Wiesenvogelschutz* beschreiben die interviewten Verantwortlichen, dass die Landwirte auch schon früher, ohne das PES, darauf geachtet hätten, die Vögel nicht zu schädigen und die Grünlandarten zu erhalten. Es besteht also eine intrinsische Motivation der Landwirte, die Arten zu schützen. Sie tun es nicht nur um des Geldes willen und akzeptieren dementsprechend auch Zahlungshöhen, mit denen die Opportunitäts- und Produktionskosten vielleicht nicht immer gedeckt werden.

Additionalität

In diesem Zusammenhang lässt sich die Frage der Additionalität diskutieren, die in der Literatur immer wieder als eine wichtige Anforderung an PES formuliert wird: Werden durch die Zahlung am Ende mehr Wiesenbrüter geschützt, mehr Grünlandarten erhalten als ohne das PES? Pauschal lässt sich diese Frage natürlich nur schwer beantworten, zumal sich die PES stetig ausgeweitet und immer mehr Teilnehmer gewonnen haben. Entsprechend wird sich insgesamt sicher ein Plus an Biodiversität eingestellt haben. Umgekehrt lässt sich jedoch fragen, ob in diesen Fällen Additionalität wirklich als Kriterium greifen kann und soll.

Die Anforderung der Additionalität führt dazu, dass proaktives umweltgerechtes Verhalten gerade nicht gefördert wird, denn in diesem Fall wird die Leistung ja auch ohne Zahlung erbracht. Wenn diese Leistung nun von der Honorierung ausgeschlossen wird, werden am Ende diejenigen belohnt, die ein umweltschädigendes Verhalten zeigen. Die wichtige Gruppe derer, die sich aus Überzeugung für eine umweltgerechte Bewirtschaftung entscheiden, wird hingegen bestraft. Dies liegt daran, dass die Logik hinter einer PES-Zahlung, die strenge Additionalität einfordert, eine ökonomische ist. Diese Logik schließt uneigennütziges Verhalten aus und geht von unkooperativen, eigennutzorientierten Menschen aus. **Die Diskussion um Additionalität auf der einen und die große Bedeutung von intrinsisch motivierten Leistungserbringern auf der anderen Seite verdeutlicht, dass es bei PES nicht allein um die finanzielle Entlohnung der erbrachten Leistungen der Landwirte und Flächeneigentümer geht, sondern vor allem auch um Anerkennung und Wertschätzung ihrer Tätigkeiten.**

Nutzung von Marktmechanismen

Orientiert sich die Zahlungshöhe klar an den Opportunitäts- und Produktionskosten, besteht eine weitere Herausforderung vor dem Hintergrund der Kosteneffizienz darin, diese Kosten im Zuge der PES-Entwicklung möglichst präzise zu ermitteln und zwar für alle potenziellen Leistungserbringer. Dabei kann die Ausgangslage für die gleiche Maßnahme von Betrieb zu Betrieb

Additionalität ist schwierig zu bewerten. Die alternativen Nutzungsoptionen sind als Referenz nur schwer einzuschätzen und ändern sich aufgrund der Entwicklung des Marktes schnell.

Additionalität kann zu sozialer Ungerechtigkeit führen und ökonomisch kontraproduktiv sein: Intrinsisch motivierte Akteure, die aus Überzeugung umweltfreundlich handeln, werden unter Umständen von Zahlungen ausgeschlossen und somit für ihr proaktives Handeln bestraft.

Ausschreibungen sind in einigen Fällen ein erfolgreiches Mittel zur Steigerung der Kosteneffizienz.

Die Transaktionskosten werden bisher nur im Rahmen der unfreiwilligen verursacherfinanzierten PES von den Käufern und Finanziers in vollem Umfang getragen.

unterschiedlich sein. Während zum Beispiel der eine Betrieb eine Grünlandfläche normalerweise intensiver nutzen würde, plant ein anderer Landwirt seine relevante Fläche brach liegen zu lassen. Für den ersten wären somit die Opportunitätskosten ausschlaggebend, für den zweiten die Produktionskosten.

Wie mit dieser Art von Herausforderung umgegangen werden kann, zeigen das aus *FRESP* entstandene staatliche Programm NE-PES in den USA und das Modellprojekt *Blühendes Steinburg* in Deutschland: Sie nutzen das Verfahren der Ausschreibung, in der Literatur auch als „reverse auction" beschrieben, eine „umgekehrte" Auktion. Dabei reagieren also nicht viele Nachfrager auf ein Angebot (Objekt), sondern viele Anbieter auf eine Nachfrage. Potenzielle Anbieter werden aufgefordert, anzugeben, zu welchem Preis und gegebenenfalls mit welchen Mitteln sie die umschriebene Umweltleistung bereitstellen können. Für die Auswahl der Angebote ist dann nicht nur entscheidend, ob der Anbieter den gewünschten Nutzen wirklich bereitstellen kann, sondern vor allem, ob er dies kostengünstiger tut als seine Mitbewerber. Auf diese Weise erhält der Käufer oder Finanzier wertvolle Informationen darüber, wie hoch die Opportunitäts- und Produktionskosten auf Seiten der Anbieter sind. Dies ermöglicht ihm wiederum, ein begrenztes Budget kosteneffizient auf so viele Anbieter wie möglich zu verteilen.

Doch die Identifikation der kostengünstigsten Leistungserbringer und damit die effiziente Verteilung der Finanzmittel ist nur ein Ziel, wenn solche Verfahren eingesetzt werden. Durch den entstehenden Wettbewerb unter den Leistungserbringern werden auch Anreize gesetzt, innovative Lösungen zu suchen. Kritisch diskutiert werden diese Verfahren vor allem, weil es unter den Anbietern zu Absprachen über die Kosten und damit zu einer überteuerten Bereitstellung der Leistung kommen kann. Die Anwendbarkeit derartiger Verfahren ist stark von der jeweiligen Ökosystemleistung abhängig und es ist relativ aufwändig, derartige Verfahren zu etablieren. Auch hier liegen Chancen und Risiken also recht nah beieinander.

Transaktionskosten

Im ersten Teil dieses Buches sind wir bereits auf die Bedeutung von Transaktionskosten im Zusammenhang mit PES eingegangen, Kosten also, die durch die Organisation des PES, die Verhandlungen, die Überprüfung der Ergebnisse und ähnlichem entstehen. Wie hoch diese Kosten sind, lässt sich bezogen auf die einzelnen Beispiele nur erahnen. Denken Sie beispielsweise an *FRESP* oder auch *MoorFutures®*, an das *Pumlumon Project* oder auch den *Gemeinschaftlichen Wiesenvogelschutz*, an den Aufwand für die Entwicklung des PES, für die Erarbeitung von Zahlungsmechanismen oder Modellen, die notwendige Zeit für Akquise sowohl auf Seiten der Finanziers als auch der Leistungserbringer, für das Monitoring und so weiter. Wer trägt diese Kosten am Ende und wer übernimmt das damit einhergehende finanzielle Risiko während der PES-Entwicklung? In vielen Fällen spielen hier der Staat und zivilgesellschaftliche Organisationen eine entscheidende Rolle und zwar mit Geld und Expertise. Deutlich werden jedoch Unterschiede bei den drei verschiedenen PES-Typen: Gerade bei nicht-staatlichen Beispielen sind es weder die finalen Leistungserbringer noch die Nutzer, die diese Transaktionskosten übernehmen.

Anders sieht es bei den unfreiwilligen verursacherfinanzierten Zahlungen aus, insbesondere im Bereich des Habitat Bankings und der Flächenagenturen. Hier können Entwickler die Nachfrage weitaus besser abschätzen und darauf aufbauend Angebote entwickeln. Sie agieren also weit weniger unter

Unsicherheit, als das bei nicht-staatlichen PES der Fall ist. Im Fall des Habitat Bankings und der Flächenagenturen gehen die professionellen Anbieter zwar in Vorleistung, sie tragen jedoch nur das normale unternehmerische Risiko, am Ende ihr „Produkt" nicht verkaufen zu können. Die Nachfrage ist relativ gut bekannt. Bei der Festlegung des Preises berücksichtigen die Anbieter alle Kosten, teils ergänzt um einen gewinnbringenden Aufschlag. Die Betreiber der *Silvergate Mitigation Bank*, Anbieter von *Forest Mitigation Banking in Maryland* und die *Flächenagentur Brandenburg* lassen sich über den Preis alle ihnen entstandenen Aufwände entschädigen. Der Preis beinhaltet demnach nicht nur die Kosten für die konkrete Maßnahmenumsetzung beziehungsweise die Leistungsbereitstellung, sondern schließt auch die Transaktionskosten ein, also alle Ausgaben für die Identifizierung geeigneter Flächen, Maßnahmen und Teilnehmer, für Genehmigungen, die Vertragsausgestaltung, Zertifizierung, das Management des PES, Monitoring und so weiter. Hinzu kommt meistens ein Aufschlag, über den der Anbieter Gewinne erwirtschaftet. Hier tragen die Vorhabenträger als Finanzier also die Transaktionskosten.

Beim *Medford Water Quality Trading Program* sieht die Situation etwas anders aus. Hier besteht ein höheres Risiko bei der Entwicklung und den damit verbundenen Kosten, da auf weniger Erfahrung zurückgegriffen werden kann und die Konkurrenz zu den Anbietern von gut etablierter grauer Infrastruktur groß ist. Die beteiligten zivilgesellschaftlichen Akteure haben daher vor allem in der Entwicklungsphase Know-how und Arbeitsstunden eingebracht, die nicht vom Nachfrager getragen werden.

Diese Kosten wurden teils von den beteiligten Organisationen, teils von dritten Akteuren übernommen, um derartige innovative Zahlungen für Ökosystemleistungen als Alternative zu grauer Infrastruktur zu etablieren. Es bleibt abzuwarten, ob sich auch hier eine Situation ähnlich wie beim Habitat Banking entwickeln kann und künftig Social Entrepreneurs oder rein wirtschaftlich orientierte Unternehmen die Entwicklung neuer PES übernehmen werden.

Auch bei einigen freiwilligen nicht-staatlichen Beispielen wie *Upstream Thinking, Woodland Carbon Code* und *Trinkwasserwald®* werden die Transaktionskosten anteilig in die Zahlungshöhe einbezogen und von den Nutzern oder Finanziers bezahlt. Die Kosten für die Quantifizierung der Ökosystemleistung oder der Biodiversitätsziele werden jedoch häufig nicht bei der Kalkulation der Zahlungshöhe berücksichtigt, insbesondere wenn die Quantifizierung eine große Herausforderung darstellt. Diese Entwicklungskosten werden oft von Dritten, wie dem Staat (zum Beispiel beim *WCC* und bei *MoorFutures®*) oder von intermediären zivilgesellschaftlichen Organisationen getragen (zum Beispiel beim *Westcountry Angling Passport* und bei *Blühendes Steinburg*). In vielen der erfolgreichen PES spielen insbesondere ehrenamtliche Leistungen und/oder das kostenlose Einbringen von Expertise durch verschiedene Intermediäre eine entscheidende Rolle. Die Zahlungen der Käufer und Finanziers beziehen sich oft nur auf die eigentliche Leistungsbereitstellung, beinhalten aber nicht die Kosten für die Organisation der Marktsituation. Diese werden von den staatlichen oder nicht-staatlichen Intermediären aus eigenen oder dritten Quellen finanziert.

Die explizite Gewinnabsicht, die sich bei fast allen Beispielen des Typs „Unfreiwillige verursacherfinanzierte Zahlungen" erkennen lässt, ist nicht immer allein mit der privatwirtschaft-

Transaktionskosten für die Entwicklung von PES werden oft anteilig oder komplett vom Staat übernommen oder von zivilgesellschaftlichen Intermediären.

Die vertraglich abgesicherte Haftung, dass die Leistung tatsächlich erbracht wird, ist insbesondere bei den unfreiwilligen und den nicht-staatlichen Zahlungen wichtig. Sie wird von den kommerziellen Anbietern, in anderen Fällen aber auch von zivilgesellschaftlichen Akteuren und dem Staat übernommen.

lichen Organisation der Anbieter und damit ihrer verstärkt ökonomischen Ausrichtung zu begründen. Vielmehr ergibt sie sich auch daraus, dass die Anbieter in Vorleistungen gehen und mitunter viel Verantwortung für die tatsächliche Lieferung der Leistung übernehmen. Beim *Medford Water Quality Trading Program* wird das besonders deutlich: Hier haftet der anbietende Intermediär im Fall des Scheiterns mit. Er übernimmt also einen Teil der Geldstrafen, die auf den Nachfrager zukommen, falls der vereinbarte Nutzen nicht eintritt. Solch eine vertragliche Übernahme der Haftung ist jedoch nicht nur im Fall des *Medford Water Quality Trading Programs* gegeben, sondern auch bei den Habitat Banks und Flächenagenturen sowie beim deutschen Beispiel *MoorFutures®* und dem britischen *WCC*. Beim *WCC* ist der privatwirtschaftlich agierende Projektentwickler zum Aufbau einer Art Rückversicherung verpflichtet, auf die im Fall einer nicht erbrachten Leistung zurückgegriffen werden kann. Bei *MoorFutures®* übernimmt der staatliche Intermediär die Haftung, falls der Nutzen nicht eintritt. In diesem Fall jedoch wird diese Verpflichtung nicht im Preis für die Zertifikate berücksichtigt, sondern zusätzlich vom Intermediär übernommen.

Die Vertragslaufzeit hängt von der jeweiligen Ökosystemleistung und den für ihre Bereitstellung notwendigen Maßnahmen ab.

Sanktionen sind für die PES-Verantwortlichen nur selten ein Thema.

Vertragslaufzeit und Sanktionen

Neben den bisher behandelten Punkten spielen für die Vertragsgestaltung noch zwei weitere Aspekte eine wichtige Rolle: Die Laufzeit des Vertrags und die Festlegung von Sanktionen, die im Fall eines Vertragsverstoßes greifen. Viele unserer Beispiele sehen eine mehrjährige Vertragsbindung der Anbieter von fünf bis zwanzig Jahren, teilweise auch mehr vor. Nur in drei Beispielen gibt es kurzfristigere beziehungsweise flexiblere Lösungen: *Blühendes Steinburg, Gemeinschaftlicher Wiesenvogelschutz* und *Westcountry Angling Passport*. In diesen Fällen werden faktisch keine schriftlichen Verträge abgeschlossen und der Leistungserbringer kann sich jedes Jahr aufs Neue für oder gegen die Teilnahme am PES entscheiden. Interessanterweise trifft der Anbieter diese Entscheidung in dem Moment, in dem er abschätzen kann, ob und in welchem Umfang er die gewünschte Leistung bereitstellen kann: Beim *Gemeinschaftlichen Wiesenvogelschutz* werden genau diejenigen Landwirte auf eine mögliche Teilnahme angesprochen, auf deren Flächen die Vögel nisten. Diese können sich dann entscheiden, ob sie die notwendigen Maßnahmen zum Schutz ergreifen wollen oder nicht. Potenzielle Leistungserbringer im Projekt *Blühendes Steinburg* werden über die leicht zu identifizierenden Kennarten informiert und können somit gut abschätzen, inwieweit ihre Flächen förderfähig sind. Dann können sie sich im Verlauf des Frühjahrs für eine Teilnahme entscheiden. Beim *Westcountry Angling Passport* hat der Flächeneigentümer zwar in die Aufwertung seiner Fischgründe investiert, er geht jedoch keine vertraglichen Verpflichtungen ein und kann regelmäßig entscheiden, ob und in welchem Umfang er den Zugang zu seinen Flächen und Gewässern gewährt.

Im Vergleich dazu fällt bei den PES mit längerfristigen Verträgen auf, dass sie auf dauerhafte oder wenigstens langfristige Veränderungen zum Zweck der Wiederherstellung bestimmter Ökosystemleistungen oder auf die Renaturierung größerer Flächen abzielen: Dort geht es unter anderem um Aufforstungen, die Aufgabe der Bewirtschaftung landwirtschaftlicher Flächen als Pufferstreifen oder um Nutzungsveränderungen, deren Effekte erst nach einigen Jahren zu sehen sind. PES hingegen, bei denen sich die Leistungserbringer alljährlich für die Teilnahme entscheiden können, sind auf den Schutz und Erhalt des Bestehenden ausgerichtet, also auf den Schutz von Pflanzen-

oder Tierarten auf kleinem, regional begrenztem Raum.

In den drei Beispielen für kurzfristige Vereinbarungen erübrigt sich auch die Frage nach Sanktionen, aber im Fall der mittel- und langfristigen Verträge ist sie durchaus interessant. Was geschieht, wenn der Leistungserbringer seinen vertraglich geregelten Verpflichtungen nicht nachkommt? Offenbar stellt sich diese Frage kaum! Zumindest waren Sanktionen für die Verantwortlichen unserer Beispiele nur selten ein Thema. Ausführliche Darstellungen dazu waren kaum zu finden, in den Gesprächen wurde es selten angesprochen. Beim *Niedersächsischen Kooperationsmodell Trinkwasserschutz* müssen im Fall von Vertragsverstößen die erhaltenen Beträge zurückgezahlt werden, ähnlich ist es in den durch die Europäische Union kofinanzierten staatlichen PES. Bei vielen anderen Beispielen sind solche Maßnahmen jedoch gar nicht vorgesehen und werden, so die häufige Aussage, gar nicht gebraucht. Selten sei es bisher zu Problemen gekommen, erläuterten die Interviewten. Grund dafür scheint vor allem eines zu sein: Vertrauen. Dieses Wort begegnete uns in den Gesprächen immer wieder und bedeutet den Verantwortlichen offenbar sehr viel. Daher wollen wir uns im folgenden Kapitel vor allem damit beschäftigen, woher dieses Vertrauen kommt und wofür es im Zusammenhang mit PES wichtig ist.

In den Interviews mit den Verantwortlichen, den Berichten von Teilnehmern und in der Öffentlichkeitsarbeit einiger PES taucht ein Wort immer wieder auf: Vertrauen. Andere, wiederholt genannte Schlagworte sind gegenseitiger Respekt und transparente Kommunikation. Dass diese Aspekte im Zusammenhang mit der erfolgreichen Umsetzung eines PES genannt werden, überrascht nicht. Wir wollen uns nun aber anschauen, wie unsere erfolgreichen Beispiele dieser Forderung nachgekommen sind.

Akteure, die in der Region schon lange verankert sind und dort transparent agieren, sind oft entscheidend.

Auffällig ist besonders eine Sache, die bereits im ersten Teil dieses Kapitels angeklungen ist: Bei all unseren erfolgreichen Beispielen spielen Akteure aus der Region eine entscheidende Rolle. Viele PES sind regional oder lokal ausgerichtet, so zum Beispiel das *Pumlumon Project*, das sich auf eine Hügellandschaft bezieht, die PES *Blühendes Steinburg, Upstream Thinking, Gemeinschaftlicher Wiesenvogelschutz* und *Westcountry Angling Passport*, das *Edwards Aquifer Protection Program* wie auch das *Medford Water Quality Trading Program* und die *Silvergate Mitigation Bank*. Sie alle sind auf ein eher kleines Gebiet ausgerichtet. In diesen Landstrichen sind die PES-Initiatoren und -Koordinatoren meist selbst zu Hause oder schon lange aktiv. Aber auch bei den Beispielen, die sich auf ein ganzes Bundesland beziehen, wie bei der *Flächenagentur Brandenburg*, dem *Forest Mitigation Banking in Maryland, CREP Vermont, MoorFutures®* und dem *Niedersächsischen Kooperationsmodell Trinkwasserschutz*, oder jenen, die national ausgerichtet sind, wie *100 Äcker für die Vielfalt* und *WCC*, heben die Initiatoren immer wieder die Bedeutung regional verankerter Mitarbeiter und Partner hervor. Es sei entscheidend, die Sprache der Landwirte und Flächeneigentümer zu sprechen, die lokalen Verhältnisse gut zu kennen und sich darauf einzustellen. Nur so könne eine enge, vertrauensvolle Kooperation entstehen.

„Arbeite lokal und habe Geduld!“, so könnte man die Empfehlungen unserer Interviewpartner zusammenfassen. Denn es dauert mitunter eine lange Zeit, bis sich Vertrauen gebildet hat und ein PES erfolgreich eingeführt ist. An einigen Beispielen lässt sich besonders gut beobachten, warum dieser Aspekt so wichtig ist. Denken Sie beispielsweise an das *Pumlumon Project*, an das *Grünlandprogramm in der Eifel* oder *FRESP*: In diesen und anderen Fällen wollten die Intermediäre neue Maßnahmen und Wege testen, um einen bestimmten Landstrich anders als aktuell üblich zu bewirtschaften. Dabei brauchte es einen langen Atem. Denn nicht immer war klar, ob das beabsichtigte Ziel erreicht werden kann und ob sich langfristig Käufer oder Finanziers finden. Häufig brauchten diese Beispiele mehrere Jahre, um Ergebnisse zu zeigen. Viele PES entwickelten sich durch „learning by doing“ und konnten nur mit der Hilfe von offenen, experimentierfreudigen Landwirten in Form von Pilotprojekten konzipiert und umgesetzt werden.

Und solche Landwirte waren es dann auch beim *Pumlumon Project*, dem *Gemeinschaftlichen Wiesenvogelschutz* oder dem *Grünlandprogramm in der Eifel*, die wiederum ihre Kollegen überzeugen konnten. Anfangs waren es wenige, teilweise nur einzelne Anbieter, die mit den Initiatoren zusammenarbeiteten. Zum Teil kannte man sich aus vorangegangenen Projekten, die Kompetenzen des anderen waren also schon bekannt und es bestanden keine Berührungsängste mehr. Basierend auf der Zusammenarbeit dieser Akteure und den ersten Erfolgen haben dann andere Landwirte ihre Skepsis überwunden, Vertrauen gefasst und nahmen am PES teil. Auf diese Art und Weise, also geduldig initiiert von Intermediären, die eher auf der Angebotsseite aktiv waren, sind einige unserer PES entstanden. Aber auch bei den Beispielen, die eher von der Seite der Käufer oder Finanziers ausgehen, ist der lokale Fokus sehr wichtig. Bei *CREP Vermont* beispielsweise werden extra vor Ort tätige NGOs zur Akquise und Beratung der Landwirte eingesetzt. Diese gehen persönlich bei den Betrieben vorbei und schreiben teils noch handschriftliche Briefe an potenzielle Anbieter, um diese zu erreichen. Das Wasserunternehmen South West Water finanziert die Bereitstellung der gewünschten Ökosystemleistung über mehrere lokale *Upstream-Thinking*-Projekte, die von ortsansässigen Naturschutzverbänden entwickelt und umgesetzt werden.

Wichtig für die Kooperation zwischen den beteiligten Akteuren sind laut den Verantwortlichen unserer Beispiele zwei weitere Dinge: Der Respekt vor der Leistung der Landwirte und die Berücksichtigung ihrer individuellen Situation. Der Initiator des *Grünlandprogramms in der Eifel* weist ebenso wie seine Kollegen beim *Pumlumon Project* und *Upstream Thinking* darauf hin, dass man die Sorgen und Belange der Landwirte und Flächeneigentümer kennen muss, bevor man mit ihnen über ein PES spricht. Man muss wissen, was sie beschäftigt, was ihre Ziele sind, mit welchen Problemen sie zu kämpfen haben. Das lässt sich meist nur in persönlichen Gesprächen klären, vor Ort mit den Akteuren. Inwiefern auch die Geschichte des Betriebes oder der landwirtschaftlichen Flächen einen Einfluss auf die Teilnahmebereitschaft der Landwirte haben, zeigen *CREP Vermont* und das Modellprojekt *Blühendes Steinburg*: Flächen, die mühevoll vom Vater oder Urgroßvater in fruchtbares Ackerland umgewandelt wurden, will der Flächeneigentümer trotz attraktiver Bezahlung nicht brach liegen lassen. Umgekehrt verbindet der eine oder andere Landwirt positive Kindheitserinnerungen mit artenreichen Wiesen und erhält sie allein aus diesem Grund, ganz unabhängig von der Bezahlung. Viele der Erfolgsbeispiele bemühen sich von Anfang an, diese weichen Faktoren zu berücksichtigen und ihr PES entsprechend auszurichten. Das *Pumlumon Project* bemüht sich sogar explizit nicht nur um die Erreichung ökologischer, sondern auch sozialer Ziele.

Kenntnis von diesen Einflussfaktoren erhalten die Initiatoren vieler Beispiele, weil sie die betroffenen Akteure auf der Angebots- und Nachfrageseite frühzeitig in den Gestaltungsprozess einbezogen haben. Dabei lassen sich unterschiedliche Formen der Partizipation beobachten: Bei *FRESP* und *PEPA* zum Beispiel brachten unabhängige Intermediäre sowohl die Akteure auf der Angebotsseite als auch auf der Seite der Nachfrage zusammen und involvierten beide gleichermaßen und von Anfang an in den Entwicklungs- und Umsetzungsprozess. Bei *FRESP*, aber auch dem *Westcountry Angling Passport* und bei *Blühendes Steinburg* waren die finalen Leistungserbringer sogar Mit-Initiatoren des PES. Sie sind motiviert, das PES auch nach seiner erfolgreichen Einführung weiterzuentwickeln und neue Ansätze auszuprobieren. Bei anderen Beispielen, wie dem *Grünlandprogramm in der Eifel*, bei *Gemeinschaftlicher Wiesenvogelschutz*, *CREP Vermont*, dem *Pumlumon Project*, *Upstream Thinking* und dem *Niedersächsischen Kooperationsmodell Trinkwasserschutz* wird in der Umsetzungsphase ein großer Schwerpunkt auf die Beratung der Landwirte gelegt. **Unsere Beispiele geben klare Hinweise darauf, dass die Einbeziehung aller relevanten Akteure auf Nachfrage- und Angebotsseite ein wichtiger Baustein für den Erfolg von PES ist. Diese Beteiligung ermöglicht es, die entscheidenden Einflussfaktoren für die Teilnahme- und Zahlungsbereitschaft aufzudecken, die Motivation und das Vertrauen der Beteiligten zu steigern und eine Vielzahl an Problemen im Vorfeld zu vermeiden.** Für diesen Beteiligungsprozess

Die Berücksichtigung sozialer Fragen und gegenseitiger Respekt helfen, langfristige vertrauensvolle Kooperationen aufzubauen.

Die frühzeitige Beteiligung der relevanten Akteure auf Nachfrage- und Angebotsseite können zum Erfolg verhelfen.

Oft spielt eine herausragende Einzelperson mit hoher Reputation auf allen Seiten eine entscheidende Rolle.

Soziale Netzwerke aus Akteuren der verschiedenen gesellschaftlichen Bereiche inklusive der Forschung, sind ein wichtiger Baustein für den Erfolg.

bedarf es hoch motivierter und von allen Seiten anerkannter Intermediäre, Menschen also, die sich einer hohen Reputation bei den Beteiligten erfreuen.

Insgesamt fällt bei allen PES auf, dass eine Menge Überzeugungsarbeit, sowohl auf Seiten der Anbieter als auch der Nachfrager, geleistet werden musste. Häufig wird dieser Prozess von einer Art Champion geprägt, also einer Person, die mit großem persönlichem Engagement die Initiative ergreift und ein hohes Maß an Reputation bei den Akteuren hat. Sie war oder ist quasi das „Gesicht" des Projekts oder Programms und wird in einem Atemzug oder gar stellvertretend für das PES genannt. So wurden uns einige unserer Erfolgsbeispiele gar nicht bei ihrem Namen genannt, sondern es hieß: „das Projekt von Sarah Lynch", „die Initiative von Jon Winsten" oder „Professor Schumachers Aktivitäten in der Eifel". Aber es sind nicht nur einzelne Personen, sondern auch Organisationen, die die Rolle des Champions einnehmen und als öffentlichkeitswirksame Zugpferde fungieren, so zum Beispiel beim *Pumlumon Project* oder dem *Medford Water Quality Trading Program*. Diese Personen oder Organisationen brauchen Mut und Risikobereitschaft. Oft ist viel Ausdauer nötig, genauso wie Teamgeist und die Fähigkeit, Netzwerke zu entwickeln und zu pflegen. Denn natürlich sind auch die Einzelpersonen nicht allein, sondern der Kopf eines eingespielten Teams und/oder Teil eines gut funktionierenden Netzwerkes.

Die Bedeutung von Netzwerken und Kooperationen tauchte bereits bei der Motivation der verschiedenen Akteure auf. In dem Maße wie Kooperationen für die Initiierung von PES ein entscheidender Baustein sind, scheinen stabile Netzwerke die Basis für längerfristig erfolgreiche PES zu sein. Auffällig ist bei vielen vorgestellten Beispielen die enge Zusammenarbeit mit Wissenschaftlern. In einigen Fällen wie *Trinkwasserwald®* und *Gemeinschaftlicher Wiesenvogelschutz* sind Universitäten oder Forschungsinstitute in das Monitoring der Ergebnisse eingebunden. In anderen Fällen sind Wissenschaftler die eigentlichen Initiatoren und dann auch Entwickler und Koordinatoren des PES, so wie beim *Grünlandprogramm in der Eifel* und bei *100 Äcker für die Vielfalt*. Auch bei *MoorFutures®*, *FRESP*, dem *Medford Water Quality Trading Program*, *PEPA*, *Upstream Thinking*, der *Silvergate Mitigation Bank* und dem *Edwards Aquifer Protection Program* hat die Kooperation mit Lehr- und Forschungseinrichtungen eine sehr wichtige Rolle gespielt. Die Wissenschaftler waren relevanter Teil des Konzeptionsprozesses, haben Vorstudien zugeliefert, die Zahlungsmechanismen erarbeitet, Modelle zur Auswahl von Flächen und zur Berechnung der Zertifikate erarbeitet und vieles mehr.

Zum anderen besteht in vielen PES eine enge Verbindung zu den staatlichen Akteuren und zuständigen Verwaltungen. Bei einigen Beispielen wie *MoorFutures®* und *FRESP* fällt das Engagement von tatkräftigen Ministeriumsmitarbeitern besonders auf. Auch bei diesen Einzelpersonen lässt sich ein hohes Maß an Eigenmotivation beobachten, aufgrund dessen sie mehr als nur Arbeit nach Vorschrift leisten und das PES auch gegen Widerstände aus den eigenen Reihen vorantreiben. Wie auch bei den Engagierten aus der Wissenschaft scheint bei diesen Personen der eigene biographische Hintergrund eine sehr große Rolle zu spielen und entsprechender Antrieb zu sein.

Außerdem sind Kollegen aus der Praxis wichtiger Teil der etablierten Netzwerke. Einige PES basieren stark auf der Zusammenarbeit mit Interessensvereinigungen, Umweltschutzvereinen, externen Beratern und Dienstleistern. Das lässt sich zum Beispiel bei *Blühendes Steinburg*, dem *Edwards Aquifer Pro-*

tection Program, *FRESP* und *CREP Vermont*, *100 Äcker für die Vielfalt* und der *Flächenagentur Brandenburg* beobachten. Insbesondere beim *Gemeinschaftlichen Wiesenvogelschutz,* aber auch dem *Grünlandprogramm in der Eifel* und den Projekten des Vereins T*rinkwasserwald®,* fällt zudem das große Engagement ehrenamtlich tätiger Einzelpersonen auf. Um dieses zu aktivieren bedarf es jedoch einiger Anstrengungen, sei es in Form persönlicher Vermittlung und Ansprache oder professionell organisierter Medienarbeit. Dafür wiederum braucht es klare Verantwortlichkeiten, zuständige Ansprechpartner und minimale Bürokratie.

Fazit

Es zeigt sich, dass bei allen in diesem Buch vorgestellten PES keine ausschließlich ökonomisch agierenden Anbieter zu finden sind, sondern es sich insbesondere auf Seiten der intermediären Anbieter um Menschen mit hoher Eigenmotivation in Bezug auf den Erhalt und die Verbesserung von Ökosystemleistungen und Biodiversität handelt. Diese Intermediäre setzen PES auf regionaler oder lokaler Ebene um, binden die finalen Leistungserbringer, sofern sie es nicht selbst sind, in die Entwicklung und Umsetzung mit ein und bauen nicht zuletzt dadurch eine vertrauensvolle Kooperation auf. Obwohl wir im Rahmen der Analyse unserer Beispiele nicht explizit mit teilnehmenden Landwirten und Flächeneigentümern als finalen Leistungserbringern gesprochen haben, zeigen die Interviews mit den Verantwortlichen, wie wichtig es ist, dass ihre Teilnahme am PES nicht ausschließlich ökonomisch motiviert ist. Die Leistungserbringer müssen „hinter den Projekten stehen". Damit hier der Funke überspringt, sind engagierte, von den Akteuren anerkannte und regional oder lokal verwurzelte Intermediäre in unterschiedlicher Funktion entscheidend.

Die Initiative für die Entwicklung von erfolgreichen PES geht in den vorliegenden Beispielen überwiegend von der Angebotsseite aus. So initiieren auch bei nicht-staatlichen Zahlungen lediglich drei Nachfrager, angetrieben von wirtschaftlichem Eigeninteresse und/oder von philanthropischen Motiven, die PES-Entwicklung. Selbst bei den staatlichen PES geht die Initiierung für die erfolgreiche regionale oder lokale Umsetzung nur in zwei der Beispiele von staatlichen Akteuren aus.

Die vorgestellten PES zeigen deutlich, dass eine klare Zieldefinition unerlässlich ist und eine Quantifizierung der Ökosystemleistungen oder Biodiversitätsziele die Option einer ergebnisorientierten Honorierung bietet. In der Praxis sind Modellansätze zur Ermittlung von Leistungen weitaus entscheidender als monetäre Bewertungen.

Vor dem Hintergrund der vorliegenden Ergebnisse lässt sich fragen, ob es in Anbetracht der Komplexität ökologischer Systeme überhaupt möglich ist, die Sicherstellung einer effektiven und effizienten Bereitstellung von Ökosystemleistungen und Biodiversität – also die Konditionalität – über rein geschäftliche Beziehungen zu gewährleisten. Selbstverständlich ist eine adäquate Vertragsgestaltung für PES wichtig, dennoch können selbst die ausgeklügeltsten Verträge (inklusive vielfältigster Sanktionsmechanismen) fehlende Motivation und gegenseitiges Vertrauen kaum ersetzen.

Insbesondere die Entwicklung von Pilotprojekten ist ein entscheidender Schritt, um längerfristige PES zu etablieren, die auf den gesammelten Erfahrungen aufbauen. Um wirklich innovative Ansätze zu entwickeln, muss natürlich auch ein Scheitern möglich sein. Mit Sicherheit stehen hinter den hier vorgestellten erfolgreichen PES auch Vorgängerprojekte, die aus verschiedenen Gründen am Ende nicht zum Erfolg führten. Will man die Entwicklung innovativer Ansätze fördern, erscheint also gerade die finanzielle Unterstützung der Entwicklungs- und Etablierungsphase entscheidend, insbesondere wenn noch nicht klar ist, wer am Ende als Käufer oder Finanzier auftritt.

Als letzter Punkt sei angemerkt: In vielen PES ist eine enge Kooperation zwischen Wissenschaft und Entwicklern zu beobachten, teilweise sogar in Personalunion. Dies ist aufgrund der großen Herausforderung bei der Quantifizierung der Ökosystemleistungen nicht verwunderlich. Offenbar ist es dabei aber hilfreich, wenn die Wissenschaftler nicht nur vom Forschungsinteresse geleitet sind, sondern auch ein Interesse an der eigentlichen praktischen Problemlösung haben und aus sozialer Verantwortung handeln.

Wegweiser. Was kann die Zukunft bringen?

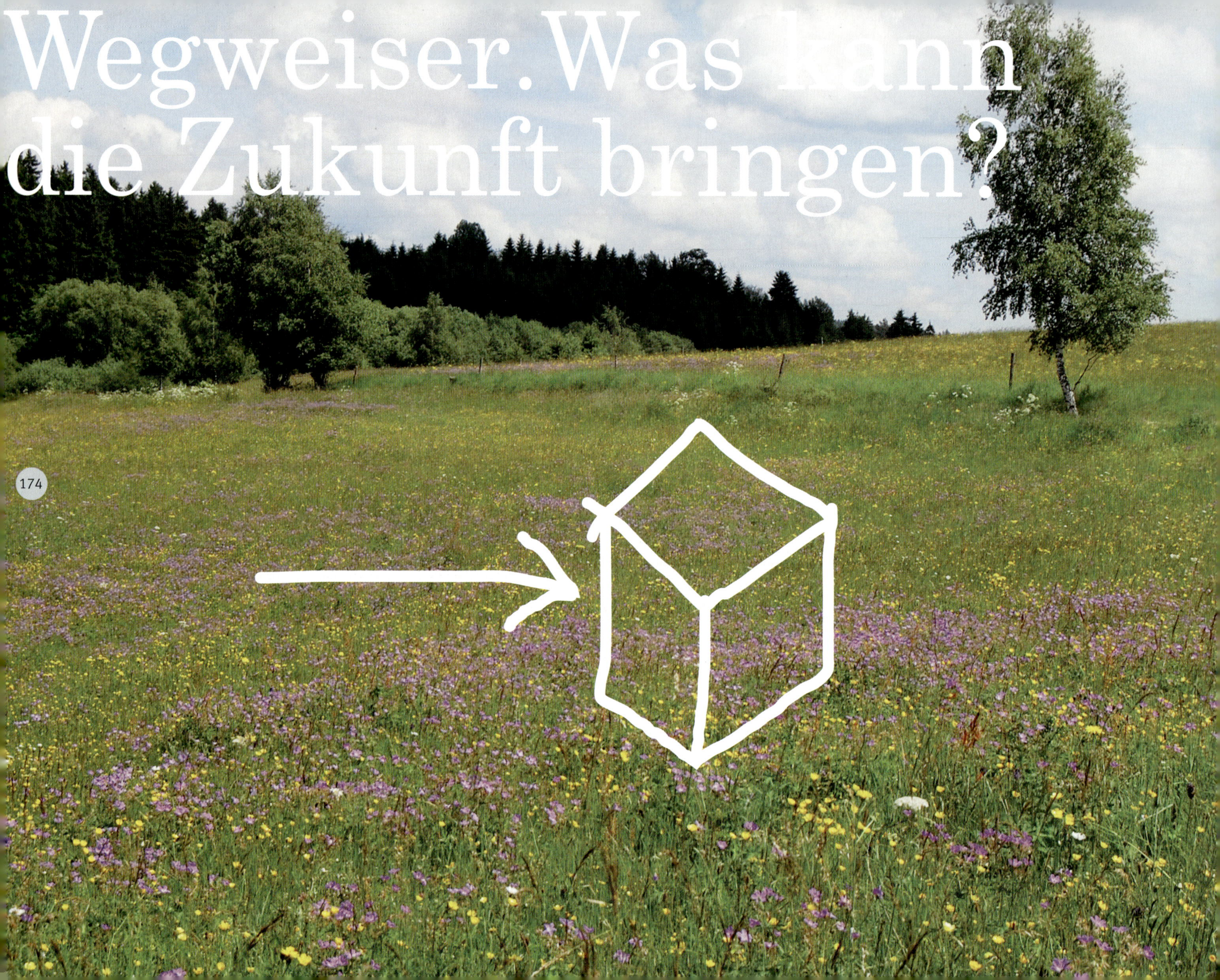

Potenziale, Grenzen, Herausforderungen

Ziel dieses Buches ist es, anhand verschiedener erfolgreicher PES aufzuzeigen, wo die Potenziale dieses Instruments liegen und wie diese genutzt und damit PES im Kanon umweltpolitischer Steuerungsstrategien einen festen Platz einnehmen können. Vor dem Hintergrund dieser Zielstellung haben wir unterschiedliche Beispiele vorgestellt, die sich alle dadurch auszeichnen, dass jeweils diejenigen honoriert werden, die durch ihr Handeln dazu beitragen, dass Ökosystemleistungen und Biodiversität erhalten bleiben oder sich die Umweltsituation sogar verbessert. Dabei sind die Beispiele aus der PES-Praxis oft weit davon entfernt, eine sogenannte Marktlösung zu sein: Staatliche Akteure spielen eine große Rolle und oft stellt sich der Erfolg erst durch die Kombination verschiedener Anreize und Motivationen ein.

Damit können unsere Beispiele als ein eindringliches Plädoyer dafür gesehen werden, nicht etwa auf einen freien Markt für Ökosystemleistungen zu hoffen, sondern diesen gemeinschaftlich und gezielt zu entwickeln, wobei sowohl das existierende Ordnungsrecht als auch soziale Normen und intrinsische Motivationen zu berücksichtigen sind. Auch machen die vorgestellten PES klar, dass es bei der Anwendung des Instruments nicht etwa nur um Fragen der Effektivität und Effizienz geht. Es geht vor allen Dingen um die Verteilung von Nutzungsrechten und damit um gesellschaftliche Fragen der Gerechtigkeit. Nicht zuletzt vor diesem Hintergrund wird die Anwendung von PES im Sinne marktliberaler Lösungen zu Recht kritisiert. Gerade in Entwicklungsländern, aber eben auch in Industrieländern, stellen sich Fragen der Verteilungsgerechtigkeit und des sozio-kulturellen Kontextes, wenn PES als Lösungsoption zur Diskussion stehen. PES können, aber müssen keineswegs eine Lösungsoption darstellen. Grundvoraussetzung für erfolgreiche Entwicklung und Umsetzung von PES ist die Berücksichtigung dieses sozio-kulturellen Umfelds sowie des existierenden institutionellen Settings. Geschieht dies, könnte ein verstärkter Einsatz von PES in dem hier vorgestellten breiten Verständnis zu einer Verbesserung der Bereitstellung von Ökosystemleistungen und Biodiversität beitragen. Entscheidend ist zudem die konkrete Ausgestaltung des Instruments unter Berücksichtigung der spezifischen Umweltsituation sowie der jeweils beteiligten Akteure. Wie eine erfolgreiche Ausgestaltung von PES aussehen kann und wie die verschiedenen Akteure eingebunden werden können, dazu geben unsere Praxis-Beispiele vielfältige Anregungen.

Im vorliegenden Kapitel haben wir nun unsere Erkenntnisse zu den Grenzen, Potenzialen und Herausforderungen rund um PES zusammengefasst – und zwar nicht nur vor dem Hintergrund der vorgestellten Beispiele, sondern auch basierend auf unserer mehrjährigen Beschäftigung mit PES. Dabei handelt es sich um Aspekte, die aus unserer Sicht besonders relevant sind für eine kritische, strategische Weiterentwicklung und Nutzung von PES. Da der Fokus unserer Forschungsarbeit auf Deutschland, Großbritannien und den USA lag, beziehen sich diese Punkte vor allem auf den Einsatz dieses Instruments in den Industriestaaten. Abschließend werden einige Handlungsempfehlungen formuliert, insbesondere an staatliche Akteure, mit denen wir die aktuelle Debatte um eine gezielte Nutzung von PES als sinnvolles Instrument der Umweltpolitik bereichern wollen.

> *„Die Grundlage ist interdisziplinäres Aushandeln und Arbeiten. Wenn nur ein Vertreter die Dienstleistung bestimmt, dann wird das Konzept versagen."*
>
> Wissenschaftler, Deutschland

Durch PES entstehen nur selten richtige Win-Win-Lösungen.

Bei den Befürwortern von PES und anderen Interessierten gilt das Instrument, insbesondere wenn es um freiwillige nicht-staatliche und staatliche Zahlungen geht, als attraktiv, weil es vordergründig zu einer Win-Win-Lösung führt: Die einen bekommen eine Leistung, die anderen werden für die Bereitstellung dieser Leistung bezahlt. Es herrscht das Prinzip der Freiwilligkeit. Gerade bei staatlichen PES, die beispielsweise im Rahmen von Agrarumweltprogrammen umgesetzt werden, ist mit weniger Gegenwehr zu rechnen, als wenn man versuchen würde, dieselben Maßnahmen über ordnungsrechtliche Vorgaben durchzusetzen.

Allerdings wird nicht nur in unseren Beispielen für nicht-staatliche und staatliche Zahlungen, insbesondere in vielen großen staatlichen Agrarumweltprogrammen, für eine Verminderung oder Vermeidung von negativen externen Effekten auf Ökosystemleistungen und Biodiversität gezahlt. Mit Hilfe der PES werden somit die Kosten dieser externen Effekte sozialisiert, während die Gewinne der wirtschaftlichen Akteure privat bleiben. Das kann in vielen Fällen gesellschaftlich gewollt sein, da beispielsweise eine landwirtschaftliche Nutzung unter den gegebenen Rahmenbedingungen sonst unwirtschaftlich wäre. Solche Fragen der Verteilungsgerechtigkeit sollten aber immer offen dargestellt und diskutiert werden. Daher ist eine transparente Ausgestaltung der Entscheidungsprozesse höchst relevant und die Machtverteilung immer kritisch zu hinterfragen. Streng genommen gibt es bei freiwilligen Zahlungen im Zusammenhang mit negativen externen Effekten keine richtige Win-Win-Lösung. Denn natürlich besteht eine Alternative: Die Gesellschaft kann umweltfreundliches Verhalten auch über das Ordnungsrecht einfordern. Dann könnte die Allgemeinheit oder der private Nutznießer eine Leistung umsonst nutzen, weil zum Beispiel ein Recht auf sauberes Wasser besteht. Die Offenlegung des Nutzens und der Nutznießer im Rahmen des Ökosystemleistungsansatzes bedingt also nicht, dass die Nutznießer auch dafür zahlen müssen. Ganz im Gegenteil: Wenn etwas einen besonders großen Nutzen für die Gesellschaft erbringt, sind negative Effekte erst recht zu vermeiden.

Richtige Win-Win-Lösungen entstehen immer dann, wenn den Landnutzern vor Einführung des PES klar die Verschmutzungsrechte zugeteilt sind und wenn bestimmte menschliche Handlungen zwingend erforderlich sind, um den Nutzen für die Gesellschaft bereitzustellen. Dies ist zum Beispiel im europäischen Raum bei Landschaftspflegemaßnahmen zur Erhaltung der Kulturlandschaft und der mit ihr verbundenen Ökosystemleistungen und Biodiversität der Fall. Und es gilt auch bei Renaturierungsmaßnahmen zur Wiederherstellung bestimmter Habitate. Außerdem entstehen Win-Win-Situationen auch dann für alle Beteiligten, wenn die Ökosystemleistung als kostengünstige Alternative zu grauer Infrastruktur genutzt werden kann.

Die monetäre Bewertung des Nutzens von Ökosystemleistungen und Biodiversität spielt für PES nur bedingt eine Rolle.

Das vermehrte Interesse an PES ist eng verbunden mit dem Mainstreaming des Ökosystemleistungskonzepts. Entsprechend beruhen auch viele Einwände gegenüber PES auf der Kritik am Konzept der Ökosystemleistungen, insbesondere an der mit dem Konzept eng verknüpften monetären Bewertung der Natur. Insbesondere im Zusammenhang mit der Politik in Entwicklungsländern wurde das PES-Konzept aufgegriffen, da diese Länder oft globale Ökosystemleistungen erbringen und hier die Hotspots der weltweiten Biodiversität zu finden sind. Die internationale Diskussion um den monetären Wert von Leistungen wie etwa jenen, die durch Regenwälder erbracht werden, liefert gute Argumente für ein internationales finanzielles Engagement zu deren Erhalt. Seither scheint die monetäre Bewertung von Ökosystemleistungen und die Ermittlung der Zahlungsbereitschaft für Biodiversität eine grundlegende Voraussetzung für die Umsetzung von PES zu sein. Und daraus wiederum speist sich die Kritik an diesem Instrument.

Ein genauer Blick auf die Zahlungshöhen im Rahmen existierender PES zeigt jedoch, dass eine monetäre Bewertung des Nutzens von Ökosystemleistungen bzw. die Ermittlung der individuellen Zahlungsbereitschaft für Biodiversität kaum eine Rolle spielt. Stattdessen werden dort, wo sich die Preise nicht über freie Märkte bilden (lassen), die Opportunitätskosten und/oder die Produktionskosten zur Ermittlung der Zahlungshöhe herangezogen. Zur Bestimmung der Zahlungshöhe wird eine monetäre Nutzenbewertung im eigentlichen Sinne also gar nicht vorgenommen und es braucht sie auch nicht. Das gilt insbesondere für die vielen PES, bei denen für eine Vermeidung oder Verminderung von negativen externen Effekten gezahlt wird. Schließlich spricht wenig dafür, den Leistungserbringern, die beispielsweise die eigens verursachte Gewässerverschmutzung reduzieren, um sauberes Oberflächen- und Grundwasser bereitzustellen, einen über den Ausgleich der Opportunitätskosten hinausgehenden Gewinn zuzugestehen. Das ist höchstens dann sinnvoll, wenn nur auf diese Weise die Teilnahme der Akteure zu gewährleisten ist und dann wiederum könnte man durchaus hinterfragen, ob der finanzielle Anreiz allein in solch einem Fall überhaupt das richtige Instrument ist.

Allerdings können die monetäre Bewertung des Nutzens von Ökosystemleistungen und die Ermittlung der Zahlungsbereitschaft für Biodiversität aus bestimmten Gründen durchaus sinnvoll sein. Die Offenlegung dieser Werte kann unter anderem dabei helfen, Finanziers zu finden und die gesellschaftliche Legitimation für staatliche PES zu verbessern. Auch in der Auseinandersetzung um Transaktionskosten und tatsächliche Produzentenrenten sind konkrete Vorstellungen über das Ausmaß des Nutzens, beziehungsweise der Zahlungsbereitschaft, hilfreich. Wie hoch die Transaktionskosten für PES von der Entwicklung bis hin zum Monitoring sein können, lässt sich nicht zuletzt anhand der Beispiele in diesem Buch erahnen. Richtig quantifiziert werden diese Kosten selten. Trotzdem müssen sie von jemandem getragen werden. Daher gelten hohe Transaktionskosten nicht selten als Argument gegen den Einsatz von PES. So werden vor allem gezielte staatliche Agrarumweltmaßnahmen, die von hoher Bedeutung für den Naturschutz sind, oft aufgrund der hohen Verwaltungskosten in Frage gestellt. Ließen sich diese Kosten nun dem monetären Wert der durch die Maßnahmen bereitgestellten Ökosystemleistungen oder geschützten Biodiversität gegenüberstellen, stünde die Diskussion auf ganz anderen Füßen. Die Darstellung des hohen monetären Nutzens durch ein PES könnte also dabei helfen, den hohen Organisations- und Verwaltungsaufwand zu rechtfertigen und damit die Zahlungsbereitschaft für die Transaktionskosten zu erhöhen.

In ähnlicher Weise könnte eine monetäre Bewertung der Ökosystemleistungen, beziehungsweise die Aufdeckung der Zahlungsbereitschaft für Biodiversität die Diskussion um zusätzliche finanzielle Anreize für die Leistungserbringer – also die Produzentenrenten – bereichern. Denn während wir eben noch gegen zusätzliche finanzielle Anreize oberhalb der Opportunitätskosten argumentiert haben, wenn es um Zahlungen für

»We've got to recognize we are here trying to price the priceless but if putting an economic value on natural capital helps us to view it and value it in different ways for certain audiences, then I think that we'd be wrong not to try it.«

Wissenschaftler, Großbritannien

„Monetarisierbarkeit ist ein wichtiger Aspekt, damit dieses Konzept nach vorne getragen wird und relevant wird. Das heißt aber nicht notwendigerweise, dass letztendlich alle Ökosystemleistungen monetarisiert werden oder müssen."

Mitarbeiter einer Umweltbehörde, Deutschland

die Verminderung von negativen externen Effekten geht, stellt sich die Situation bei Zahlungen für positive externe Effekte ganz anders dar. Wenn also ein Landwirt anstelle von Grünfutter für sein Vieh, artenreiches Grünland produziert, spricht aus ökonomischer Sicht nichts dagegen, dass die Nutznießer bzw. die Zahlungswilligen mehr als nur die Opportunitäts- und Produktionskosten zahlen, also eine wirkliche Anreizwirkung durch sogenannte Produzentenrenten entsteht. Indirekt wird schon jetzt im Rahmen einiger Agrarumweltmaßnahmen mit diesen Produzentenrenten gearbeitet. So sind zum Beispiel in einem deutschen Bundesland die pauschalen Zahlungshöhen pro Hektar besonders auf den Standorten attraktiv, die relativ geringe Erträge liefern. Zufällig sind das aber oft auch die Standorte, die aus Naturschutzsicht relevant sind. Doch sollte so etwas dem Zufall überlassen sein? Oder sollte sich der schwierigen Frage nach Produzentenrenten nicht viel offener gewidmet werden? Will man diese Fragen beantworten, könnte die monetäre Bewertung des Nutzens aus Ökosystemleistungen und Biodiversität dafür eine Grundlage sein.

Und schließlich könnte eine monetäre Bewertung des Nutzens bzw. die Ermittlung der Zahlungsbereitschaft auch für neue innovative Ansätze, wie den sogenannten ökologischen Finanzausgleich, eine wichtige Rolle spielen und damit Anreize für Natur- und Umweltschutz auch auf Seiten der regionalen und kommunalen politischen Entscheidungsträger schaffen.

Eine monetäre Bewertung kann also für bestimmte Aspekte im Zusammenhang mit der PES-Entwicklung und -Anwendung sinnvoll sein, sie ist für die meisten PES aber eben keine grundlegende Voraussetzung und in der Praxis zur Ermittlung der Zahlungshöhe bisher nicht zu beobachten. Gängige Praxis ist es hingegen, die Zahlungshöhe anhand von Opportunitäts- und Produktionskosten zu bestimmen. Anders als der monetäre Wert des Nutzens oder die Zahlungsbereitschaft für Biodiversität lassen sich diese Kosten verhältnismäßig einfach ermitteln. Es ist jedoch erstaunlich, dass die monetäre Nutzenbewertung von Natur im Zusammenhang mit PES so kritisch diskutiert wird, während die Nutzung des Opportunitätskostenansatzes weitaus seltener solcher Kritik ausgesetzt ist, obwohl hier teilweise die wirkliche Herausforderung liegt. Denn durch die Nutzung der Opportunitätskosten zur Ermittlung der Zahlungshöhe sind PES an die Preise für Produkte einer alternativen Ressourcennutzung gebunden, insbesondere an die (Weltmarkt-)Preise für Agrarprodukte. Daraus ergibt sich eine große Abhängigkeit von globalen Marktentwicklungen und den damit in Verbindung stehenden Kauf- oder Pachtpreisen für Flächen. In Deutschland führen die aktuellen hohen Weltmarktpreise in Kombination mit der Förderung von regenerativen Energien zu einem hohen Konkurrenzdruck – oft als Flächendruck diskutiert. Die Opportunitätskosten steigen und die bisher im Rahmen von PES gezahlten Preise verlieren für die Landwirte an Attraktivität. Langfristige Verträge lassen sich angesichts derart schwankender Preise kaum noch umsetzen, diese sind bezüglich vieler Ökosystemleistungen aber notwendig, um einen Effekt zu erzielen.

Aus marktliberaler Sicht könnte man nun argumentieren, dass uns, wenn wir nicht genügend Geld bereitstellen, diese Leistung offenbar nicht genügend wert ist. Jedoch ignoriert eine solche Betrachtungsweise die Komplexität der ökologischen Systeme und die globalen Zusammenhänge zwischen ihnen, derentwegen eigentlich ein risikoaverses Handeln dringend erforderlich ist. Es ist illusorisch anzunehmen, dass Preisschwankungen flexibel und zeitnah in PES integriert werden können und es erscheint wenig erstrebenswert, den Schutz und die Bereitstellung von Ökosystemleistungen und Biodiversität den kurzfristigen Interessen und Spekulationen in einer globalisierten Finanzwelt zu unterwerfen. Nehmen wir an, die Weltmarktpreise für bestimmte Agrargüter sind zehn Jahre lang so hoch, dass Zahlungen im Rahmen von PES dagegen überhaupt nicht konkurrieren können. Der marktliberalen Logik folgend wäre dann höchstwahrscheinlich alles artenreiche Grünland in Europa umgebrochen und der brasilianische Regenwald zu einem erheblichen Teil gerodet. Irreparable Schäden, die kein Markt mehr beheben kann! PES allein könnten dieser Entwicklung keinen Einhalt gebieten. Für die beschriebenen Fälle lässt sich das Marktversagen nicht über ökonomische Instrumente beheben. Stattdessen ist es zwingend notwendig, Ordnungsrecht und ökonomische Anreize stärker als bisher kreativ miteinander zu verknüpfen.

Die Quantifizierung der Ökosystemleistungen und Biodiversitätsziele ist Voraussetzung für PES.

Während eine monetäre Bewertung des Nutzens beziehungsweise die Ermittlung der Zahlungsbereitschaft für PES nicht zwingend erforderlich ist, ist die Quantifizierung der Ökosystemleistung oder des jeweiligen Biodiversitätsziels eine entscheidende Voraussetzung. Sowohl die kommunikative Stärke des Ökosystemleistungsansatzes als auch das PES-Grundprinzip „Zahlung für Ökosystemleistungen und Biodiversität" bedarf einer Quantifizierung genau dieser Leistungen – mindestens um die vielfach angesprochene Konditionalität im Rahmen von geeigneten Monitoringansätzen überprüfen zu können. Erst damit wird ein ständiges Suchen nach dem richtigen (Mittel-) Weg möglich, erst dann kann eine ständige Anpassung erfolgen.

Doch gerade diese Grundvoraussetzung für PES, die Leistungen von Ökosystemen und Biodiversität zu quantifizieren, ist ein wesentlicher Kritikpunkt an dem Instrument: Eine Quantifizierung einzelner Leistungen, aber auch die Leistungsperspektive auf Ökosysteme im allgemeinen, würde der ökosystemaren Komplexität, der gegenseitigen Abhängigkeit und Beeinflussung ihrer Strukturen und Prozesse, nicht gerecht werden. Diese Strukturen und Prozesse sind vielfältig miteinander verbunden und zwar ganz speziell in jedem Ökosystem oder Landschaftsraum. Auch diese Kritik an PES geht also auf den zugrundeliegenden Ökosystemansatz zurück und sie ist berechtigt. Bei aller Kritik muss man sich jedoch zwei Dinge vor Augen führen: Zum einen ist diese Komplexität aktuell mit keinem Ansatz erfassbar und wird es wohl auch nie sein. Zum anderen müssen alle, die gezielt auf die Entwicklung von Ökosystemen Einfluss nehmen wollen, mit dieser Komplexität umgehen. Vor diesem Hintergrund ist es richtig, dass der Ökosystemleistungsansatz als grundlegendes Konzept von PES mitnichten als zentraler oder gar alleiniger Analyseansatz für Ökosysteme und Landschaften fungieren kann. Wichtig ist eine Kombination mehrerer Analyseansätze, durch die die betroffenen Ökosysteme so gut wie möglich verstanden und die internen und externen Wechselwirkungen bestmöglich identifiziert werden können. Diese notwendige Analysevielfalt sollte sich durchaus im Rahmen des PES-Monitorings wiederspiegeln. Darüber hinaus sollte gerade mit Bezug auf das Ökosystemleistungskonzept versucht werden, die verschiedenen Ökosystemleistungen einer Fläche im Rahmen von PES in sinnvoller Weise und besser als bisher zu berücksichtigen.

"This is an emerging industry. But to have someone paying for goods and services you have to have hard data to prove that what you have done actually had an impact on a good or a service."

Mitarbeiter einer Umweltschutzorganisation, Großbritannien

„There is a move for better focusing EU funding to reward public goods and the buzz word is Ecosystem Service, so it is clearly shaping things.“

Mitarbeiter einer Umweltbehörde, USA

Ein weiterer Aspekt sei vorgebracht, wenn wir über die Notwendigkeit der Quantifizierung von Ökosystemleistungen und Biodiversität im Zusammenhang mit PES reden. Aus Sicht vieler interviewter Anwender, insbesondere in den USA, definieren sich PES nicht nur durch eine Quantifizierung der Ökosystemleistungen und Biodiversitätsziele allein, sondern dadurch, dass die Zahlungen direkt an die Leistungen geknüpft sind, es sich also in unserem Verständnis um ergebnisorientierte Zahlungen handelt. Tatsächlich entspricht diese Art der Zahlungsausgestaltung dem PES-Gedanken am besten, ist ökonomisch gesehen sehr sinnvoll und anzustreben. Die Quantifizierung der Leistung ist damit Grundvoraussetzung für ideale PES, auch wenn diese insbesondere aufgrund der Komplexität sozial-ökologischer Systeme in der Praxis nicht immer angewendet werden können, wie eine seit mehreren Jahren geführte Diskussion im Bereich der Agrarumweltmaßnahmen zeigt.

Vor dem Hintergrund der großen Bedeutung der Quantifizierung von Ökosystemleistungen sind internationale und nationale Initiativen und Projekte sehr zu begrüßen, die sich dieser Herausforderung stellen. Dabei sollten die Lehren aus einer jahrzehntelangen Diskussion um Umweltindikatoren berücksichtigt werden: Die Leistungserfassung ist kontextabhängig. Bestimmte Erfassungsansätze eignen sich besonders für politisch argumentative Zwecke und sind daher äußerst wichtig. Will man PES weiter forcieren oder gar ergebnisorientiert honorieren, müssen dafür passende Ansätze der Quantifizierung weiter vorangetrieben werden. Diese können sich von den vorher genannten hinsichtlich des räumlichen Maßstabs und der verwendeten Modelle unterscheiden.

PES brauchen einen aktiven und innovativen Staat.

Das wachsende Interesse an PES gerade auch von staatlichen Stellen, die mit dem Instrument vor allem freiwillige nicht-staatliche Zahlungen verbinden, wird nicht selten mit schrumpfenden öffentlichen Kassen begründet. Zumindest vermuten die Kritiker der aktuellen Entwicklungen, dass der Staat die Etablierung von nicht-staatlichen PES vor allem darum fördert, weil er sich seiner Verantwortung zur Durchsetzung von Ordnungsrecht und der Finanzierung von Naturschutzmaßnahmen entziehen möchte und den Marktkräften das Geschehen überlassen will. Diesen Befürchtungen ist jedoch genauso wie den eventuellen Hoffnungen auf einen Rückzug des Staates eines entgegenzuhalten: Für eine erfolgreiche Einführung und Umsetzung von PES braucht es nicht weniger sondern mehr Staat!

Der überwiegende Teil der Ökosystemleistungen sowie die Biodiversität weisen die Charakteristika öffentlicher Güter auf, der Nutzen kann also kostenlos genossen werden. Gleichzeitig werden diese Ökosystemleistungen und die Biodiversität durch vielfältige negative externe Effekte beeinträchtigt. Da es sich darüber hinaus um sehr komplexe ökologische Phänomene handelt, ist es illusorisch, davon auszugehen, dass sich klassische Märkte für Ökosystemleistungen und Biodiversität in größerem Stil selbstständig herausbilden. Stattdessen werden Akteure gebraucht, die das gesellschaftliche Wohl vor Augen haben und die die Entwicklung von PES als Lösungsansatz aktiv und kritisch vorantreiben. Dem Staat kommt daher mitnichten nur die klassische Rolle der Schaffung und Durchsetzung von Eigentumsrechten zu. Vielmehr ist er im Zusammenhang mit PES als aktiver Marktteilnehmer und Intermediär gefordert. Der Staat kann zum einen durch ein flexibleres Ordnungsrecht dafür sorgen, dass eine breitere Anwendung von PES durch ordnungsrechtlich motivierte Nachfrage entsteht. Er kann sich verschiedener Steuerungsansätze bedienen und insbesondere für ein effektives Zusammenspiel von Ordnungsrecht und ökonomischen Anreizinstrumenten sorgen. Zum anderen kann der Staat jenseits von Ansätzen in Verbindung mit seiner hoheitlichen Macht (i) in Vertretung gesellschaftlicher Nachfrage die Finanzierung der eigentlichen Zahlungen im Rahmen von PES übernehmen, (ii) die Entwicklung innovativer PES-Lösungen finanzieren und (iii) als Intermediär mit vielfältigen Aufgaben auftreten und dadurch insbesondere die Transaktionskosten für die anderen Akteure reduzieren.

Die große Bedeutung des Staates als Finanzier lässt sich allein anhand der aktuellen Anzahl staatlicher PES weltweit erkennen. Wenn es um künftige Entwicklungen geht, zeigt zudem die Erwartungshaltung unterschiedlichster Akteure aus der Praxis, wie bedeutsam staatliche PES sind: Insbesondere eine langfristige Zahlungsverpflichtung ist für viele nicht-staatliche Akteure nicht zu gewährleisten.

Die Bedeutung von staatlichem Engagement für die Entwicklung innovativer Lösungsansätze wird allein anhand der vorliegenden Beispiele in diesem Buch deutlich. Deren Entwicklung wie auch die Konzeption neuer PES insgesamt ist mit erheblichem Aufwand verbunden und unterliegt dem Risiko, dass eine längerfristige Umsetzung nicht möglich ist oder sich nicht lohnt. Entsprechend ist die Finanzierung von Pionierprojekten entscheidend, will man den PES-Ansatz weiter forcieren. Neben zivilgesellschaftlichen Akteuren wie Stiftungen ist hier der Staat gefragt. Seine Investitionen in innovative Pilotprojekte können letztlich auch den eigenen, bereits etablierten PES zugute kommen: Erweisen sich die neuen Ideen als sinnvoll – ist es beispielsweise gelungen, über Modelle eine Ökosystemleistung adäquat für ein PES zu erfassen – können die gewonnenen Erkenntnisse auch im Rahmen staatlicher Zahlungen, insbesondere der Agrarumweltprogramme, eingesetzt werden, um deren Effektivität und Effizienz zu steigern. Und das dürfte zwingend im Interesse des Staates sein: In unseren Augen ist die Weiterentwicklung dieser staatlichen PES hin zu einer noch gezielteren Bereitstellung von Ökosystemleistungen und der erfolgreichen Erreichung der Biodiversitätsziele eine zentrale Aufgabe des Staates.

PES brauchen den Staat aber auch als Intermediär – auch das zeigen nicht zuletzt viele unserer Beispiele. Staatliche Akteure werden in vielfältigen Rollen im Rahmen von PES aktiv, unter anderem im Zusammenhang mit Haftungsfragen und als kontrollierende Instanz. Sie sind somit nicht nur sehr wichtige finanzielle, sondern auch inhaltliche Partner bei der Entwicklung und Implementierung von PES.

Das Zusammenspiel von PES und Ordnungsrecht sollte überdacht werden.

Wir haben es schon mehrmals angesprochen und wollen es hier trotzdem noch einmal explizit tun: PES stehen nicht in Konkurrenz zum Ordnungsrecht oder ersetzen es gar! Wir plädieren vielmehr dafür, im Sinne eines effektiven Umweltschutzes die Chancen für ein Zusammenspiel beider Instrumente gründlich auszuloten. Beispiele dafür, wie flexibles Ordnungsrecht dafür sorgen kann, dass PES entstehen, finden sich unter anderem in diesem Buch. Sie zeigen beispielsweise, dass im Zuge der Einhaltung von Ordnungsrecht in grüne anstelle von grauer Infrastruktur investiert werden kann und damit vielfältige Ökosystemleistungen bereitgestellt werden. Der Staat hat also die

„What if it's not about regulation but you're just trying to get people to do the right thing. They don't have to do it but you are trying to push them in that direction of doing it. I don't think you can have effective PES without regulation. I think they go hand in hand. The question is are you giving more options, more micro level freedom to achieve those macro level targets."

Wissenschaftler, USA

Option, sich der verschiedenen Steuerungsansätze zu bedienen und deren effektives Neben- und Miteinander zu organisieren. Durch ein Zusammenspiel mit ökonomischen Instrumenten kann er das Ordnungsrecht flexibilisieren und damit dessen Effizienz verbessern, wie das beim Habitat Banking in den USA zu beobachten ist.

Gleichzeitig ist das Ordnungsrecht aus Effektivitäts- und Effizienzgründen oft zwingend erforderlich, um Ökosysteme und Biodiversität langfristig zu schützen. Allein auf finanzielle Anreizinstrumente zu setzen, wäre angesichts der Komplexität und Sensibilität vieler Ökosysteme viel zu riskant. Auch hier ist aber ein Zusammenspiel beider Steuerungsansätze möglich. Wenn zum Beispiel für den Erhalt sehr wertvoller Habitate die Anwendung von Ordnungsrecht geboten ist, kann es aus Gründen der Verteilungsgerechtigkeit angebracht sein, die Kosten für die mit der ordnungsrechtlich eingeforderten Nutzungseinschränkung gesellschaftlich zu tragen und die betroffenen Landnutzer entsprechend zu bezahlen. Allerdings ist ein funktionierendes Zusammenspiel von Ordnungsrecht und positiven finanziellen Anreizinstrumenten eine äußerst anspruchsvolle Aufgabe. Vielleicht haben die von uns befragten Experten deshalb keine Zahlungen zur Kompensation ordnungsrechtlicher Auflagen, also Beispiele für den im Konzept-Kapitel vorgestellten Typ 4, als erfolgreich bewertet. Angewendet werden diese Zahlungen in der Praxis durchaus, zum Beispiel in Europa im Rahmen der Europäischen Naturschutzgebiete des Natura 2000-Netzes.

Grundsätzlich formuliert das Ordnungsrecht in den Industriestaaten nach bisheriger Praxis genau die Schwelle, ab der eine Leistung honorierungswürdig ist. Es legt also fest, ab wann Additionalität gegeben ist und ab wann für die Bereitstellung zusätzlicher, über das gesetzlich geforderte Maß hinausgehende Leistungen gezahlt werden kann. „Wir würden ja auch nicht auf die Idee kommen, einen Autofahrer dafür finanziell zu belohnen, dass er an einer roten Ampel anhält.“, formulierte ein Experte sehr treffend. Allerdings stellt sich die Lage in Sachen Naturschutz oft komplizierter dar, beispielsweise wenn es in Europa um die Ausweisungen von Schutzgebieten geht. Die Naturschutzziele verlangen dabei oft Einschränkungen der landwirtschaftlichen Nutzung, insbesondere einer intensiven Bewirtschaftung, was über die Schutzgebietsverordnungen durchgesetzt wird. Nun gehört es durchaus zur sogenannten Sozialpflichtigkeit in Deutschland, dass es situationsbedingt Einschränkungen wirtschaftlicher Aktivitäten geben kann; das war auch schon immer konfliktträchtig. Doch die Konflikte verschärfen sich, wenn nun diese ordnungsrechtlichen Auflagen den Ausschluss von staatlichen Zahlungen im Rahmen von Agrarumweltmaßnahmen bedeuten. Das heißt, ein Landwirt, der aktiv Ökosystemleistungen erhält oder Biodiversität schützt, erhält keine Zahlungen, wenn dies in Schutzgebieten erfolgt und dies zur Sicherung des langfristigen Schutzes ordnungsrechtlich festgeschrieben ist, während für dieselben Maßnahmen auf Flächen außerhalb des Schutzgebietes eine Honorierung erfolgt. Auf eine intensive Diskussion dieser Problematik können wir uns hier nicht einlassen. Aber das Beispiel zeigt, dass PES gerade in einem sehr ausdifferenzierten Ordnungsrecht schwierig zu integrieren sind. In der Praxis wird auf diese Situation bereits reagiert. In Europa werden unter bestimmten Voraussetzungen auch Zahlungen für ordnungsrechtliche Auflagen akzeptiert und angewendet. Doch sollte diese Kombination Schule machen? Was heißt es in der Praxis, wenn mit ordnungsrechtlichen Auflagen in Schutzgebietsausweisungen auch eine langfristige finanzielle Belastung der Haushalte verbunden ist?

Die möglichen Konflikte, die sich aus der Einführung von PES im Zusammenspiel mit Ordnungsrecht ergeben können, sollten also nicht unterschätzt werden. Gleichzeitig aber sollte das Zusammenwirken von Ordnungsrecht und PES für bestimmte Situationen dringend überdacht werden. Nicht nur die oben erwähnten Zahlungen für ordnungsrechtliche Auflagen in Natura 2000-Gebieten, sondern auch Beispiele von PES in den Entwicklungsländern zeigen, dass finanzielle Anreize als zusätzlicher Ansatz bereits aktuell genutzt werden, um umweltrechtlichen Vorgaben, zum Beispiel hinsichtlich der Waldrodung, zur Umsetzung zu verhelfen. Angesichts einer oft mangelnden Durchsetzung von Ordnungsrecht, werden PES gerade in Entwicklungsländern als Chance gesehen, dem Umweltschutz zu mehr Durchsetzung zu verhelfen.

»Sie brauchen hochmotivierte, leidenschaftliche Leute. Ohne Leidenschaft und Begeisterung geht da gar nichts. Da denkt keiner in Arbeitszeit und Freizeit, das ist alles Lebenszeit. Anders geht das gar nicht.«

Mitarbeiter einer Umweltschutzorganisation, Deutschland

Gebraucht werden engagierte, regional agierende Intermediäre. Dafür sind zivilgesellschaftliche Akteure besonders geeignet.

Erfolgreiche PES entstehen häufig „von unten“, initiiert durch Intermediäre, die von der Angebotsseite her etwas bewegen wollen. Diese Initiatoren sind in der Regel schon längere Zeit in der Region verankert und kennen die ökologischen Probleme wie auch die ökonomischen Nöte der Leistungserbringer vor Ort. Auf dieser Basis entwickeln sie neue, kreative Ideen, tragen sie zu den Menschen vor Ort und kämpfen um ihre Umsetzung. Sie genießen das Vertrauen der Bevölkerung, finden Gehör für neue Ansätze und stehen als Ansprechpartner für Fragen und Kritik bereit. Solche „Macher“ sind häufig herausragende Einzelpersonen, aber auch kleinere Vereine oder Stiftungen, die sich im Naturschutz, in der Wissenschaft oder in der Politik engagieren, teils sogar Erfahrungen in all diesen Bereichen haben und eine hohe Reputation auf den verschiedenen Ebenen genießen.

Doch auch bei den größeren, meist staatlich, also „von oben“ initiierten PES braucht es engagierte, regional verankerte Intermediäre. Durch ihren direkten, engen Kontakt vor allem zu den Landwirten vor Ort können sie das Programm in die Region tragen, geeignete Flächen identifizieren, potenzielle Leistungserbringer ansprechen und im Fall einer Teilnahme beraten und betreuen. Auch ein effizientes, fachkundiges Monitoring wird oftmals erst durch regionale (ehrenamtliche) Akteure ermöglicht.

Für diese Rolle als Intermediär sind zivilgesellschaftliche, regional verankerte Akteure besonders geeignet. Sie verfügen über lokales Wissen und Know-how, sind mit den Landnutzern in der Region oft langjährig bekannt, kennen deren Sorgen und Nöte, das freisetzbare Potenzial und die Zielkonflikte vor Ort.

»Die Stärke des Konzeptes liegt darin, Leute miteinander ins Gespräch zu bringen, nicht nur die Naturschützer, sondern auch die Nutzer. Es ermöglicht dieses Partizipative und man hat eine gemeinsame Grundlage, um über seine Interessen zu sprechen. Das Hauptpotenzial für mich ist also Kommunikation, auch an die Öffentlichkeit, warum man überhaupt Naturschutz braucht. Dass es nicht nur um irgendwelche seltenen Arten geht, sondern dass eigentlich unser ganzes Leben auf der Natur aufbaut.«

Wissenschaftler, Deutschland

Sie beherrschen die lokale Mundart und sind eingebunden in ein breites Netzwerk, über das sie auch Ehrenamtliche aktivieren können. Sie handeln nicht hoheitlich, dafür oft unbürokratisch und genießen eine höhere Vertrauenswürdigkeit als staatliche Akteure. Nicht selten haben sie eigene Flächen in der Region, auf denen sie gemeinsam mit ihren Pächtern Innovationen testen können.

Diese zivilgesellschaftlichen Akteure können für eine begrenzte Zeit auch als Finanzier von PES auftreten, insbesondere bei Pionierprojekten. Das dauerhafte Auftreten als Finanzier ist ihnen jedoch kaum möglich und oftmals explizit nicht Ziel ihrer Aktivitäten. Häufiger agieren sie auf der Angebotsseite und vertreten Leistungserbringer bei Verhandlungen mit Käufern und Finanziers. Oft ist es ihnen dabei möglich, mehrere Finanziers ins Boot zu holen, teils auch staatliche und nicht-staatliche Quellen zu kombinieren oder finanzstarke Käufer aus der Wirtschaft zu akquirieren.

PES sind ein wichtiges Kommunikationsmittel.

Das Konzept der Ökosystemleistungen dient in erster Linie der Sichtbarmachung der Leistungen der Natur und ihres Wertes für den Menschen. Indem sie sichtbar gemacht werden, können sie kommuniziert werden und Argumentationshilfen für den Umweltschutz liefern. Es wird möglich aufzuzeigen, dass jeder Einzelne stets und in vielfacher Art und Weise von den Leistungen der Ökosysteme und der Biodiversität profitiert – oft ohne das ihm dafür Kosten entstehen – und dass seine Entscheidungen im Alltag eben diese Leistungen beeinflussen. Die Anwendung des Ökosystemleistungskonzepts kann daher zu einer verbesserten Kommunikation und stärkeren Berücksichtigung der Belange des Naturschutzes in Politik und Wirtschaft führen und zu einem vermehrten öffentlichen Bewusstsein für die Zusammenhänge zwischen Umweltpolitik und Wohlfahrt beitragen.

Seine konkrete Anwendung im Rahmen von PES ermöglicht es zudem, Land- und Forstwirten aufzuzeigen, dass sie Ökosystemleistungen und Biodiversität nicht nur negativ beeinflussen, sondern auch aktiv dazu beitragen, dass diese bereitgestellt werden. Als Leistungserbringer im Rahmen eines PES werden Landnutzer so zu mehr als bloßen Beihilfeempfängern; vielmehr sorgen sie dafür, dass gesellschaftlicher Nutzen in Form von öffentlichen Gütern entsteht: Zusätzlich zu Nahrungsmitteln oder Bioenergie „produzieren" sie nun beispielsweise auch Habitate bedrohter Tier- und Pflanzenarten oder tragen dazu bei, dass negative Einflüsse auf Ökosystemleistungen und Biodiversität minimiert werden. Die Schaffung eines entsprechenden Selbstverständnisses, verbunden mit einer Wertschätzung ihrer Arbeit in Form von finanzieller Vergütung und respektvoller, transparenter Einbindung in Entscheidungsprozesse, könnte bei den Landnutzern ein Bewusstsein schaffen, das ihre Bereitschaft zur langfristigen Teilnahme an PES verbessert. Es könnte auch dazu beitragen, dass sich Landwirte bei ihrer Entscheidungsfindung nicht nur von den Zahlungshöhen leiten lassen und PES künftig nicht allein von der Entwicklung der Opportunitätskosten abhängig sind. Es sollte also nicht nur die Zerstörung von intrinsischer Motivation, die sogenannten crowding-out Probleme, durch entsprechende PES-Ausgestaltung vermieden werden, sondern das Potenzial für crowding-in Phänomene in der Praxis genutzt und von Seiten der Forschung untersucht werden.

Klar kommunizierte Zielsetzungen und somit Zahlungen für konkrete Leistungen können auch im Zusammenhang mit den großen Agrarumweltprogrammen dazu beitragen, dass der Legitimationsdruck für staatliche Zahlungen geringer wird. Eine klare

Zielausrichtung auf definierte Ökosystemleistungen und Biodiversitätsziele verhindert die Zahlung von versteckten Subventionen für die Landwirtschaft und kann damit das notwendige Vertrauen in Politik fördern.

Nicht-staatliche PES könnten künftig an Bedeutung gewinnen.

Angesichts der aktuellen Entwicklungen im Bereich von PES lässt sich absehen, dass idealtypische nutzerfinanzierte PES auch in Zukunft selten und vornehmlich auf den Bereich Wasser und Tourismus beschränkt sein werden. Trotzdem könnten, insbesondere aufgrund eines erhöhten Bewusstseins bei den Konsumenten, nicht-staatliche PES zunehmen. Ein positives, grünes Image von Unternehmen könnte angesichts des teilweise steigenden Naturbewusstseins weiter an Bedeutung gewinnen, womit auch die Bereitschaft von Unternehmen wachsen dürfte, im Rahmen von PES für die Bereitstellung von Ökosystemleistungen und Biodiversität zu bezahlen. Gleichzeitig könnte das Engagement von Privatpersonen zunehmen, worauf das Interesse an freiwilligen Kompensationen im Bereich der Kohlenstoffemissionen Hinweise geben. Die Ergebnisse der bisher nur wenigen Studien zu all diesen Entwicklungen und unsere eigenen Erfahrungen aus der Analyse existierender PES lassen jedoch die Vermutung zu, dass gerade ein freiwilliger Markt für Ökosystemleistungen und Biodiversität aktiv entwickelt werden muss. Es ist nicht damit zu rechnen, dass die Initiative dazu von Seiten der Unternehmen und Privatpersonen ausgehen wird. Deshalb sind hier, vor allem für die Initiierung der entsprechenden Nachfrage, Intermediäre gefragt, die es schaffen, Ökosystemleistungen und Biodiversitätsbeiträge in kommunizierbare und vermarktbare „Produkte“ zu transformieren.

Dabei ist erneut ein kritischer Blick auf die Motive der Akteure im Markt zu werfen, denn natürlich besteht die Gefahr des Greenwashings. Um dem zu begegnen müsste wenigstens auf einer Seite (Nachfrager oder Anbieter) deutlich mehr als nur ein ökonomisches Interesse an der tatsächlichen Bereitstellung der Leistung bestehen. Es bleibt abzuwarten, welches Potenzial tatsächlich in nicht-staatlichen PES steckt und ob Wirtschaftsakteure und Privatpersonen künftig wirklich über die gesetzlich motivierten Zahlungen hinausgehend als Finanzier von effektiven PES auftreten werden.

Schlussfolgerungen: Unsere Empfehlungen für die Etablierung von PES als einem sinnvollen Instrument der Umweltpolitik

→ **Das Konzept der Ökosystemleistungen und PES sollten stärker als Kommunikationsmittel verstanden und eingesetzt werden.** Dies setzt voraus, dass Ansätze zur Quantifizierung der Leistungen von Ökosystemen und Biodiversität, bei Bewusstmachung der Grenzen und Risiken, gefördert werden. Dazu gehört auch, dass die Entwicklung fundierter PES-tauglicher Modelle vorangetrieben wird.

→ **Die Anwendung von grüner anstelle von grauer Infrastruktur sollte forciert werden.** Um dahingehende Fortschritte zu machen, könnte es sinnvoll sein, bei bestimmten Vorhaben die Abwägung zwischen grauer und grüner Infrastruktur verpflichtend einzufordern sowie eine entsprechende Beratung zu grüner Infrastruktur einzuführen.

→ **Die grundsätzliche Verteilung von Ressourcen muss in transparenten politischen Entscheidungsprozessen geregelt werden.** Dies gilt insbesondere für staatliche PES, bei denen im Zuge ihrer Konzeption für konkrete Fälle Antworten auf Verteilungsfragen gefunden werden müssen. Insbesondere um einseitige Einflussnahme und Machtmissbrauch zu verringern, darf dies nicht nur verwaltungsintern verhandelt werden.

→ **Ein flexibilisiertes Ordnungsrecht sollte durch den Handel von Ökosystemleistungen und Biodiverstitätsstandards ergänzt werden.** Dadurch können Effektivitäts- und Effizienzpotenziale genutzt werden. Das Zusammenspiel von Ordnungsrecht und ökonomischen Instrumenten ist jedoch sehr kritisch zu begleiten. Dies betrifft insbesondere Ansätze wie Habitat Banking und Flächenagenturen. Sind die Anbieter rein wirtschaftlich motiviert, ist eine genaue Formulierung der Anforderungen an den Ausgleich und eine staatliche und eventuell zivilgesellschaftliche Kontrolle zwingend erforderlich. Der dann tatsächlich realisierbare Vorteil bezüglich der Kosteneffizienz ist begleitend zu untersuchen.

→ **Der Staat sollte die Entwicklung freiwilliger Märkte für Ökosystemleistungen und Biodiversität und das Engagement nicht-staatlicher Finanziers aktiv unterstützen.** Dabei erscheint es insbesondere wichtig, die Entwicklung von Standards und Zertifikaten zu fördern und Pionierprojekte finanziell zu unterstützen. Im Mittelpunkt sollten dabei vor allem innovative Konzepte zur Kooperation relevanter Akteure stehen, mittels derer Transaktionskosten reduziert oder verteilt werden können.

→ **Der Staat sollte seine eigenen Kapazitäten zur Reduzierung von Transaktionskosten nutzen.** Zudem sollte er prüfen, ob er in Teilen auch die Transaktionskosten übernehmen oder reduzieren kann, die im Rahmen von freiwilligen nicht-staatlichen PES entstehen. Die Praxis zeigt, dass gerade kommunale staatliche Strukturen gute Voraussetzungen haben, um beispielsweise gezielt Steuern zu erheben und diese für PES auf lokaler oder regionaler Ebene einzusetzen. Existierende Beispiele im Wasserbereich geben hier Anregungen.

→ Staatliche Agrarumweltprogramme sollten gezielt im Sinne staatlicher PES weiterentwickelt werden. Dazu sollten die vielfältigen Aktivitäten zur Quantifizierung der Ökosystemleistungen und die Anstrengungen der Agrarpolitik besser miteinander verknüpft werden. Dies erscheint insbesondere vor dem Hintergrund des großen weltweiten Engagements zur Quantifizierung von Ökosystemleistungen sinnvoll. Durch eine klare Ausrichtung der staatlichen Zahlungen auf die Bereitstellung von definierten Ökosystemleistungen und Biodiversität könnte deren Effektivität verbessert und ihre Legitimation gegenüber der Öffentlichkeit deutlich verbessert werden.

→ Die Stärken und Kapazitäten zivilgesellschaftlicher, regional verankerter Akteure sollten im Rahmen von staatlichen PES genutzt und gefördert werden. Insbesondere regionale und lokale zivilgesellschaftliche Akteure sollten als Umsetzungspartner eingebunden werden. Staatliche Programme sollten in aktiver Kooperation mit nicht-staatlichen Akteuren umgesetzt werden.

→ Das jeweils vorhandene institutionelle Setting und der spezifische sozio-kulturelle Kontext müssen beim Mainstreaming des PES-Ansatzes berücksichtigt werden. Entsprechend muss jeweils individuell und gründlich geprüft werden, ob ein derartiger ökonomischer Ansatz für eine bestimmte Region geeignet ist. Insbesondere die mögliche Zerstörung von intrinsischer Motivation von Menschen, sich für Natur- und Umweltschutz auch ohne Zahlungen zu engagieren, sollte kritisch hinterfragt werden.

→ Es sollte neu diskutiert werden, wie mit der Forderung nach Additionalität umgegangen werden soll. Additionalität sollte nicht etwa nur vor dem Hintergrund der Kosteneffektivität betrachtet werden. PES dürfen nicht den proaktiven privaten und staatlichen Naturschutz benachteiligen und damit unter Umständen langfristig schwächen. Dagegen sprechen Gerechtigkeits- wie auch ökonomische Argumente. Will man vor dem Hintergrund der dynamischen Effizienz Innovationen fördern, ist proaktives Handeln wichtig.

→ Die Verbreitung von Erkenntnissen und Erfahrungen aus erfolgreichen PES sollte stärker gefördert werden. Insgesamt bedarf es eines stärkeren Austauschs zwischen den Akteuren und des Aufbaus von überregionalen Netzwerken.

"It is about spreading the word really and getting people to buy into it and believing in it and actually to value it."

Mitarbeiter einer Umweltschutzorganisation, Großbritannien

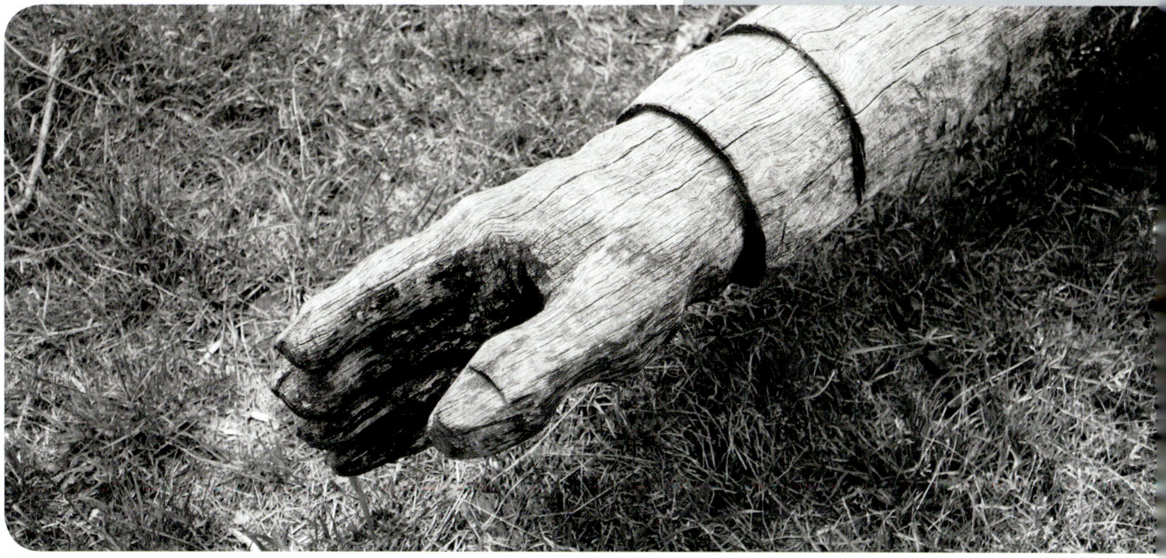

Acre
In den USA verwendete Maßeinheit zur Flächenbestimmung von Grundstücken; entspricht rund 0,4047 ha.

Additionalität
Anforderung an ein PES, dass die Bereitstellung der Ökosystemleistung bzw. das Erreichen des Biodiversitätsziels ohne die Zahlung im Rahmen des PES nicht gewährleistet wäre. (Auch bezeichnet als Zusätzlichkeit)
→ Konditionalität, Leakage

Agrarumweltprogramme (der Europäischen Union)
Ein wichtiges Instrument der europäischen Agrarumweltpolitik, eingeführt 1992. Ziel ist die Förderung einer nachhaltigen und umweltschonenden Landbewirtschaftung, weshalb bestimmte Managementpraktiken honoriert werden, die über die „gute fachliche Praxis" in der Landwirtschaft hinausgehen (z. B. vielfältige Fruchtfolgen, die Bewahrung regional angepasster Kulturpflanzensorten und Nutztierrassen, Grünlandextensivierung). Die Landwirte entscheiden sich freiwillig für die Teilnahme. Diese beträgt in der Regel mindestens fünf Jahre. Das EU-Recht gibt den Rahmen für die Programme vor, deren konkrete Entwicklung wird von der zuständigen Ebene, in Deutschland vor allem von den Bundesländern, betrieben. Finanziert werden die Programme gemeinsam von der Europäischen Union und den Mitgliedstaaten. All diese Zahlungen können vor dem Hintergrund des institutionellen Settings als staatliche PES bezeichnet werden. Allerdings fehlt es oft an einer klaren Ausrichtung auf konkrete Umweltziele bzw. ist Konditionalität nur unzureichend erfüllt.
→ Europäischer Landwirtschaftsfonds für die Entwicklung des ländlichen Raums (ELER), Gemeinsame Agrarpolitik der Europäischen Union (GAP), Konditionalität, Vertragsnaturschutz

Akteur
Oberbegriff für Privatpersonen und Organisationen.

Allmendegut
Beschreibt ein Gut, von dessen Konsum niemand ausgeschlossen werden kann oder bei dem dies nur mit unverhältnismäßig großem Aufwand möglich ist. Gleichzeitig herrscht jedoch Rivalität zwischen den Nutzern, der Konsum des Einen be- oder verhindert also den Konsum des Anderen. Klassische Beispiele sind überfüllte öffentliche Straßen oder frei zugängliche, nicht regulierte Fischbestände. (Auch bezeichnet als unreines öffentliches Gut, Quasikollektivgut)
→ Öffentliches Gut

Anbieter
Ein Akteur, der im Rahmen von PES den Schutz und die Bereitstellung bzw. Entwicklung von Ökosystemleistungen und Biodiversität anbietet. Im Buch wird diese Bezeichnung auch für einen Intermediär auf der Angebotsseite genutzt, der stellvertretend für mehrere Leistungserbringer als direkter Ansprech- und Vertragspartner für Käufer oder Finanzier auftritt.
→ Finanzier, Intermediär, Käufer, Leistungserbringer, Nachfrager, Nutzer

Ausschreibung
Ein Gut oder eine Leistung werden durch eine Vergabestelle eingekauft. Diese definiert genau, was sie einzukaufen wünscht und bittet Bewerber um entsprechende Angebote. Die Bewerber beschreiben, welche Leistung sie konkret erbringen können und geben an, zu welchem Preis sie bereit sind, die notwendigen Maßnahmen durchzuführen. Die Auswahl der Bewerber erfolgt anhand der niedrigsten Angebote. In der Literatur ist auch oft die Rede von einer „reverse auction" bzw. einer „umgekehrten Auktion".

Biodiversität
Bezeichnet die Vielfalt der Tier- und Pflanzenarten, die genetische Vielfalt innerhalb der Arten und die Vielfalt an Ökosystemen und deren Funktionen. In der gesellschaftlichen Debatte wird das Ziel, Biodiversität zu erhalten, mit deren Nutzenwert im Sinne einer Ökosystemleistung begründet, aber auch mit der bloßen Wertschätzung ihrer Existenz („non-use-value"). Viele Menschen sind bereit, für bestimmte Biodiversitätsziele zu zahlen, obwohl sie keinen Nutzen aus deren Existenz ziehen. (Auch bezeichnet als biologische Vielfalt)
→ Ökosystemleistung

Clean Water Act (CWA)
Der CWA ist das wichtigste nationale Gesetz zum Gewässerschutz in den USA, verabschiedet 1972. Ziel des Gesetzes ist es, den Schadstoffeintrag in amerikanische Oberflächengewässer zu verhindern, um deren Zustand zu verbessern und zu erhalten. Dabei unterscheidet der CWA zwischen Punktquellen (point sources) und diffusen Quellen (nonpoint sources) einer Verschmutzung. (Auch bezeichnet als Federal Water Pollution Control Act)
→ Wasserrahmenrichtlinie

Conservation Bank
Bevorratung von Kompensationsmaßnahmen für Eingriffe, die den Lebensraum gefährdeter Tier- und Pflanzenarten bedrohen. Gesetzliche Grundlage ist der Endangered Species Act, der konkrete Vorschriften zur Wiederherstellung von zerstörten Lebensräumen enthält. Auf dauerhaft geschützten Flächen werden wichtige Habitate gefährdeter Arten wiederhergestellt oder neu geschaffen und gepflegt. Diese Aktivitäten müssen ausdrücklich dem Zweck dienen, Kompensationsmaßnahmen zu sein. Vorhabenträger, die im Zuge des Genehmigungsverfahrens zu Ersatzmaßnahmen an anderem Ort verpflichtet wurden, können auf diese

Maßnahmen in Form von Credits zurückgreifen. (Auch bezeichnet als Endangered Species Bank)
→ Credit, Eingriffs-Ausgleichs-Regelung, Endangered Species Act (ESA), Flächenagentur, Habitat Banking, Mitigation Bank

Conservation Easement
Vertragliche Vereinbarung, laut der ein Flächeneigentümer freiwillig und i. d. R. unbefristet auf bestimmte Nutzungsrechte verzichtet (v. a. Bebauung, Umwandlung, intensive Landwirtschaft). Er bleibt jedoch der Grundeigentümer, das „Easement" geht also im Falle von Verkauf oder Erbschaft auf den neuen Eigentümer über. Ein Conservation Easement kann gespendet oder verkauft werden.

County
Verwaltungseinheit in den USA, entspricht am ehesten dem deutschen Landkreis.

Credit
Bezeichnet im angelsächsischen Spachraum die „Währung", die im Rahmen einiger PES eingesetzt wird, ermittelt durch ein festgelegtes Verfahren.
→ Zertifikat, Zertifikatehandel

Crowding Out
Bezeichnet die mögliche Verdrängung intrinsischer Motivation durch externe Anreize. Fällt der äußere Anreiz weg, reduziert sich auch das ursprünglich gerne und freiwillig gezeigte Verhalten. Der gegenteilige Effekt wird als Crowding In bezeichnet.
→ Intrinsische Motivation

Effektivität
Maß für Wirksamkeit. Beschreibt den Grad der Zielerreichung bzw. das Verhältnis von erreichtem Ziel zu definiertem Ziel, unabhängig vom Aufwand.
→ Effizienz

Effizienz
Maß für Wirtschaftlichkeit. Beschreibt das Verhältnis von eingesetzten Kosten zur Erreichung des definierten Ziels im Bezug zum erreichten Nutzen (Kosten-Nutzen Verhältnis). Es existieren zwei ökonomische Effizienzkriterien: Die statische Effizienz beschreibt, dass das angestrebte Ziel zu geringstmöglichen Kosten erreicht wird. Vor dem Hintergrund der dynamischen Effizienz wird hingegen gefragt, ob Anreize geschaffen werden, die Zielerreichung zu beschleunigen, so dass das Ziel zu geringeren Kosten erreicht oder, bei gleichen Kosten, übertroffen wird. Liegt dynamische Effizienz vor, kommt es also zu einer (Weiter-)Entwicklung von Leistungen und Institutionen, zu Produkt- und Prozessinnovationen.
→ Effektivität

Eingriffs-Ausgleichs-Regelung
Umweltpolitisches Instrument in Deutschland, mit dem vorhabenbezogene Eingriffe in Natur und Landschaft vermieden bzw. minimiert werden sollen und nicht vermeidbare Eingriffe durch Maßnahmen des Naturschutzes ausgeglichen werden. Das Verfahren folgt einer Stufenprüfung bei der zunächst zwischen vermeidbaren und unvermeidbaren entschieden wird. Für die unvermeidbaren Beeinträchtigungen muss eine Kompensation in Form von Ausgleichs- oder Ersatzmaßnahmen erfolgen. Bei Ausgleichsmaßnahmen erfolgt die Kompensation im räumlichen und funktionalen Zusammenhang, bei Ersatzmaßnahmen durch in der Regel nicht-funktionale, aber „gleichwertige" Maßnahmen im räumlichen Zusammenhang, nur in schwierigen Fällen nicht im räumlichen Zusammenhang. Die Gleichstellung beider Optionen im aktuellen Gesetz bildet die Grundlage für die Flächenagenturen in Deutschland. Als Eingriff gilt die Veränderung der Gestalt oder Nutzung von Grundflächen, die die Leistungsfähigkeit des Naturhaushaltes oder das Landschaftsbild erheblich oder nachhaltig beeinträchtigen können (§§14 ff. Bundesnaturschutzgesetz).
→ Conservation Bank, Flächenagentur, Habitat Banking, Mitigation Bank, Produktionsintegrierte Kompensationsmaßnahmen (PIK)

Endangered Species Act (ESA)
Amerikanisches Gesetz über gefährdete Tier- und Pflanzenarten, dessen Ziel es ist, das Aussterben gefährdeter Arten zu verhindern und die Bestände zu erhalten. Eine Art gilt als gefährdet, wenn sie im Ganzen oder wenn ein signifikanter Anteil ihrer Vielfalt vom Aussterben bedroht ist. Eine Art gilt als bedroht, wenn sie wahrscheinlich innerhalb absehbarer Zukunft zu einer gefährdeten Art wird.

Ergebnisorientierte Honorierung
Verknüpft die Zahlung im Rahmen eines PES an einen im Vorfeld der Umsetzung klar definierten, messbaren Umweltzustand. Dieser Zustand kann direkt gemessen oder aber mit Hilfe von Indikatoren und Modellen abgebildet werden.
→ Maßnahmenorientierte Honorierung, Indikator, Modelle

Europäischer Landwirtschaftsfonds für die Entwicklung des ländlichen Raums (ELER)
Fonds zur Förderung der Entwicklung der ländlichen Räume in der Europäischen Union, über den zahlreiche Förderprogramme finanziert werden. Ziele sind die Verbesserung des Umwelt- und Tierschutzes in der Landschaft sowie die Steigerung der Wettbewerbsfähigkeit des land- und forstwirtschaftlichen Sektors und der Lebensqualität in ländlichen Gebieten, unter anderem durch die Förderung innovativer regionaler Projekte. Die Umsetzung erfolgt dezentral durch die Mitgliedstaaten, in Deutschland sind dafür die Bundesländer zuständig.
→ Agrarumweltprogramme, Gemeinsame Agrarpolitik der Europäischen Union (GAP), Vertragsnaturschutz

Externe Effekte
Bezeichnet die Auswirkungen wirtschaftlicher Aktivitäten (z. B. Produktion oder Konsum) auf Dritte, die im Rahmen ökonomischer Entscheidungen meist nicht berücksichtigt werden. Negative externe Effekte umfassen alle Auswirkungen, durch die unbeteiligte Dritte geschädigt werden. Positive externe Effekte bezeichnen Aktivitäten, von denen Dritte profitieren. (Auch bezeichnet als Externalität)

Fauna-Flora-Habitat-Richtlinie (FFH-Richtlinie)
Naturschutz-Richtlinie der Europäischen Union, die darauf abzielt, wildlebende Tier- und Pflanzenarten, deren Lebensräume und die europaweite Vernetzung dieser Lebensräume zu sichern und zu schützen (Richtlinie 92/43/EWG des Rates vom 21. Mai 1992 zur Erhaltung der natürlichen Lebensräume sowie der wildlebenden Tiere und Pflanzen). Zu diesem Zweck werden nach EU-weit einheitlichen Standards Gebiete ausgewählt und unter Schutz gestellt.
→ Natura 2000, Vogelschutzrichtlinie

Finanzier
Ein Akteur, der im Rahmen eines PES für die Bereitstellung der Ökosystemleistung oder für den Schutz und die Entwicklung von Biodiversität zahlt, aber nicht der eigentliche Nutzer ist. Der Finanzier ist also ein Intermediär, der stellvertretend für die Nutzer zahlt, bspw. ein staatlicher Akteur, der stellvertretend für die Allgemeinheit, den Schutz und die Entwicklung von Biodiversität finanziert.
→ Anbieter, Intermediär, Käufer, Leistungserbringer, Nachfrager, Nutzer

Flächenagentur
Dienstleister zwischen Vorhabenträgern, Flächeneigentümern und Flächennutzern im Rahmen der gesetzlichen Eingriffs-Ausgleichs-Regelung. Die Agenturen bevorraten geeignete Flächen (durch Flächenkauf, -tausch oder -pacht) und entwickeln sogenannte „Flächenpools" oder auch „Ökokonten". Diese Flächen oder auch dort im Vorfeld umgesetzte Maßnahmen werden an Vorhabenträger mit Kompensationsverpflichtungen vermittelt. Die Agenturen betreuen die Flächen langfristig und unterstützen bei der Abwicklung der Eingriffs-Ausgleichs-Regelung.
→ Conservation Bank, Eingriffs-Ausgleichs-Regelung, Habitat Banking, Mitigation Bank, Produktionsintegrierte Kompensationsmaßnahmen (PIK)

Gemeinsame Agrarpolitik der Europäischen Union (GAP)
Das umfangreiche Steuerungs- und Finanzierungsinstrument für den Umweltschutz in und mit der Landwirtschaft in der Europäischen Union. Die GAP besteht aus zwei „Säulen": Im Rahmen der ersten Säule werden einkommensstützende Maßnahmen für Landwirte finanziert. Im Rahmen der zweiten werden die ländliche Entwicklung und die positiven Einflüsse von Landwirtschaft auf Umwelt und Landschaft gefördert, unter anderem über Agrarumweltprogramme und ELER.
→ Agrarumweltprogramme, Europäischer Landwirtschaftsfonds für die Entwicklung des ländlichen Raums (ELER), Vertragsnaturschutz

Graue Infrastruktur
Sammelbegriff für Straßen, Schienen, Wasserversorgung, Kanalisation und andere technische Infrastruktur.
→ Grüne Infrastruktur

Grüne Infrastruktur
Natürliche und naturnahe Flächen mit unterschiedlichen Umweltmerkmalen, die mit Blick auf die Bereitstellung verschiedener Ökosystemleistungen strategisch geplant, angelegt und bewirtschaftet werden. Das Konzept der grünen Infrastruktur soll dazu verhelfen, dass natürliche Prozesse und Ökosystemleistungen bei Raumplanungen und territorialer Entwicklung bewusst berücksichtigen werden.
→ Graue Infrastruktur

Habitat
Charakterisiert den Lebensraum einer Tier- oder Pflanzenart, in dem sie natürlicherweise vorkommt.

Habitat Banking
Oberbegriff für umweltökonomische Instrumente, die dem Ausgleich von schädlichen Eingriffen in die Natur bzw. in bestimmte Ökosysteme und Habitate dienen, bei denen also mit Kompensationsmaßnahmen gehandelt wird.
→ Conservation Bank, Eingriffs-Ausgleichs-Regelung, Flächenagentur, Mitigation Bank

Indikator
Stellvertreter für einen Gegenstand oder Zustand, der nicht direkt beobachtet oder nur unter großem Aufwand gemessen werden kann. Genutzt wird eine vergleichsweise leicht messbare Größe, die in enger, wissenschaftlich nachgewiesener Beziehung zum abzubildenden Gegenstand bzw. Zustand steht. Bspw. werden bestimmte Pflanzenarten (bezeichnet als Indikator- oder Zeigerarten) genutzt, um Veränderungen hinsichtlich der Bereitstellung einer Ökosystemleistung nachweisen zu können.
→ Ergebnisorientierte Honorierung

Intermediär
Ein Akteur, der das Zustandekommen von PES unterstützt, indem er zwischen Leistungserbringer und Nutzer auf irgendeine Weise vermittelt und dafür sorgt, dass der Zahlungsaustausch im Zuge der Umsetzung gut funktioniert. (Auch bezeichnet als Vermittler oder Broker)
→ Anbieter, Finanzier, Käufer, Leistungserbringer, Nachfrager, Nutzer

Intrinsische Motivation
Der Wunsch oder die Absicht, eine bestimmte Handlung durchzuführen, weil die Handlung selbst Spaß macht, interessant oder befriedigend ist. Die Motivation entspringt also aus der Handlung selbst. Im Gegensatz dazu speist sich die extrinsische Motivation aus äußeren Anreizen; positive Folgen sollen herbeigeführt oder negative Folgen abgewendet werden. (Auch bezeichnet als primäre Motivation)
→ Crowding out

Käufer
Ein Akteur, der als der eigentliche Nutzer im Rahmen eines PES für die Bereitstellung der Ökosystemleistung oder den Schutz und die Entwicklung von Biodiversität zahlt.
→ Anbieter, Finanzier, Intermediär, Leistungserbringer, Nachfrager, Nutzer

Kohlenstoffsequestrierung
Beschreibt die Festlegung von Kohlenstoff in einem anderen Kohlenstoffreservoir als in der Atmosphäre, zum Beispiel in Mooren und Wäldern.

Konditionalität
Anforderung an ein PES, dass die bezahlte Leistung auch tatsächlich bereitgestellt wird bzw. Auflagen und Maßnahmen auch tatsächlich umgesetzt werden.
→ Additionalität, Leakage

Landschaftspflegeverband
Freiwilliger Zusammenschluss von Vertretern des Naturschutzes, der Landwirtschaft und der Kommunalpolitik in einem gemeinnützigen Verein mit dem Ziel, gemeinsam naturnahe Landschaftsräume zu schaffen und zu erhalten. Dachorganisation der Landschaftspflegeverbände ist der Deutsche Verband für Landschaftspflege (DVL) e.V.

Leakage
Tritt auf, wenn mittels PES ein negativer externer Effekt nicht tatsächlich reduziert wird, sondern nur an eine andere Stelle verlagert wird. Ein positiver Nettoeffekt auf die Ökosystemleistungen oder Biodiversität tritt also nicht ein. (Auch bezeichnet als Verlagerung, Schadensverlagerung, Verlagerungseffekt)
→ Additionalität, Konditionalität

Leistungserbringer
Ein Akteur, der durch seine Aktivitäten direkt zum Schutz und zur Bereitstellung von Ökosystemleistungen oder zur Entwicklung von Biodiversität beiträgt und im Rahmen von PES dafür bezahlt wird.
→ Anbieter, Finanzier, Intermediär, Käufer, Nachfrager, Nutzer

Maßnahmenorientierte Honorierung
Bezahlt wird für die Umsetzung einer vorgegebenen Bewirtschaftungsmaßnahme, nicht für die messbare Veränderung hinsichtlich der Bereitstellung oder Entwicklung der Ökosystemleistungen oder Biodiversität.
→ ergebnisorientierte Honorierung

Mitigation Bank
Bevorratung von Kompensationsmaßnahmen für Eingriffe in Feuchtgebiete und aquatische Ökosysteme. Gesetzliche Grundlage ist der Clean Water Act, der konkrete Vorschriften zur Kompensation von zerstörten oder beeinträchtigten Feuchtgebieten und Gewässern enthält. Auf dauerhaft geschützten Flächen werden Feuchtgebiete wiederhergestellt, neu geschaffen und aufgewertet. Diese Aktivitäten müssen ausdrücklich dem Zweck dienen, Kompensationsmaßnahmen für Eingriffe in Feuchtgebiete zu sein. Vorhabenträger, die im Zuge des Genehmigungsverfahrens zu Ersatzmaßnahmen an anderem Ort verpflichtet wurden, können auf diese Maßnahmen in Form von Credits zurückgreifen, allerdings nur auf die Maßnahmen bzw. Credits einer Mitigation Bank, die im selben Wassereinzugsgebiet liegt wie der Eingriff. (Auch bezeichnet als Wetland Mitigation Bank)
→ Conservation Bank, Credit, Eingriffs-Ausgleichs-Regelung, Flächenagentur, Habitat Banking

Modelle
Computer- oder webbasierte Simulationsmodelle, die im Zuge des Managements von Ökosystemleistungen oder der Entwicklung eines PES zum Einsatz kommen. Sie ermöglichen z. B., die Zusammenhänge zwischen bestimmten Landnutzungsänderungen und Ökosystemleistungen transparent zu machen und sind damit wichtige Entscheidungshilfen.
→ Ergebnisorientierte Honorierung, Indikator, Ökosystemleistung

Nachfrager
Ein Akteur, der im Rahmen von PES bereit ist, für den Schutz und die Bereitstellung bzw. Entwicklung von Ökosystemleistungen und Biodiversität zu zahlen. Oberbegriff für Käufer und Finanzier.
→ Anbieter, Finanzier, Intermediär, Käufer, Leistungserbringer, Nutzer

Natura 2000
Bezeichnet ein kohärentes Netz von Schutzgebieten, das innerhalb der Europäischen Union, basierend auf den Gebieten der Fauna-Flora-Habitat-Richtlinien (FFH-Richtlinie) und der Vogelschutzrichtlinie, errichtet wird. Ziel ist der länderübergreifende Schutz und Erhalt wildlebender heimischer Tier- und Pflanzenarten und ihrer natürlichen Lebensräume. Das Natura 2000-Netz umfasst mittlerweile über 20 Prozent der Fläche der Europäischen Union und ist damit das größte Schutzgebietsnetz weltweit.
→ Fauna-Flora-Habitat-Richtlinie (FFH-Richtlinie), Vogelschutzrichtlinie

No-Net-Loss-Strategie
Eine Initiative der Europäischen Union, durch die der aktuelle Zustand von Natur und Landschaft, insb. der Biodiversität gesichert werden soll: Bei Aktivitäten mit Auswirkungen auf die Natur soll per saldo ein Verlust an Biodiversität vermieden werden.
→ Biodiversität

Nutzer
Ein Akteur, der aus der Bereitstellung bzw. Entwicklung von Ökosystemleistungen und Biodiversität einen direkten oder indirekten Nutzen zieht. Außerdem fassen wir hierunter all jene, die bereit sind für die Existenz der Biodiversität zu zahlen, obwohl sie diese nicht direkt nutzen. (Auch bezeichnet als Nutznießer)
→ Anbieter, Finanzier, Intermediär, Käufer, Leistungserbringer, Nachfrager

Öffentliches Gut
Ein Gut oder eine Dienstleistung, die gleichzeitig von verschiedenen Akteuren genutzt wird, da niemand von der Nutzung ausgeschlossen werden kann (Nicht-Ausschließbarkeit). Dabei herrscht jedoch keine Rivalität zwischen den Nutzern, der Konsum des Einen be- oder verhindert also nicht den Konsum des Anderen (Nicht-Rivalität). Liegen Nicht-Ausschließbarkeit und Nicht-Rivalität vor, handelt es sich um ein reines öffentliches Gut. Unreine öffentliche Güter oder Allmendegüter hingegen erfüllen diese Kriterien nur teilweise.
→ Allmendegut

Ökologischer Finanzausgleich
Die Kommunen in Deutschland beziehen einen großen Teil ihrer Einnahmen aus dem kommunalen Finanzausgleich. Für die Verteilung der Finanzmittel wird aktuell die Einwohnerzahl als einer der Hauptindikatoren genutzt. Das Konzept des Ökologischen Finanzausgleichs sieht eine stärkere Berücksichtigung der ökologischen Leistungen vor, um Kommunen Anreize zu geben, Naturschutzbelange stärker zu berücksichtigen. Beispielsweise könnten Schutzgebietsflächen als Indikator für den kommunalen Finanzausgleich genutzt werden.

Ökosystem
Ein komplexes und dynamisches Zusammenspiel von belebten (biotischen) und unbelebten (abiotischen) Komponenten, geprägt von synergetischen Wechselwirkungen innerhalb des Systems und mit benachbarten Ökosystemen.
→ Biodiversität, Ökosystemleistung

Ökosystemleistung
Die direkten und indirekten Beiträge von Ökosystemen für das menschliche Wohlbefinden. Unterschieden wird aktuell in versorgende, regulierende und erhaltende sowie kulturelle Leistungen.
→ Biodiversität, Ökosystem

Opportunitätskosten
Entgangener Nutzen bzw. Erlös, ausgedrückt in Kosten, der sich ergeben hätte, wenn alternative Möglichkeiten zur Nutzung einer Ressource (bspw. die intensive Bewirtschaftung eines Flurstücks anstatt es brach liegen zu lassen) wahrgenommen worden wären. (Auch bezeichnet als Alternativ- oder Verzichtskosten)
→ Produktionskosten, Transaktionskosten

Payment for Ecosystem Services (PES)
Gemäß der Definition in diesem Buch werden im Rahmen von PES Landnutzer dafür bezahlt, dass sie erlaubte negative externe Effekte auf Ökosystemleistungen vermindern oder durch ihr Handeln Ökosystemleistungen und Biodiversität schützen, bereitstellen oder entwickeln.

Produktionsintegrierte Kompensationsmaßnahmen (PIK)
Neuer Ansatz im Rahmen der Eingriffs-Ausgleichs-Regelung. Die Umsetzung von Kompensationsmaßnahmen erfolgt auf landwirtschaftlichen Flächen, die über temporäre, rotierende und genau definierte Aktivitäten des bewirtschaftenden Landwirts für den biotischen oder abiotischen Ressourcenschutz aufgewertet werden. Bisher intensiv genutzte landwirtschaftliche Flächen werden also ökologisch aufgewertet, bleiben aber weiterhin als landwirtschaftliche Produktionsflächen erhalten.
→ Eingriffs-Ausgleichs-Regelung, Flächenagentur

Produktionskosten
Kosten, die zur Herstellung eines Gutes oder zur Bereitstellung einer Leistung aufgewendet werden müssen. Diese Kosten setzen sich i. d. R. aus Material- und Fertigungskosten zusammen. (Auch bezeichnet als Herstellungskosten)
→ Opportunitätskosten, Transaktionskosten

Renaturierung
Wiederumwandlung vormals natürlicher oder naturnaher Lebensräume, die durch menschliche Eingriffe stark verändert wurden.

Social Entrepreneurship
Unternehmerische Aktivität, die auf die Lösung gesellschaftlicher Probleme, in unserem Fall von Umweltproblemen abzielt. Der Profitgedanke steht dabei nicht im Vordergrund.

Sozialpflichtigkeit
In Deutschland besteht grundsätzlich ein Anspruch auf den Schutz des privaten Eigentums. Allerdings soll der Gebrauch des Eigentums auch dem Wohle der Allgemeinheit dienen bzw. dem Gemeinwohl nicht zuwiderlaufen (Art. 14 Abs. 2 GG, „Sozialpflichtigkeit" des Eigentums). Für den Umweltbereich bedeutet dies, dass bspw. Flächeneigentümer in Naturschutzgebieten unter bestimmten Umständen eine

Einschränkung ihrer Nutzungsrechte (bspw. hinsichtlich landwirtschaftlicher Tätigkeiten) akzeptieren müssen und zwar ohne einen finanziellen Ausgleich.

Transaktionskosten
Alle Kosten, die bei einer Transaktion zwischen Akteuren aufgrund des Austausches einer Leistung stattfinden, also Such- und Informationsbeschaffungskosten, Verhandlungs-, Entscheidungs-, Absicherungs-, Abwicklungs- und Vereinbarungskosten sowie Durchsetzungs-, Kontroll-, Evaluierungs- und Anpassungskosten.
→ Opportunitätskosten, Produktionskosten

Trust
Ein Trust bezeichnet im angelsächsischen Sprachraum eine vermögenverwaltende Organisation, die ihre Gelder zu einem bestimmten Zweck einsetzt. Werden Umweltziele gefördert oder umgesetzt, gilt die Organisationsform als gemeinwohlorientiert und erhält steuerliche Vorteile. Anders als die in Deutschland verbreiteten Stiftungen hat ein Trust jedoch keine Rechtspersönlichkeit.

Vertragsnaturschutz
Freiwillige vertragliche Vereinbarungen zur vorrangigen Verwirklichung von Naturschutzzielen in der Europäischen Union. Die Vereinbarungen werden zwischen Umweltverwaltung und Flächeneigentümer bzw. Landwirt geschlossen und betreffen i. d. R. sehr spezielle Naturschutzmaßnahmen, die auf den Erhalt konkreter, besonders naturschutzwürdiger Flächen (z. B. konkrete Naturschutzgebiete) zielen. Mit dem Flächeneigentümer oder Landwirt werden Bewirtschaftungs- und Managementpraktiken vereinbart, für deren Umsetzung er honoriert wird. Der Übergang zu den Agrarumweltprogrammen ist fließend. Eine kategorische Unterscheidung erfolgt aktuell nur darüber, dass Vertragsnaturschutzmaßnahmen nicht direkt in die GAP eingebettet sind, also nicht durch die Europäische Union kofinanziert werden. Dadurch sind die Verwaltungen bei der Ausgestaltung flexibler.
→ Agrarumweltprogramme, Europäischer Landwirtschaftsfonds für die Entwicklung des ländlichen Raums (ELER), Gemeinsame Agrarpolitik der Europäischen Union (GAP), Natura 2000

Vogelschutzrichtlinie
Naturschutz-Richtlinie der Europäischen Union, die darauf abzielt, die natürlicherweise im Gebiet der Europäischen Union vorkommenden Vogel- und Zugvogelarten in ihrem Bestand dauerhaft zu schützen (Richtlinie 79/409/EWG des Rates vom 2. April 1979 über die Erhaltung der wildlebenden Vogelarten; kodifiziert und als Richtlinie 2009/147/EG des Europäischen Parlaments und des Rates vom 30. November 2009, im Februar 2010 in Kraft getreten). Zu diesem Zweck werden Jagd und Nutzung der Vögel geregelt sowie nach EU-weit einheitlichen Standards Vogelschutzgebiete ausgewählt und unter Schutz gestellt.
→ Fauna-Flora-Habitat-Richtlinie (FFH-Richtlinie), Natura 2000

Wasserrahmenrichtlinie
Richtlinie der Europäischen Union, die den rechtlichen Rahmen für den Schutz der Oberflächen-, Küsten- und Übergangsgewässer sowie des Grundwassers vereinheitlicht (Richtlinie 2000/60/EG des Europäischen Parlaments und des Rates vom 23. Oktober 2000 zur Schaffung eines Ordnungsrahmens für Maßnahmen der Gemeinschaft im Bereich der Wasserpolitik). Ziel ist es, die Verschmutzung der Gewässer zu verhindern bzw. zu reduzieren, die nachhaltige Nutzung des Wassers zu fördern, den Zustand der aquatischen Ökosysteme zu verbessern und die Auswirkungen von Überschwemmungen und Dürren abzuschwächen. Dafür sollen alle Gewässer in der europäischen Gemeinschaft bis 2015 einen guten ökologischen und chemischen Zustand erreichen.
→ Clean Water Act (CWA)

Zertifikat
Steht im deutschsprachigen Raum für die „Währung“, die im Rahmen einiger PES eingesetzt wird, ermittelt durch ein festgelegtes Verfahren.
→ Credit

Zertifikatehandel
Umweltpolitisches Instrument, welches Schadstoffemissionen dort zu reduzieren versucht, wo sie zu möglichst geringen Kosten eingespart werden können. Dafür wird auf politischer Ebene eine maximal zulässige Gesamtmenge für bestimmte Emissionen innerhalb eines bestimmten geographischen Raumes und über einen bestimmten Zeitraum festgelegt. Entsprechend dieser Obergrenze werden Zertifikate oder Credits vergeben, die als Verschmutzungsrechte über eine bestimmte Menge des Schadstoffes verfügen. Die Zertifikate oder Credits sind dann frei handelbar, der Preis soll somit marktbasiert durch die entsprechende Nachfrage bestimmt werden. Bekannt insb. durch den Emissionsrechtehandel. (Auch bezeichnet als Cap-and-Trade)
→ Credit, Zertifikat

Zivilgesellschaft
Der Begriff wird sehr unterschiedlich verwendet. Häufig wird zwischen einer bereichsbezogenen und einer handlungsbezogenen Definition unterschieden. Während sich letztere auf bestimmte (soziale und politische) Handlungsformen bezieht, die in verschiedenen Gesellschaftsbereichen zu finden sind, unterscheidet die bereichsbezogene Definition zwischen genau diesen Bereichen, nämlich Staat, Wirtschaft, Privatsphäre und eben Zivilgesellschaft und betont damit die „Räume“ oder auch „Sphären“ in denen zivilgesellschaftliches Handeln stattfinden kann. Wir haben uns um eine Verknüpfung beider Definitionen bemüht und sprechen immer dann von Zivilgesellschaft, wenn sich Menschen abseits des Staates oder rein wirtschaftlicher Aktivitäten einbringen, um gesellschaftliche Prozesse (mit)zugestalten.

Wir haben im Folgenden einige Literatur sowie Internetseiten zusammengestellt, die wir zur weiteren Beschäftigung mit den angesprochenen Themen empfehlen.

I. ZUM THEMA ÖKOSYSTEMLEISTUNGEN

Blanco, E., Razzaque, J. (2009) Ecosystem Services and Human Well-Being in a Globalized World: Assessing the Role of Law. Human Rights Quarterly 31, 3, 692–720.

Boyd, J., Banzhaf, S. (2007) What are ecosystem services? The need for standardized environmental accounting units. Ecological Economics 63, 2, 616–626.

Braat, L.C., de Groot, R. (2012) The ecosystem services agenda: bridging the worlds of natural science and economics, conservation and development, and public and private policy. Ecosystem Services 1, 1, 4–15.

Costanza, R., D'Arge, R., De Groot, R., Farber, S., Grasso, M., Hannon, B. Limburg, K., Naeem, S., O'Neill, R. V., Paruelo, J., Raskin, R. G., Suttonkk, P., Van den Belt, M. (1997) The value of the world's ecosystem services and natural capital. Nature 387, 253–260.

Daily, G. C. (Ed.) (1997) Nature's Services. Societal Dependence on Natural Ecosystems. Island Press, Washington DC.

De Groot, R. S. (1987) Environmental functions as a unifying concept for ecology and economics. The Environmentalist 7, 2, 105–109.

DEFRA (2011) An introductory guide to valuing ecosystem services. DEFRA (Department for Environment, Food & Rural Affairs), UK. Online unter: https://www.gov.uk/government/publications/an-introductory-guide-to-valuing-ecosystem-services (29.04.2014).

Ehrlich, P.R., Ehrlich, A.H. (1981) Extinction: the Causes and Consequences of the Disappearance of Species. Random House, New York.

Fisher, B., Turner, R.K., Morling, P. (2009) Defining and classifying ecosystem services for decision making. Ecological Economics 68, 3, 643–63.

Gomez-Baggethun, E., de Groot, R., Lomas, P.L., Montes, C. (2010) The history of ecosystem services in economic theory and practice: From early notions to markets and payment schemes. Ecological Economics 69, 6, 1209–1218.

Gomez-Baggethun, E., Ruiz-Perez, M. (2011) Economic valuation and the commodification of ecosystem services. Progress in Physical Geography 35, 5, 613–28.

Grunewald, K., Bastian, O. (Hrsg.) (2012) Ökosystemdienstleistungen: Konzept, Methoden und Fallbeispiele. Springer Spektrum, Berlin.

Hansjürgens, B., Neßhöver, C., Schniewind, I. (2012) Der Nutzen von Ökonomie und Ökosystemleistungen für die Naturschutzpraxis. Workshop I: Einführung und Grundlagen. BfN-Skripten 318. Online unter: http://www.bfn.de/fileadmin/MDB/documents/service/skript318.pdf (29.04.2014).

Hauck, J., Görg, C., Varjopuro, R., Ratamäki, O., Jax, K. (2013) Benefits and limitations of the ecosystem services concept in environmental policy and decision making: Some stakeholder perspectives. Environmental Science & Policy 25, 13–21.

Jax, K., Barton, D.N., Chan, K.M.A., de Groot, R., Doyle, U., Eser, U., Görg, C., Gómez-Baggethun, E., Griewald, Y., Haber, W., Haines-Young, R., Heink, U., Jahn, T., Joosten, H., Kerschbaumer, L., Korn, H., Luck, G.W., Matzdorf, B., Muraca, B., Neßhöver, C., Norton, B., Ott, K., Potschin, M., Rauschmayer, F., v. Haaren, C., Wichmann, S. (2013) Ecosystem services and ethics. Ecological Economics 93, 260–268.

Liu, S., Costanza, R., Farber, S., Troy, A. (2010) Valuing Ecosystem Services: Theory, practice, and the need for a transdisciplinary synthesis. Annals of the New York Academy of Science 1158, 54–78.

Matzdorf, B., Meyer, C. (2014) The relevance of the ecosystem services framework for developed countries' environmental policies: A comparative case study of the US and EU. Land Use Policy 38, 509–521.

MEA (Millennium Ecosystem Assessment) (2003) A Framework for Assessment. Online unter: http://www.unep.org/maweb/en/index.aspx (29.04.2014).

MEA (Millennium Ecosystem Assessment) (2005) Ecosystems and Human Well-Being. Synthesis. Online unter: http://www.unep.org/maweb/en/index.aspx (29.4.2014).

Naturkapital Deutschland – TEEB DE. Online unter: http://www.naturkapital-teeb.de/ (29.04.2014).

Plieninger, T., Schleyer, C., Schaich, H., Ohnesorge, B., Gerdes, H., Hernández-Morcillo, M., Bieling, C. (2012) Mainstreaming ecosystem services through reformed European agricultural policies. Conservation Letters 5, 4, 281–288.

Rewitzer, S., Matzdorf, B., Trampnau, S. (2014) Das Konzept der Ökosystemleistungen aus Sicht der deutschen Umweltverbände. Natur und Landschaft 89, 2, 61–65.

Schröter-Schlaack, C., Wittmer, H., Mewes, M., Schniewind, I. (Hrsg.) (2014) Der Nutzen von Ökonomie und Ökosystemleistungen für die Naturschutzpraxis. Workshop IV: Landwirtschaft. BfN-Skripten 359. Online unter: http://www.bfn.de/fileadmin/MDB/documents/service/skript359.pdf (29.04.2014).

Spangenberg, J.H., Settele, J. (2010) Precisely incorrect. Monetizing the value of ecosystem services. Ecological Complexity 7, 3, 327–337.

TEEB (2010) The Economics of Ecosystems and Biodiversity: Mainstreaming the Economics of Nature: A Synthesis of the Approach, Conclusions and Recommendations of TEEB. Online unter: http://www.teebweb.org/our-publications/ (29.04.2014).

Wallace, K. J. (2007) Classification of ecosystem services: Problems and solutions. Biological Conservation 139, 3, 235–246.

II. ZUM THEMA PES

Adhikari, B., Boag, G. (2013) Designing payments for ecosystem services schemes: some considerations. Environmental Sustainability 5, 72–77.

Carius, F. (Ed.) (2012) Payments for Ecosystem Services. Towards an Implementation Strategy. BfN-Skripten 326. Online unter: http://www.bfn.de/fileadmin/MDB/documents/service/Skript_326.pdf (29.04.2013).

COM (2007) Green Paper on market-base instruments for environmental and related policy purposes. Online unter: http://ec.europa.eu/taxation_customs/resources/documents/common/whats_new/com(2007)140_en.pdf (29.4.2014).

Corbera, E., Brown, K., Adger, W.N. (2007) The Equity and Legitimicy of Markets for Ecosystem Services. Development and Change 38, 4, 587–613.

Engel, S., Pagiola, S., Wunder, S. (2008) Designing payments for environmental services in theory and practice: An overview of the issues. Ecological Economics 65, 4, 663–674.

Farley, J., Costanza, R. (2010) Payments for ecosystem services: From local to global. Ecological Economics 69, 11, 2060–2068.

Ferraro, P.J. (2008) Asymmetric information and contract design for payments for environmental services. Ecological Economics 65, 4, 810–821.

Goldman-Benner, R.L., Benitez, S., Calvache, A., Daily, G., Kareiva, P., Kroeger, T., Ramos, A. (2012) Water funds and payments for ecosystem services: Practice learns from theory and theory can learn from practice. ORYX 46, 1, 55–63.

Hampicke, U., Arbeitsgruppe Landschaftsökonomie Greifswald (Hrsg.) (2006) Anreiz – Ökonomie der Honorierung ökologischer Leistungen. Workshopreihe "Naturschutz und Ökonomie" Teil 1. BfN-Skripten 179. Online unter: https://www.bfn.de/fileadmin/MDB/documents/service/skript179.pdf (29.04.2014).

Hedden-Dunkhorst, B., Lehmann, M., Pascual, U,. Stellmacher, T., Winter, E., Berghöfer, A., Blignaut, J., Kronenberg, J., Masiga, M., Todorova, M., Schomers, S., Domptail, S., Mumbunan, S., Carius, F., Gundimeda, H. (2010) Payments for Ecosystem Services: Towards their Development and Implementation. BfN, Policy-Brief.

Jack, B.K., C. Kousky, C., Sims, K.R.E. (2008) Designing payments for ecosystem services: Lessons from previous experience with incentive-based mechanisms. Proceedings of the National Academy of Sciences 105, 9465–9470.

Jetzkowitz, J. (2011) Ökosystemleistungen in soziologischer Perspektive. In: Groß, M. (Hrsg.) Handbuch Umweltsoziologie, VS Verlag für Sozialwissenschaften.

Kemkes, R.J., Farley, J., Koliba, C.J. (2010) Determining when payments are an effective policy approach to ecosystem service provision. Ecological Economics 69, 11, 2069–2074.

Koellner, T., Sell, J., Navarro, G. (2010) Why and how much are firms willing to invest in ecosystem services from tropical forests? A comparison of international and Costa Rican firms. Ecological Economics 69, 11, 2127–2139.

Matzdorf B., Sattler,C., Engel, S. (2013) Institutional frameworks and governance structures of PES schemes. Forest Policy and Economics 37, 57–64.

McDermott, M., Mahanty, S., Schreckenberg, K. (2013) Examining equity: A multidimensional framework for assessing equity in payments for ecosystem services. Environmental Science and Policy 33, 416–427.

Mercer, D.E., Cooley, D., Hamilton, K. (2011) Taking Stock: Payments for Forest Ecosystem Services in the United States. USDA Forest Service, Nicholas Institute for Environmental Policy Solutions, Duke University and Forest Trends'. Ecosystem Marketplace 1–49.

Pascual, U., Muradian, R., Rodriguez, L., Duraiappah, A. (2010) Exploring the link between equity and efficiency in payments for environmental services: A conceptual approach. Ecological Economics 69, 6, 1237–1244.

Pesche, D., Méral, P., Hrabanski, M., Bonnin, M. (2013) Ecosystem Services and Payments for Environmental Services: Two Sides of the Same Coin? In: Governing the provision of Ecosystem Services. Springer Netherlands, 67–86.

Salzman, J. (2005) Creating Markets for Ecosystem Services: Notes from The Field. New York University Law Review 80, 870–961.

Sattler, C., Matzdorf, B. (2013) PES in a nutshell: From definitions and origins to PES in practice – approaches, design process and innovative aspects. Ecosystem Services 6, 2–11.

Sattler, C., Trampnau, S., Schomers, S., Meyer, C., Matzdorf, B. (2013) Multi-classification of payments for ecosystem services: How do classification charcteristics relate to overall success? Ecosystem Services 6, 31–45.

Schomers, S., Matzdorf, B. (2013) Payments for ecosystem services: A review and comparison of developing and industrialized countries. Ecosystem Services 6, 16–30.

Tacconi, L. (2012) Redefining payments for environmental services. Ecological Economics 73, 29–36.

Vatn, A. (2010) An institutional analysis of payments for environmental services. Ecological Economics 69, 6, 1245–1252.

Vatn, A., Barton, D., Lindhjem, H., Movik, S., Ring, I., Santos, R. (2011) Can Markets Protect Biodiversity? An Evaluation of Different Financial Mechanisms. Noragric Report No. 60. Online unter: http://www.umb.no/statisk/noragric/publications/reports/2011_nor_rep_60.pdf (29.4.2014).

Wunder, S. (2005) Payments for environmental services: Some nuts and bolts. Center for International Forestry Research, Occasional Paper No. 42.

Wunder, S. (2013) When payments for environmental services will work for conservation. Conservation Letters 6, 4, 230–237.

Wunder, S., Engel, S., Pagiola, S. (2008) Taking stock: A comparative analysis of payments for environmental services programs in developed and developing countries. Ecological Economics 65, 4, 834–852.

III. ZU SPEZIELLEN ASPEKTEN RUND UM PES

Konzeption und Implementierung von PES, Erfahrungen aus der Praxis

Arriagada, R., Perrings, C. (2009): Making Payments for Ecosystem Services Work. UNEP Ecosystem Services Economics Working Papers. Online unter: http://bioecon-network.org/pages/UNEP_publications/02%20PES.pdf (29.04.2014).

DEFRA (2013) Payments for Ecosystem Services: A Best Practice Guide. DEFRA (Department for Environment, Food & Rural Affairs). Online unter: https://www.gov.uk/government/uploads/system/uploads/attachment_data/file/200920/pb13932-pes-bestpractice-20130522.pdf (29.4.2014).

The Katoomba Group (2008) Payments for Ecosystem Services: Getting Started. A Primer. Online unter: http://www.unep.org/pdf/PaymentsForEcosystemServices_en.pdf (23.4.2014).

The Katoomba Group (2008) Payments for Ecosystem Services: Market Profiles. Online unter: http://ecosystemmarketplace.com/documents/acrobat/PES_Matrix_Profiles_PROFOR.pdf (29.4.2014).

WWF (World Wildlife Fund) 2006. Ecosystem Services and Payments for Ecosystem Services: Why Should Businesses Care? WWF Forum to Promote Ecosystem Services and Payments for Ecosystem Services. Online unter: http://assets.panda.org/downloads/business_brochure_1.pdf (23.4.2014).

Intermediäre

Coggan, A., Buitelaar, E., Whitten, S., Bennett, J. (2013) Intermediaries in environmental offset markets: Actions and incentives. Land Use Policy 32, 145–154.

Huber-Stearns, H.R., Goldstein, J.H., Duke, E.A. (2013) Intermediary roles and payments for ecosystem services: A typology and program feasibility application in Panama. Ecosystem Services 6, 104–116.

Schomers, S., Sattler, C., Matzdorf, B. (2015) An analytical framework for assessing the potential of intermediaries to improve the performance of payments for ecosystem services. Land Use Policy 42, 58-70.

Eigentumsrechte

Barzel, Y. (1997) Economic analysis of property rights. Cambridge University Press.

Bromley, D.W. (1991) Environment and economy: property rights and public policy. Blackwell.

Conning, J., Robinson, J. (2007) Property rights and the political organization of agriculture. Journal of Development Economics 82, 416–447.

Lockie, S. (2013) Market instruments, ecosystem services, and property rights: assumptions and conditions for sustained social and ecological benefits. Land use policy 31, 90–98.

Rodgers, C. (2003) Agenda 2000, Land Use, and the Environment:Towards a Theory of ‚Environmental' Property Rights. Law and Geography 5, 239–259.

Rodgers, C. (2009) Property rights, land use and the rural environment: a case for reform. Land Use Policy 26, 134–141.

Externe Effekte

Baumol, W.J., Oates, W.E. (1988) The Theory of Environmental Policy. Second Edition, Cambridge University Press.

Coase, R.H. (1960) The problem of social cost. Journal of Law and Economics 3, 1–44.

Mankiw, N.G. (2003) Principles of Economics. 3rd International Student Edition. ITPS Thomson Learning. Chapter 10: Externalities.

Transaktionskosten

Coggan, A., Buitelaar, E., Whitten, S., Bennett, J. (2013) Factors that influence transaction costs in development offsets: Who bears what and why? Ecological Economics 88, 222–231.

Coggan, A., Whitten, S.M., Bennett, J. (2010). Influences of transaction costs in environmental policy. Ecological Economics 69, 9, 1777–1784.

Falconer, K., Dupraz, P., Whitby, M. (2001) An Investigation of Policy Administrative Costs Using Panel Data for English Environmentally Sensitive Areas. Journal of Agricultural Economics 52, 1, 83–103.

Kersten, M. (2008) Transaktionskosten im Naturschutzmanagement. In: Wätzold, F., Hampicke, U., Arbeitsgruppe Landschaftsökonomie Greifswald: Ökonomische Effizienz im Naturschutz. Workshopreihe „Naturschutz und Ökonomie" Teil II. BfN-Skripten 219, 115–130. Online unter: http://www.bfn.de/fileadmin/MDB/documents/service/skript219.pdf (29.04.2014).

Mettepenningen, E., Beckmann, V., Eggers, J. (2011) Public transaction costs of agri-environmental schemes and their determinantes – analyzing stakeholders' involvement and perceptions. Ecological Economics 70, 4, 641–650.

Ergebnisorientierte Honorierung

Bertke, E., Klimek, S., Wittig, B. (2008) Developing result-orientated payment schemes for environmental services in grasslands: results from two case studies in North-western Germany. Biodiversity 9, 91–95.

Burton, R.J.F., Schwarz, G.(2013) Result-Oriented Agri-environmental schemes In Europe and their potential for promoting behavioural change. Land Use Policy 30, 1, 628–641.

Hampicke, U. (2006) Jeder Markt honoriert nicht den Aufwand, sondern das Ergebnis. In: Hampicke, U., Arbeitsgruppe Landschaftsökonomie Greifswald (Hrsg.) Anreiz – Ökonomie der Honorierung ökologischer Leistungen. Workshopreihe "Naturschutz und Ökonomie" Teil 1. BfN-Skripten 179, 161–172. Online unter: https://www.bfn.de/fileadmin/MDB/documents/service/skript179.pdf (29.04.2014).

Kaiser, T., Rohner, M.-S., Matzdorf, B., Kiesel, J. (2010) Validation of grassland indicator species selected for result-oriented agri-environmental schemes. Biodiversity and Conservation 19, 1297–1314.

Matzdorf, B. (2004) Ergebnis- und maßnahmenorientierte Honorierung ökologischer Leistungen der Landwirtschaft – Eine Interdisziplinäre Analyse eines agrarumweltpolitischen Instrumentes. Agrarwirtschaft 179. Agrimedia.

Matzdorf, B., Lorenz, J. (2010) How cost-effective are result-oriented agri-environmental measures? An empirical analysis in Germany. Land Use Policy 27, 535–544.

Zabel, A,. Holm-Müller, K. (2008) Conservation performance payments for carnivore conservation in Sweden. Conservation Biology 22, 247–251.

Akzeptanz und Motivation der Leistungserbringer

Artner, A., Below, T., Siebert, R., Sieber, S. (2009) Adaptation practices and their acceptance by rural smallholders: A literature review In: Biophysical and socio-economic frame conditions for the sustainable management of natural resources: Tropentag 2009, Hamburg, Germany. Online unter: http://www.tropentag.de/2009/abstracts/links/Artner_Gn8JCXz9.pdf (29.04.2014).

Fish, R., Burgess, J., Chilvers, J. Footitt, A., Haines-Young, R. Russel, D., Turner, K., Winter, D.M (2011) Participatory and deliberative techniques for embedding an ecosystems approach into decision making: An introductory guide. Produced for DEFRA (Department for Environment, Food & Rural Affairs) No. 0124.

Frey, B.S., Jegen, R. (2000) Motivation crowding theory. A survey of empirical evidence. Institute for Empirical Research in Economics University of Zurich Working Paper Series. Working Paper No. 26.

Kosoy, N., Corbera, E., Brown, K. (2008) Participation in payments for ecosystem services: Case studies from Lacandon rainforest in Mexico. Geoforum 39, 2073–2083.

Máñez Costa, M. (2011) A participatory Framework for conservation payments. Land Use Policy 28, 2, 423–433.

Nicolaus, K., Jetzkowitz, J. (2014) How Does Paying for Ecosystem Services Contribute to Sustainable Development? Evidence from Case Study Research in Germany and the UK. Sustainability 6, 5, 3019–3042.

Prager, K., Freese, J. (2009) Stakeholder involvement in agri-environmental policy making – Learning from a local- and a state-level approach in Germany. Journal of Environmental Management 90, 2, 1154–1167.

Prager, K., Reed, M., Scott, A. (2012) Encouraging collaboration for the provision of ecosystem services at a landscape scale – Rethinking agri-environmental payments. Land Use Policy 29, 1, 244–249.

Siebert, R., Knierim, A., Müller, K. (2005) Zur Akzeptanz von umweltschonender Landnutzung durch Landwirte. In: Ackerlandschaften: Nachhaltigkeit und Naturschutz auf ertragsschwachen Standorten. Springer, Berlin. 89–102.

Stenseke, M. (2009) Local participation in cultural landscape maintenance: Lessens from Sweden. Land Use Policy 26, 2, 214–223.

Zogrofs, C., Howarth, R.B. (2010) Deliberative Ecological Economics for Sustainability Governance, Sustainability 2, 11, 3399–3417.

Agrarumweltprogramme in der Europäischen Union und den USA

Baylis, K., Peplow, S., Rausser, G., Simon, L. (2008) Agri-environmental policies in the EU and United States: A comparison. Ecological Economics 65, 4, 753–764.

Claassen, R., Cattaneo, A., Johansson, R. (2008) Cost-effective design of agri-environmental payment programs: U.S. experience in theory and practice. Ecological Economics 65, 4, 737–752.

Dobbs, T. L., Pretty, J. (2008) Case study of agri-environmental payments: The United Kingdom. Ecological Economics 65, 4, 765–775.

Meyer C., Matzdorf B., Müller K., Schleyer C. (2014) Cross Compliance as payment for public goods? Understanding EU and US agricultural policies. Ecological Economics 107, 185-194.

Mettepenningen, E., Vandermeulen, V., Delaet, K., Van Huylenbroeck, G., Wailes, E.J. (2013) Investigating the influence of the institutional organisation of agri-environmental schemes on scheme adoption. Land Use Policy 33 ,20–30.

Mettepenningen, E., Verspecht, A., Van Huylenbroeck, G. (2009) Measuring private transaction costs of European agri-environmental schemes. Journal of Environmental Planning and Managment, 52, 649–667.

Osterburg, B. (2008) Effizienz von Überwachungs und Sanktionsmaßnahmen in der Agrarumweltpolitik. In: Wätzold, F., Hampicke, U., Arbeitsgruppe Landschaftsökonomie Greifswald: Ökonomische Effizienz im Naturschutz. Workshopreihe „Naturschutz und Ökonomie" Teil II. BfN-Skripten 219, 131–148. Online unter: http://www.bfn.de/fileadmin/MDB/documents/service/skript219.pdf (29.04.2014).

Plieninger, T., Schleyer, C., Schaich, H., Ohnesorge, B., Hernámdez-Morcillo, M., Bieling, C. (2012) Mainstreaming ecosystem services through reformed European agricultural policies. Conservation Letters, 0, 1–8.

Prager, K., Reed, M., Scott, A. (2012) Encouraging collaboration for the provision of ecosystem services at a landscape scale – Rethinking agri-environmental payments. Land Use Policy, 29, 244–249.

Schleyer, C. (2008) Sind regional angepasste Agrarumweltmaßnahmen effizient? In: Wätzold, F., Hampicke, U., Arbeitsgruppe Landschaftsökonomie Greifswald: Ökonomische Effizienz im Naturschutz. Workshopreihe „Naturschutz und Ökonomie" Teil II. BfN-Skripten 219, 79–94. Online unter: http://www.bfn.de/fileadmin/MDB/documents/service/skript219.pdf (29.04.2014).

Schroeder, L. A., Isselstein, J., Chaplin, S., Peel, S. (2013) Agri-environment schemes: Farmers acceptance and perception of potential 'Payment by Results' in grassland – A case study in England. Land Use Policy, 32:134–144.

Uthes, S., Matzdorf, B. (2013) Studies on agri-environmental measures: A survey of the literature. Environmental Management 51, 251–266.

Uthes, S., Matzdorf, B., Müller, K., Kaechele, H. (2010) Spatial Targeting of Agri-Environmental Measures: Cost-Effectiveness and Distributional Consequences. Environmental Management 46, 3, 494–509.

Conservation Banking, Mitigation Banking und Eingriffs-Ausgleichs-Regelung
Carroll, N., Fox, J., Bayon, R (eds) (2008) Conservation and Biodiverstiy Banking: A Guide to Setting Up and Running Biodiversity Credit Trading Systems. Earthscan UK & USA.

Conway, M., Rayment, M., White, A., Berman, S. (2013) Exploring potential demand for and supply of habitat banking in the EU and appropriate design elements for a habitat banking scheme. Final Report submitted to DG Environment. Online unter: http://ec.europa.eu/environment/enveco/taxation/pdf/Habitat_banking_Report.pdf (29.04.2014).

Hallwood, P. (2007) Contractual difficulties in environmental management: The case of wetland mitigation banking. Ecological Economics 63, 2/3, 446–451.

Litterski, B., Hampicke, U., Czybulka, D. (2008) Produktionsintegrierte Kompensationsmaßnahmen. Rechtliche Möglichkeiten, Akzeptanz, Effizienz und naturschutzgerechte Nutzung. In: Wätzold, F., Hampicke, U., Arbeitsgruppe Landschaftsökonomie Greifswald: Ökonomische Effizienz im Naturschutz.

Workshopreihe „Naturschutz und Ökonomie" Teil II. BfN-Skripten 219, 19–32. Online unter: http://www.bfn.de/fileadmin/MDB/documents/service/skript219.pdf (29.04.2014).

Macke, S. (2009) Marktorientierung im Naturschutz. Institutionenökonomische Analyse von Ausgleichsmechanismen in der Eingriffsregelung in Deutschland und den USA. Cuvillier, Göttingen.

Robertson M.M. (2004) The neoliberalisation of ecosystem services: wetland mitigation banking and problems in environmental governance. Geoforum 35, 3, 361–373.

Ruhl, J.B., Salzmann, J., Goodman, I. (2009) Implementing the New Ecosystem Services Mandate of the Section 404 Compensatory Mitigation Program: A Catalyst for Advancing Science and Policy. Stetson Law Review, Vol. 38.

Modelle und Tools
Babcock, B.A., Lakshminarayan, P.G., Wu, J., Zilberman, D. (1997) Targeting Tools for the Purchase of Environmental Amenities. Land Economics 73, 325–339.

Chen, X., Lupi, F., An, L., Sheely, R., Vina, A., Liu, J. (2012) Agent-based modeling of the effects of social norms on enrollment in payments for ecosystem services. Ecological Modelling 229, 16–24.

Fürst, C., Volk, M., Pietzsch, K., Makeschin, F. (2010) Pimp Your Landscape: A Tool for Qualitative Evaluation of the Effects of Regional Planning Measures on Ecosystem Services. Environmental Management 46, 6, 953–968.

Johst, K., Drechsler, M., Wätzold, F., Ulbrich, K., Ohl, C., Settele, J. (2008) Wie berechnet man ökonomisch effiziente Kompensationszahlungen für Artenschutzmaßnahmen? Eine softwarebasierte Entscheidungshilfe auf Grundlage eines ökologisch ökonomischen Modells. In: Wätzold, F., Hampicke, U., Arbeitsgruppe Landschaftsökonomie Greifswald: Ökonomische Effizienz im Naturschutz. Workshopreihe „Naturschutz und Ökonomie" Teil II. BfN-Skripten 219, 49–66. Online unter: http://www.bfn.de/fileadmin/MDB/documents/service/skript219.pdf (29.04.2014).

Layton, D.F., Siikamäki, J. (2009) Payments for Ecosystem Services Programs: Predicting Landowner Enrollment and Opportunity Cost Using a Beta-Bionomial Model. Environmental Resource Economics 44, 415–439.

Sun, Z., Müller, D. (2013) A framework for modelling payments for ecosystem services with agent-based models, Bayesian belief networks and opinion dynamics models. Environmental Monitoring and Software 45, 15–28.

Vigerstol, K.L., Aukema, J.E. (2011) A Comparison of Tools for Modeling Freshwater Ecosystem Services. Journal of Environmental Management 92, 10, 2403–2409.

Wünscher, T., Engel, S., Wunder, S. (2008) Spatial Targeting Of Payments For Environmental Services: A Tool Boosting Conservation Benefits. Ecological Economics 65, 4, 822–833.

Kritik an PES
Kosoy, N., Corbera, E. (2010) Payments for ecosystem services as commodity fetishism. Ecological Economics 69, 6, 1228–1236.

McAfee, K. (2012) The Contradictory Logic of Global Ecosystem Services Markets. Development and Change 43, 1, 105–131.

Muradian R., Arsel, M., Pellegrini, L., Adaman, F., Aguilar, B., Agarwal, B., Corbera, E., Ezzine de Blas, D., Farley, J., Froger, G., Garcia-Frapolli, E., Gómez-Baggethun, E., Gowdy, J., Kosoy, N., Le Coq, J.F., Leroy, P., May, P., Méral, P., Mibielli, P., Norgaard, R., Ozkaynak, B., Pascual, U., Pengue, W., Perez, M., Pesche, D., Pirad, R., Ramos-Martin, J., Rival, L., Saenz, F., Van Hecken, G., Vatn, A., Vira, B., Urama, K. (2013) Payments for ecosystem services and the fatal attraction of win-win solutions. Conservation Letters 6, 4, 274–279.

Muradian R., Corbera, E., Pascual, U., Kosoy, N., May, P.-H. (2010) Reconciling theory and practice: An alternative conceptual framework for understanding payments for environmental services. Ecological Economics 69, 1202–1208.

Norgaard, R.B. (2010) Ecosystem services: from eye-opening metaphor to complexity blinder. Ecological Economics 69, 6, 1219–1227.

Sullivan, S. (2009) Green capitalism and the cultural poverty of constructing nature as services-provider. Radical Anthropology 3, 18–27.

Van Hecken, G., Bastiaensen, J. (2010) Payments for ecosystem services: justified or not? A political view. Environmental Science and Policy 13, 785–792.

IV. WEITERFÜHRENDES ZU UNSEREN FALLBEISPIELEN → FREIWILLIGE NICHT-STAATLICHE ZAHLUNGEN

Upstream Thinking mit dem Westcountry Rivers Trust

OECD (2013) Providing agri-Environmental public goods through collective action (COM/TAD/CA/ENV/EPOC(2012)11/REV2), Section 17. Online unter: http://www.southwestwater.co.uk/media/pdf/d/n/OECD_report_on_providing_agri-environmental_public_goods_through_collective_action.pdf (25.03.2014).

South West Water. Online unter: http://www.southwestwater.co.uk/index.cfm?articleid=8329 (25.03.2014).

Welters, R., Day, B. (2012) Fowey River Improvement Auction. Online unter: http://www.cserge.ac.uk/research/current-projects/fowey-river-improvement-auction (25.03.2014).

Westcountry Rivers Trust (2013) Water Quality. Catchment Management Evidence Review. Online unter: http://de.slideshare.net/NickWRT/upstream-thinking-catchment-management-evidence-review-water-quality/ (14.01.14).

MoorFutures®

Der MoorFutures-Standard. Online unter: http://www.moorfutures.de/sites/default/files/redaktion/Fotos%20W.%20Thiel/Standard%20MoorFutures.pdf (25.03.2014).

Joosten, H., Brust, K., Couwenberg, J., Gerner, A., Holsten, B., Permien, T., Schäfer, A., Tanneberger, F., Trepel, M., Wahren, A. (2013) MoorFutures – Integration von weiteren Ökosystemdienstleistungen einschließlich Biodiversität in Kohlenstoffzertifikate – Standard, Methodologie und Übertragbarkeit in andere Regionen. BfN Skripten 350.

Landesamt für Landwirtschaft, Umwelt und ländliche Räume des Landes Schleswig-Holstein (Hrsg.) (2012) Potentiale und Ziele zum Moor- und Klimaschutz: Gemeinsame Erklärung der Naturschutzbehörden. Eine Vision für Moore in Deutschland. Online unter http://www.schleswig-holstein.de/UmweltLandwirtschaft/DE/NaturschutzForstJagd/13_Projekte/06_Moorschutz/PDF/Positionspapier__blob=-publicationFile.pdf (25.03.2014).

Ministerium für Landwirtschaft, Umwelt und Verbraucherschutz Mecklenburg –Vorpommern (2010) Investments für Klima- und Naturschutz. Online unter: http://www.moorfutures.de/sites/default/files/mf_broschuere_20.10.2010.pdf (25.03.2014).

Wolters, S., Tänzler, D., Theiler, L., Drösler, M. (2013) Entwicklung von Konzepten für einen nationalen Klimaschutzfonds zur Renaturierung von Mooren. Umweltbundesamt, Berlin. Online unter: http://www.umweltbundesamt.de/sites/default/files/medien/378/publikationen/climate_change_05_2013_gather_renaturierung_von_mooren_barrierefrei.pdf (25.03.2014).

Woodland Carbon Code (WCC)

Forest Carbon. Online unter: http://www.forestcarbon.co.uk/ (25.03.2014).

The Green insurance company – Carbon offsetting. Online unter: http://www.greeninsurancecompany.co.uk/environment/carbonOffset.html (25.03.2014).

UK Woodland Carbon Code. Online unter: http://ww.forestry.gov.uk/forestry/infd-84hl57 (25.03.2014).

Woodland Carbon Code Version 1.2 - Requirements for voluntary carbon sequestration projects. Online: http://www.forestry.gov.uk/pdf/WoodlandCarbonCode_Version_1.2.pdf/$FILE/WoodlandCarbonCode_Version_1.2.pdf [14.01.]

Trinkwasserwald® e.V.

Anders, S., Müller, J., Augustin, S., Rust, S. (2006) Die Ressource Wasser im zweischichtigen Nadel-Laub-Mischbestand. In: Fritz, P. (Hrsg.) Ökologischer Waldumbau in Deutschland – Fragen, Antworten, Perspektiven. oekom, München: 152–183.

Rust, S. (o. J.) Auszug aus der Expertise „Waldstruktur und Wasserhaushalt (verfasst für Trinkwasserwald® e.V.). Online unter: http://www.trinkwasserwald.de/de/aktuelles/presse/downloadbereich.php (25.11.2013).

Trinkwasserwald® e.V. Erläuterung der Werte zur CO2-Reduktion. Online unter: http://www.trinkwasserwald.de/media/pdf/Werte_CO2_Kompensation.pdf (25.03.2014).

Trinkwasserwald® e.V. Vereinsprofil. Online unter: http://www.trinkwasserwald.de/media/pdf/PR_Basisinfo_Trinkwasserwald.pdf (25.03.2014).

Westcountry Angling Passport
The Westcountry Angling Passport Scheme. Confluence: the Journal of the Westcountry Rivers Trust, Issue 10: August 2009, 6–7. Online unter: http://www.wrt.org.uk/confluence/autumn_09.pdf (25.03.2014).

Blühendes Steinburg
Groth, M. (2005) Ein institutionenökonomisch fundiertes Pilotprojekt zur ergebnisorientierten Honorierung ökologischer Leistungen. In: Jahrbuch der Österreichischen Gesellschaft für Agrarökonomie, Band 14, S. 175–185. Online unter: www.boku.as.at/oega (28.3.2014).

Groth, M. (2008) Kosteneffizienter und effektiver Biodiversitätsschutz durch Ausschreibungen und eine ergebnisorientierte Honorierung: Das Modelprojekt „Blühendes Steinburg". Working Paper No. 105, University of Lüneburg. Online unter: http://www.leuphana.de/fileadmin/user_upload/Forschungseinrichtungen/ifvwl/WorkingPapers/wp_105_Upload.pdf (16.10.2013).

Stiftung Naturschutz Schleswig-Holstein (o. J.) Blühendes Steinburg und PIK. Online unter: http://www.sn-sh.de/index.php?id=1112 (23.4.2014).

Edwards Aquifer Protection Program
City of San Antonio – Edwards Aquifer Protection Program (EAPP). Online unter: https://www.sanantonio.gov/EdwardsAquifer (25.03.2014).

Hielscher, M. (2000) Grundwasserschutz im Karst. Oberseminar an der TU Freiberg. Online unter: http://www.geo.tu-freiberg.de/hydro/oberseminar/pdf/Mandy%20Hielscher.PDF (25.3.2014).

MacCormack, J. (2010) San Antonio voters embrace conservation. TLCVEF Express News. Online unter: http://www.tlcvef.org/2010/11/san-antonio-voters-embrace-conservation-pass-measure-to-protect-edwards-aquifer-and-build-parks-and-trails/ (25.03.2014).

Pumlumon Project
Wildlife Trusts Wales, care of Montgomeryshire Wildlife Trust (o.J.) Invest in the Pumlumon Project. Carbon store. Water tank. Wildlife haven. Online unter: http://www.montwt.co.uk/images/user/Pum_brochure.pdf (25.03.2014).

Wildlife Trusts Wales, care of Montgomeryshire Wildlife Trust (2010) The Pumlumon Project. A Landscape for Life. Two Year Progress Report 2008 – 2010. Online unter: http://www.montwt.co.uk/images/user/Pumlumon%20progress%20report%202010.pdf (25.03.2014).

Wynne-Jones, S. (2012) Negotiating neoliberalism Conservationists role in the development of PES. Geoforum 43, 6, 1035–1045.

→ FREIWILLIGE STAATLICHE ZAHLUNGEN

Naturschutzgerechte Bewirtschaftung von Grünland in der nordrhein-westfälischen Eifel
Dachverband Biologische Stationen Nordrhein-Westfalen. Online unter: http://www.biostationen-nrw.com/index.php?option=com_content&view=article&id=49&Itemid=55&lang=de (25.03.02014).

Hermeling, S., Thelen, H-W., Schmitz, M. (2011) Integration artenreicher Wiesen und Weiden in der Eifel in heutige Milchviebetriebe. Vom Pilotprojekt 1985 bis zum Kulturlandschaftsprogramm NRW: Erfahrungen und Erkenntnisse aus 25 Jahren. Online unter: http://www.bfn.de/fileadmin/MDB/documents/ina/vortraege/2011/2011-Gruenland-Hermeling.pdf (25.03.2014).

Schumacher, W. (2007) Bilanz – 20 Jahre Vertragsnaturschutz. Vom Pilotprojekt zum Kulturlandschaftsprogramm NRW. Naturschutz-Mitteilungen 1/07. Online unter http://www.lanuv.nrw.de/veroeffentlichungen/namit/namit200701/nn_1-07_s21s28.pdf (9.10.2013).

Schumacher, W. (2010) Wiesen, Weiden und Magerrasen der Mittelgebirge am Beispiel der Eifel. Online unter: http://www.agrarforschung.de/download/13_Schumacher.pdf (23.4.2014).

Schumacher, W. (2012) Entwicklung, Erfolge und Perspektiven des Vertragsnaturschutzes in Nordrhein-Westfalen. In: Naturschutz in NRW, Band 10, S. 61–72.

Gemeinschaftlicher Wiesenvogelschutz
Jeromin, H. (2009) Gemeinschaftlicher Wiesenvogelschutz 2008 – Erprobung und Weiterentwicklung einer neuen Variante des Vertragsnaturschutzes. Michael-Otto-Institut im NABU, Bergenhusen.

Ministerium für Landwirtschaft, Umwelt und ländliche Räume des Landes Schleswig-Holstein (2010) Managementplan für das Europäische Vogelschutzgebiet DE-1622-493 „Eider-Treene-Sorge-Niederung" Teilgebiet Meggerdorf. Online unter: http://www.umweltdaten.landsh.de/public/natura/pdf/mplan_inet_spa/1622-493/tgmeggerdorf/1622-493MPlan-TGMeggerdorf_Text.pdf (13.1.2014).

Ministerium für Landwirtschaft, Umwelt und ländliche Räume des Landes Schleswig-Holstein (2012) Managementplan-Entwurf für das Europäische Vogelschutzgebiet DE-1622-493 „Eider-Treene-Sorge-Niederung“ Teilgebiet „Christiansholm, Friedrichsholm und Hohn“. Online unter: http://www.umwelt-daten.landsh.de/public/natura/pdf/mplan_inet_spa/1622-493/tgchristiansholm/1622-493Mplan_TGChristiansholm_Text.pdf (30.4.2014).

Florida Ranchlands Environmental Services Project (FRESP)

Bohlen, P., Lynch, S., Shabman, L., Clark, M., Shukla, S., Swain, H. (2009) Paying for environmental services from agricultural lands: an example from the northern Everglades. Frontiers in Ecology and the Environment 7, 1, 46–55.

Horne, C. (2011) Buck Island Ranch and the Florida Ranchlands Environmental Services Project. Farm of the Future Project, EcoAgriculture Partners, Washington. Online unter: http://www.ecoagriculture.org/~ecoagric/documents/files/doc_346.pdf (25.03.2014).

Lynch, S., Shabman, L. (2007) The Florida Ranchlands Environmental Services Project: Field Testing a Pay-for-Environmental-Services Program. Resources for the Future 165, 17–19.

Lynch, S., Shabman, L. (2011) Designing a Payment for Environmental Services Program for the Northern Everglades. National Wetlands Newsletter July-August, 12–15. Online unter: http://www.fresp.org/pdfs/NE-PES%20Design%20Issues%20Lynch%20&%20Shabman.pdf (26.9.2013).

South Florida Water Management District – Water Storage Strategies. Online unter: http://www.sfwmd.gov/portal/page/portal/xweb%20protecting%20and%20restoring/water%20storage%20programs?utm_source=jtf&utm_medium=pdf&utm_campaign=waterstorage (25.03.2014).

Performance-based Environmental Policies for Agriculture Initiative (PEPA)

Pay for Performance: Conservation in Agriculture. Online unter: http://www.flexincentives.com/ (25.03.2014).

PEPA (o.J.) Pilot-Testing Performance-based Incentives for Agricultural Pollution Control. Highlights from the Field: http://www.uvm.edu/~pepa/files/documents/pt/Success%20Stories.pdf (25.03.2014).

PEPA (o.J.) Process Document: Developing performance-based incentives for agricultural pollution control. Incorporating Recommendations into Your Watershed Plan. From the Performance-based Environmental Policies for Agriculture (PEPA) Initiative. A project of the University of Vermont and Winrock International Online unter: http://www.uvm.edu/~pepa/files/documents/nfp/Process_doc.pdf (25.03.2014).

Winsten, J., Kerchner, C., Ingels, C., Rodecap, J., Tilley, J. (o. J.) Pilot-Testing Performance-Based Incentives for Agricultural Pollution Control. Online unter: http://www.uvm.edu/~pepa/files/documents/pt/Overall%20Project%20Summary.pdf (12.10.2013).

Niedersächsisches Kooperationsmodell Trinkwasserschutz

Niedersächsischer Landesbetrieb für Wasserwirtschaft, Küsten- und Naturschutz (Hrsg.) (2011) Grundwasser. Band 13: Trinkwasserschutzkooperationen in Niedersachsen. Grundlagen des Kooperationsmodells und Darstellung der Ergebnisse. Bericht 2011. Online unter: www.nlwkn.niedersachsen.de/download/61415 (25.03.2014).

Niedersächsisches Wassergesetz (NWG) vom 19. Februar 2010. Online unter: http://www.nds-voris.de/jportal/?quelle=jlink&query=WasG+ND&psml=bsvorisprod.psml&max=true&aiz=true (16.1.14).

Topf, J., Schweppe-Kraft, B. (2009) Wasserversorgungsunternehmen bezahlen Landwirte für grundwasserschonende und biodiversitätsfreundliche Landbewirtschaftung. Ein Beispiel für die Anwendung von Zahlungen für Ökosystemdienstleistungen in Deutschland. Online unter: https://www.bfn.de/fileadmin/MDB/documents/themen/oekonomie/dokumente/topf_schweppe-kraft_2009_pes_water.pdf (25.03.2014).

Umweltbundesamt (2011) Weiterentwicklung von Abwasserabgabe und Wasserentnahmeentgelten zu einer umfassenden Wassernutzungsabgabe. Online unter: http://www.umweltbundesamt.de/sites/default/files/medien/461/publikationen/4189.pdf (16.1.14).

Verordnung über die Finanzhilfe zum kooperativen Schutz von Trinkwassergewinnungsgebieten vom 3. September 2007. Online unter: http://www.nds-voris.de/jportal/?quelle=jlink&query=FHkoopSchTrinkWGebV+ND&psml=bsvorisprod.psml&max=true&aiz=true (16.1.14).

Conservation Reserve Enhancement Program (CREP) in Vermont

Groth, M. (2009) Das Conservation Reserve Program: Erfahrungen und Perspektiven für die europäische Agrarumweltpolitik. University of Lüneburg Working Paper Series in Economics No. 133, Juli 2009. Online unter: http://www.uni-lueneburg.de/fb2/vwl/papers/wp_133_Upload.pdf (13.11.2013).

Timpe, Z. (o. J.) The Conservation Reserve Enhancement Program: An Attempt at Predicting County Enrollment Rates. Online unter: http://www.wku.edu/mae/documents/econ596-timpe.pdf (5.8.2013).

US Department of Agriculture, Farm Service Agency (2005) Programmatic Environmental Assessment for the Implementation of the Conservation Reserve Enhancement Program for Vermont. Online unter: http://www.fsa.usda.gov/Internet/FSA_File/final_vt_crep_pea.pdf (5.8.2013).

US Department of Agriculture, Farm Service Agency (2011) Conservation Reserve Enhancement Program – Vermont. Fact. Sheet. Online unter: http://www.fsa.usda.gov/Internet/FSA_File/crep_vermont.pdf (5.8.2013).

→ **UNFREIWILLIGE VERURSACHERFINANZIERTE ZAHLUNGEN**

Medford Water Quality Trading Program

Crown, J., Meyers, B., Tugaw, H., Turner, D. (2008) Rogue Basin TMDL. Oregon Department of Environmental Quality. Executive Summary and Chapter One. Online unter: http://www.deq.state.or.us/wq/tmdls/docs/roguebasin/Rogue/Chapter1andExecutiveSummary.pdf (15.1.14).

Crown, J., Meyers, B., Tugaw, H., Turner, D. (2008) Rogue Basin TMDL. Oregon Department of Environmental Quality. Chapter 2: Temperature. Online unter: http://www.deq.state.or.us/wq/tmdls/docs/roguebasin/Rogue/Chapter2Temperature.pdf (15.1.14).

Medford Regional Water Reclamation Facility. Thermal Credit Trading Program. Online unter: http://www.deq.state.or.us/wq/trading/docs/MedfordThermalTrading.pdf (25.03.2014).

Oregon Department of Environmental Quality – Water Quality Trading. Online unter: http://www.deq.state.or.us/wq/trading/trading.htm (30.4.2014).

The Freshwater Trust (2013) Water Quality Trading: Program Overview. Online unter: http://www.thefreshwatertrust.org/main/wp-content/uploads/2013/09/WQT_Program-Overview_WEB_General.pdf (25.03.2014).

Silvergate Mitigation Bank

Restoration Resources (2010) Silvergate - A Private Wildland Habitat Mitigation Bank. Sheridan, Placer County, California.

Flächenagentur Brandenburg GmbH

Böhme, C., Bruns, E., Bunzel, A., Herberg, A., Köppel, J. (2005) Flächen- und Maßnahmenpools in Deutschland. Ergebnisse aus dem F+E-Vorhaben 802 82 120 „Naturschutzfachliches Flächenmanagement als Beitrag für eine nachhaltige Flächenhaushaltspolitik“. Bonn-Bad Godesberg.

Jessel, B., Szaramowicz, M., Schöps, A., Wilke, T. (2006) Flächenpools und Landschaftswassermanagement. Online unter: http://www.wna-berlin.de/sonstige_vorhaben/dokumente/10_EuE.pdf (23.4.2014).

Schöps, A., Szaramowicz, M., Busch, D,. Geßner, J. (2007) Flächenpools und Flächenagenturen: Handbuch für die Praxis. Bundesamt für Naturschutz, Bonn-Bad Godesberg.

Forest Mitigation Banking in Maryland

Bay Bank - Forest Conservation. Online unter: http://www.thebaybank.org/education/forest_conservation (25.03.2014).

Chesapeake Bay Foundation (2004) A citizen's guide to the Forest Conservation Act in Maryland: http://www.cbf.org/document.doc?id=148 (25.03.2014).

Ecosystem Services Working Group (2011) Final Report On Market-Based Approaches To Recovering Ecosystem Services. Online unter: http://www.dnr.state.md.us/dnrnews/pdfs/ESWGFinalReportOct2011.pdf (25.03.2014).

Howell, G.P., Ericson, T. (1997) State Forest Conservation Technical Manual, Third Edition. Online unter: http://www.dnr.state.md.us/irc/docs/00010950.pdf (25.03.2014).

Slater, J.E. jr., Edwards, G.D. (2010) Effective Forest Banking. Forest Conservation in Carroll County Maryland. In: Burkre, D.G., Dunn, J.E. (eds.) A Sustainable Chesapeake: Better models for conservation. The Conservation Fund. 159–166 Online unter: http://www.conservationfund.org/a-sustainable-chesapeake-better-models-for-conservation/ (11.3.2014).

The Forest Conservation Program. Howard County Department of Planning and Zoning. Presentation for Master Gardeners July 2007. Online unter: http://www.ellicottmeadows.com/files/HCFCHandoutMasterGardeners071007.pdf (16.01.2014).

100 Äcker für die Vielfalt

DVL e.V. (2010): Ackerwildkräuter schützen und fördern – Perspektiven einer langfristigen Finanzierung und Bewirtschaftung. DVL-Schriftenreihe „Landschaft als Lebensraum“, Heft 18. Online unter: www.schutzaecker.de/files/files/?969&de (25.03.2014).

Geisbauer, C., Hampicke, U. (2012) Ökonomie schutzwürdiger Ackerflächen – Was kostet der Schutz von Ackerwildkräutern? Broschüre. Greifswald. Online unter: http://www.duene-greifswald.de/doc/aktuelles/geisbauer_2012_oekonomie_schutzwuerdiger_ackerflaechen.pdf (25.03.2014).

Meyer, S., Leuschner, C., Van Elsen, T. (2008) Schutzäcker für die Segetalflora in Deutschland – Bestandsanalyse und neue Impulse durch das Projekt „Biodiversität in der Agrarlandschaft“. Journal of Plant Diseases and Protection, Special Issue XXI, 363–368. Online unter: www.schutzaecker.de/files/files/?890&de (25.03.2014).

Meyer, S., Van Elsen, T. (2007) Biodiversität in der Agrarlandschaft – Aufbau eines Netzes von Schutzäckern für Ackerwildkräuter in Mitteldeutschland. Informationsdienst Naturschutz Niedersachsen: 20 Jahre Ackerwildkrautschutz in Niedersachsen, Heft 2/07. Online unter: www.schutzaecker.de/files/files/?891&de (25.03.2014).

Van Elsen, T., Braband, D. (2006): Ackerwildkrautschutz – eine „honorierbare ökologische Leistung“? Perspektiven vor dem Hintergrund des Scheiterns klassischer Schutzkonzepte. In: Hampicke, U., Arbeitsgruppe Landschaftsökonomie Greifswald: Anreiz. Ökonomie der Honorierung ökologischer Leistungen. Workshop „Naturschutz und Ökonomie“ Teil I. BfN-Skripten 179, 123–133, Bonn. Online unter: http://www.bfn.de/fileadmin/MDB/documents/service/skript179.pdf (25.03.2014).

Impressum

Was kostet die Welt?
Payments for Ecosystem Services in der Praxis. Erfolgreiche PES-Beispiele aus Deutschland, Großbritannien und den USA

AutorInnen
Bettina Matzdorf, Carolin Biedermann, Claas Meyer, Kristin Nicolaus, Claudia Sattler, Sarah Schomers
Mitarbeit: Jenny Schlauß, Susanne Trampnau, Lina Yap
Redaktion: Carolin Biedermann
Lektorat: Susanne Zeyse, Angelika Neumeyer
Übersetzung: Peter Doherty, Jerome Goerke, Martin Haynes

Grafische Gestaltung und Realisierung
spierling-art.de
Umschlagentwurf: Raimund Spierling
unter Verwendung von Fotos von Monique Ziebarth (MoorFutures®) und The Freshwater Trust (Medford Water Quality Trading Program)

Bildnachweis
Das im Kapitel „Praxis – Die Beispiele" ab Seite 30 verwendete Bildmaterial stammt von den Projekten bzw. den Interviewpartnern.
Ausnahmen: 55, 57, 65 (r.), 77, 92, 93, 95-97, 100, 112-115, 130 (r.), 131, 141, 143
Weitere Bildautoren:
Alexander Biedermann:
12, 17, 55, 57, 65 (r.), 151, 156-167, 171, 173, 175, 178, 183, 187, 205
City of San Antonio: 33, 207
Kati Häfner: 155, 185
Stefan Meyer: 119
Kristin Nicolaus: 184
Claudia Sattler:
24, 77, 92, 93, 95-97, 100, 112-115, 130 (r.), 131, 141, 143, 153, 180, 182
Raimund Spierling: 23, 107 (o.)
The Freshwater Trust: 8, 169
Wolfgang Schumacher: 174
Susan H. Smith: 83
Peter Weißhuhn: 4, 177
Monique Ziebarth: 23 (r.), 150

Die verwendeten Karten von Deutschland und Großbritannien auf Seite 29:
© EuroGeographics bezüglich der Verwaltungsgrenzen
Die verwendete Karte der USA: © Data & Maps for ArcGIS®, 2012
World, Europe and United States

Zitiervorschlag
Matzdorf, B., Biedermann, C., Meyer, C., Nicolaus, K., Sattler, C., Schomers, S. (2014) Was kostet die Welt? Payments for Ecosystem Services in der Praxis. Erfolgreiche PES-Beispiele aus Deutschland, Großbritannien und den USA. oekom verlag, München.

Dieses Buch entstand im Rahmen des Projekts CIVILand (www.civiland-zalf.org). Die AutorInnen danken für die Förderung durch das Bundesministerium für Bildung und Forschung.

Den Grundstein für dieses Buch legten zahlreiche Interviews mit ExpertInnen und PraktikerInnen sowie eine Vielzahl von Veranstaltungen im Rahmen des CIVILand-Forschungsprojekts, insbesondere
- die Tagung „Towards 'The big environmental society'?", Cardiff 2011 (http://cardiff.civiland-zalf.org/),
- die internationale Konferenz "Payments for Ecosystem Services and their Institutional Dimensions", Berlin 2011 (http://pes-conference.civiland-zalf.org/),
- die Expertenworkshops „PES: MAKING IT WORK— Actors and factors influencing the success of PES", Vermont 2012 und „Instrumente zur Honorierung von Ökosystemleistungen: Was macht sie erfolgreich?", Berlin 2012 (http://www.civiland-zalf.org/tagungen/)

Die AutorInnen bedanken sich bei allen TeilnehmerInnen dieser Veranstaltungen für ihre wertvollen Beiträge. Ebenso gilt unser großer Dank den InitiatorInnen und KoordinatorInnen der in diesem Buch vorgestellten PES, insbesondere den InterviewpartnerInnen.

Das Vorhaben wurde mit Mitteln des Bundesministeriums für Bildung und Forschung im Rahmen des Förderschwerpunkts Sozial-ökologische Forschung finanziert. (FKZ 01UU0911)

GEFÖRDERT VOM
Bundesministerium für Bildung und Forschung
FONA
zalf Agrarlandschaftsforschung
CIVILand

ClimatePartner°
klimaneutral
Verlag | ID: 128-50040-1010-1082

Dieses Buch wurde klimaneutral hergestellt. CO_2-Emissionen vermeiden, reduzieren, kompensieren – nach diesem Grundsatz handelt der oekom verlag. Unvermeidbare Emissionen kompensiert der Verlag durch Investitionen in ein Gold-Standard-Projekt. Mehr Informationen finden Sie unter www.oekom.de.

Bibliografische Information der Deutschen Nationalbibliothek:
Die Deutsche Nationalbibliothek verzeichnet diese Publikation in der Deutschen Nationalbibliografie; detaillierte bibliografische Daten sind im Internet unter http://dnb.d-nb.de abrufbar.

oekom verlag, Gesellschaft für ökologische Kommunikation mbH,
Waltherstraße 29, 80337 München

Druck: AZ Druck und Datentechnik, Kempten
Dieses Buch wurde auf 100%igem Recyclingpapier gedruckt.

ISBN 978-3-86581-715-0

FSC
www.fsc.org
RECYCLED
Papier aus Recyclingmaterial
FSC® C008457